달성의
유교 문화재

글·사진 김봉규

1959년 경북 칠곡 생
경북대학교 법학과 졸업
現 영남일보 문화부 전문기자

공저
『한국의 혼 누정』, 2012

저서
『조선의 선비들, 인문학을 말하다』, 2013
『현판 기행』, 2014
『요리책 쓰는 선비, 술 빚는 사대부』, 2016 등

대구의 뿌리
달성 산책 | 08

달성의
유교 문화재

글·사진 김봉규
기획 달성문화재단

민속원

달성의 유교 문화재

조선시대는 유학(성리학)이 지배한 사회였다. 유학은 500년 동안 조선의 정치와 사회, 개인의 삶을 지배했다. 지금 우리사회에도 그 영향이 적지 않게 미치고 있다. 서원과 정자, 고택과 사당, 재실 등은 그런 조선시대의 사상과 가치관, 삶의 문화가 녹아있는 소중한 문화유산이다.

서원은 인재교육과 학문연구, 선현제향을 위해 사림(유학자들)에 의해 설립된 사립대학이라 할 수 있는 교육기관인 동시에 향촌 자치운영 기구였다.

정자는 선비(유학자)가 거처하는 주거공간의 한 부속 건물 또는 공공건물의 부속채로서 건립되거나 단독으로 건립되었다. 선비들이 성리학을 공부하고 토론하며, 시를 짓고 풍류를 즐기는 등을 위한 공간으로 마련되었다. 훌륭한 선비가 별세한 후에 그를 기려 후학이나 후손들이 건립하기도 했다.

고택과 사당, 재실 등도 마찬가지로 조선시대 선조들의 삶과 가치관, 문화를 엿볼 수 있는 문화유산이다.

서원과 정자를 중심으로 향교, 서당, 재실 등 달성의 유교 문화유산을 다뤘다. 이를 통해 유교문화가 지배했던 당시의 달성군 곳곳의 역사와 문화, 유명 인물의 자취를 살펴볼 수 있었다. 그들이 사회와 나라를 위해 어떤 일을 하고 역할을 했는지 엿볼 수 있었다.

달성의 유교문화재와 그 주인공들의 삶은 달성의 문화와 역사에 대해 자긍심을 갖게 하고, 가치관의 혼란을 겪고 있는 현대인들에게 어떻게 살 것인가에 대한 해답을 제시하고 있다고 생각한다.

집필을 위한 취재를 통해 달성군에 어느 지역보다 많은 서원이 집중돼 있음을, 그리고 다양한 삶을 산 많은 인물들이 후손들을 위해 소중한 유·무형의 유산을 많이 남기고 있음을 새삼 확인할 수 있었다.

소중한 문화유산이 대중의 관심을 받지 못하며 방치되는 것은 안타까운 일이다. 이런 문화재가 현대인의 삶에 녹아드는 공간으로 거듭나 많은 사람들의 삶을 더욱 윤택하게 하는 데 도움을 주는 공간으로 되살아나기를 기대한다.

2019.7

명강鳴岡 김봉규

목차

달성의 유교 문화재   4

현풍·구지·유가 지역 _12

1. 현풍향교 - 조선시대 달성지역 교육기관   13
2. 추보당 - 현풍 곽씨 재실   18
3. 현풍 곽씨 12정려각 - 충신, 효자, 열녀 15명 기려   27
4. 이양서원 - 청백리 곽안방을 기리는 서원   36
5. 도동서원 - 한훤당 김굉필을 기리는 서원   45
6. 한훤고택 - 한훤당 김굉필 종택   54
7. 암곡서원 - 현풍 곽씨 시조 이하 5위를 제향하는 서원   59
8. 송담서원 - 의병장 박성이 주인공   64
9. 예연서원 - 임란영웅 곽재우와 곽준을 기리는 사액서원   67
10. 대양정 - 김굉필과 곽승화가 공부하던 곳   75
11. 이로정(제일강산정) - 김굉필과 정여창이 주인공   89
12. 관수정 - 김굉필 5대손 김대진의 수양처   99
13. 화산서원 - 곽승화, 곽간 등을 기리는 서원   101

- 하빈·다사 지역 _108

1. 태고정 - 사육신 박팽년 후손의 뿌리   109
2. 육신사 - 사육신 위패를 모신 사당   124
3. 낙빈서원 - 사육신의 혼이 깃들어 있던 곳   141
4. 용호서원 - 도성유 등을 기리는 성주도씨 성소   146
5. 이강서원 - 의병대장 낙재 서사원 기리는 서원   150
6. 금암서당 - 임란 의병 정사철 부자 제향   156
7. 하엽정과 삼가헌 - 박성수의 살림집과 별당 정자   160
8. 하목정 - 왕자가 반했던 정자   171
9. 영벽정 - 아암 윤인협이 낙동강변에 건립   185
10. 원모재 - 하빈이씨 이거 재실   191

● **화원·옥포·가창 지역 _196**

1. 녹동서원 - 귀화인 사야가 김충선을 기려 유림이 건립   **197**
2. 인흥서원 - 명심보감 판각의 산실   **217**
3. 동계서당 - 도응유가 스승의 강학처에 지은 정사   **234**
4. 한천서원 - 전이갑·전의갑 장군을 기려 건립   **236**
5. 광거당 - 수많은 문인과 학자들의 공간   **241**
6. 수백당 - 문영박을 위해 아들 5형제가 지은 집   **249**
7. 소계정 - 제자들이 소계 석재준 기려 지어   **255**
8. 경모재 - 달성서씨 서협 추모하는 재사齋舍   **261**

● **서원과 향교 _264**

1. 서원   **265**
2. 향교   **283**

참고자료   **292**

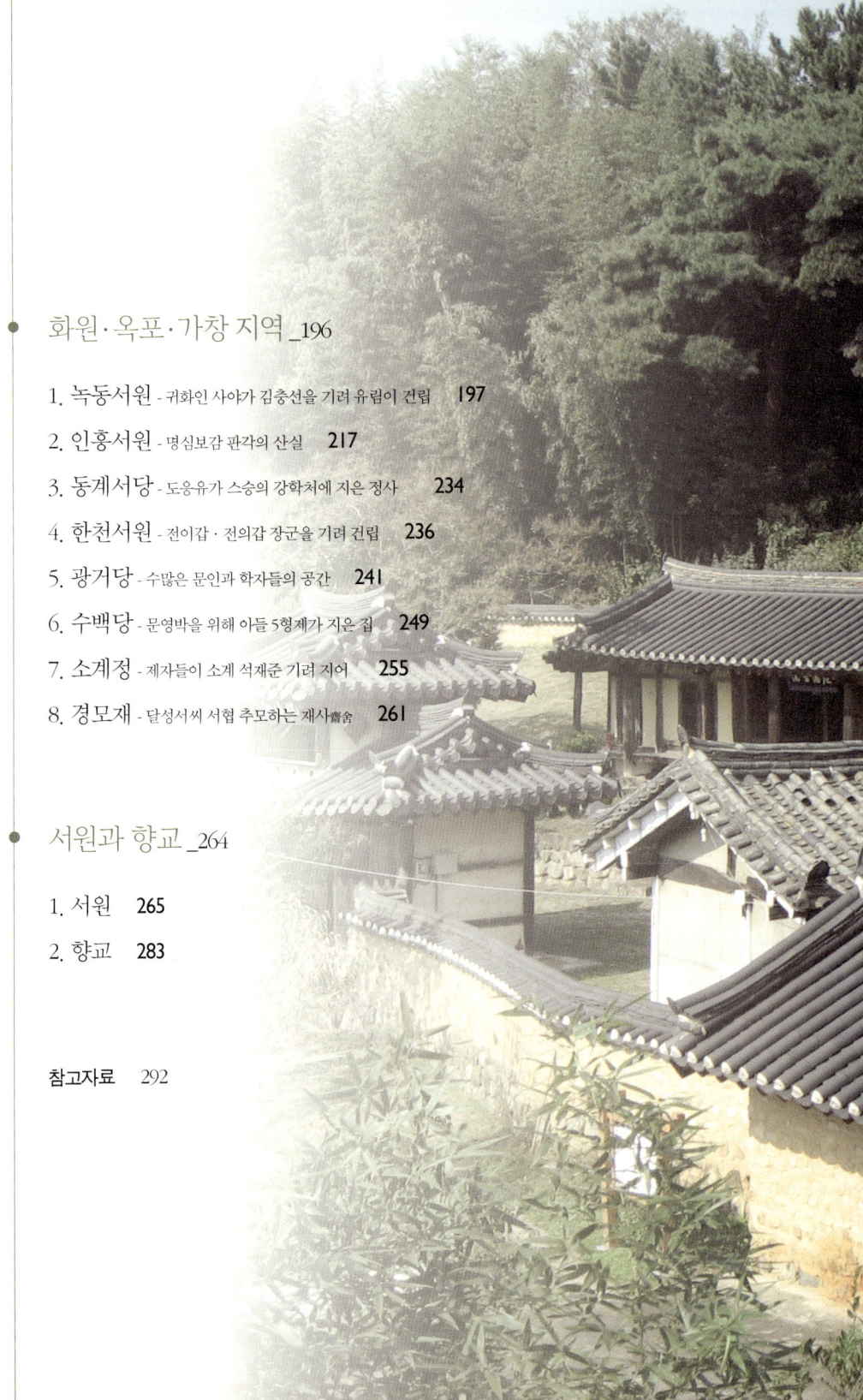

달성의 유교 문화재

달성의
유교
문화재

현풍·구지·유가
지역

현풍·구지·유가 지역

1. 현풍향교 - 조선시대 달성지역 교육기관

현풍향교玄風鄕校는 현풍읍사무소 근처인 대구시 달성군 현풍읍 상리(현풍읍 현풍동로 20길 27-8)에 있다. 달성군에 있는 유일한 향교로, 훌륭한 유학자의 위패를 봉안해 배향하고 지방민의 교육과 교화를 위해 창건되었다.

정확한 창건연대는 알 수 없으나 '신증동국여지승람新增東國輿地勝覽'의 기록을 토대로 적어도 조선 초에는 건립되었던 것으로 추정된다. 임진왜란 후 현감 이영도李詠道가 구舊 교동에 중건하였다가 1758년 현풍현감 김광태金光泰가 현재의 위치로 이전하였다는 기록이 있다.

명륜당 앞 서재 모퉁이에 김광태의 업적을 기리는 비석이 서 있다. 1759년에 세운 비석과 1997년에 새로 만들어 세운 비석이 함께 서 있다. 원래 비석은 6·25 전쟁 때 총탄을 맞아 일부 훼손됐다고 한다.

1901년에 현감 허고許估 등이 중수하였고, 1914년 행정구역의 변경으로 달성군의 관할이 되었다. 1931년 군수 신현구申鉉求 재직 시절에 대성전·동무東廡·서무西廡·명륜당 등을 중수했다.

현풍향교 입구 동네 뒤 산 아래에 자리하고 있다.

    1969년에 명륜당을 보수하고, 1974년에 대성전·명륜당 및 단청을 보수했다. 1975년에 동무·서무를, 1978년에 내삼문內三門을, 1979년에 외삼문을 각각 새로 지었다.
    명륜당에는 두 개의 '명륜당明倫堂' 편액이 걸려 있다. 처마에 걸린 것은 명필 석봉 한호의 글씨이고, 마루에 걸린 것은 대학자 퇴계 이황의 글씨이다. 그런데 이 편액을 보면 숭정崇禎 계유癸酉 5월에 새겨 건 것으로 되어 있다. 숭정 계유년은 1633년이다.
    현재 건물로는 대성전, 명륜당, 동무와 서무, 동재東齋와 서재西齋, 내삼문 등이 있다.
    대성전에는 5성五聖과 송조4현宋朝四賢의 위패가, 동무·서무에는 우리나라 18현十八賢의 위패가 봉안되어 있다.

1	
	2

1   현풍향교 명륜당
2   명륜당에 걸린 '명륜당' 편액 뒤쪽은 퇴계 이황 글씨이고, 앞쪽은 석봉 한호의 글씨다.

전학후묘前學後廟 형태

마을 뒤쪽 나지막한 산 입구에 자리 잡고 있는 현풍향교는 대지를 3단으로 조성, 대성전과 명륜당이 축을 이루면서 좌우에 동무·서무, 동재·서재를 각각 배치한 전학후묘前學後廟 형태이다.

대성전은 정면 3칸, 측면 3칸 규모의 겹처마 맞배지붕 건물이다. 연화문이 있는 배례석과 면석 등의 석재로 기단을 구성하고 윗면에는 전塼을 깔았다. 전면에는 연화문을 새긴 주초석을 사용하고, 후면은 자연석 덤벙 주초와 탑신석을 주초로 사용했다.

동무·서무는 정면 3칸, 측면 1칸의 규모로 홑처마 맞배지붕 건물이다. 기둥은 원주圓柱를 사용하였다. 동재·서재도 정면 3칸, 측면 1칸의 규모로 홑처마 맞배지붕 건물이다.

명륜당은 정면 5칸, 측면 2칸 규모의 겹처마 맞배지붕 건물이다. 중앙에 대청을, 좌우에 협실을 둔 중당협실형中堂挾室形이다.

명륜당 앞에는 김광태기적비金光泰記績碑가 세워져 있다. 옛날 마모된 비석과 근래 새로 복원한 비석이 나란히 서 있다. 경내에는 각종 탑재와 석등재가 남아 있다.

소장 자료로는 '사적록'을 비롯해 '청금록靑衿錄', '도유사안都有司案', '본교매답전식본기本校賣畓錢植本記', '향교매답전각면식본성책기鄕校賣畓錢各面植本成冊記' 등이 있다.

'사적록'은 1759년부터 1990년까지 232년간의 사적事績을 기록하고 있다. '청금록'은 현풍 향교에서 수학한 유생들의 명단인 교안校案이다. '도유사안'은 역대 현풍 향교의 도유사都有司 명단으로, 1632년 9월부터 1838년까지의 도유사 성명을 수록하고 있다.

'본교매답전식본기'는 1891년 현풍 향교에서 전답을 방매한 뒤, 그 돈으로 고을의 각 면에 식리殖利를 놓기 위해 작성한 장부와 절목節目이다. '향교매답전각면식본성책기'는 1891년 현풍 향교에서 전답을 방매한 뒤 그 돈으로 식리를 놓으면서 작성한 명부이다.

현풍향교 대성전 배향인물

현풍향교에 모신 유교 성현은 다섯 분의 성인聖人인 오성(공자, 안자, 증자, 자사, 맹자)과 송조사

1	
	2

1. 현풍향교 대성전
2. 현풍향교 서재 앞에 세워져 있는 김광태 기적비(記績碑) 오른쪽은 1997년에 복원해 세운 것이다. '김후광태기적비(金侯光泰記績碑)'로 새겨져 있는 이 비석은 현풍현감 재직 때인 1758년 현풍향교를 지금의 위치로 옮긴 김광태의 업적을 기리고 있다.

현(주돈이, 정호, 정이, 주희), 우리나라의 현인賢人인 18현(설총, 최치원, 안유, 정몽주, 김굉필, 정여창, 조광조, 이언적, 이황, 김인후, 이이, 성혼, 김장생, 조헌, 김집, 송시열, 송준길, 박세채)이다.

현재 전국에 산재한 향교는 230개가 넘으며, 대성전에 모시는 성현의 수와 성현 구성은 그 수준에 따라 향교별로 조금씩 차이가 있다.

향교는 고려와 조선시대의 지방에서 유학을 교육하기 위해 설립된 관학교육기관이다.

고려시대에는 국가 통치정책의 일환으로 지방에 향교를 설립하였음을 문헌을 통해 알 수 있다. 고려 왕조가 본격적으로 지방 교육에 나선 것은 성종成宗 때부터이다. 성종은 즉위 6년인 987년 8월 전국 12목에 경학박사經學博士를 파견하여 지방 자제의 교육을 담당케 하였다. 1127년(인종 5)에는 각 군현에도 학교를 세웠다. '향교鄕校'라는 명칭은 1142년(인종 20)에 처음 등장하며, 이후 향교는 계속해서 각 군현에 설립되었다.

그러나 향교가 1읍 1교의 원칙으로 전국 각 지방에 설립되어 운영된 때는 조선 시대부터이다. 신유학인 성리학을 국가의 근본 지도이념으로 삼은 조선은 관학 고등교육기관으로 성균관을, 중등교육기관으로 중앙에는 오부학당五部學堂(나중에 사부학당으로 바뀜)을 두었다. 지방에는 군현마다 향교를 건립했다.

군현의 관아官衙가 지방 통치를 위한 정치 기구였다면, 향교는 지방의 교화敎化를 위한 기구였다.

2. 추보당 - 현풍 곽씨 재실

현풍 추보당追報堂은 현풍 곽씨의 재실齋室로 사용되고 있으며, 1463년에 청백리로 뽑힌 곽안방郭安邦의 제사를 모시기 위한 제청祭廳으로 건립되었다. 대구시 달성군 현풍읍 삼강1길 22(대리 667-2)에 있다. 2015년 5월 11일 대구시 문화재 자료 제56호로 지정되었다.

'추보追報'란 '추원보본追遠報本'의 약자로 '조상의 덕을 생각하여 정성스레 제사를 지내

청백리 곽안방을 기리는 제사를 위한 제청으로 건립된 추보당

고, 자신이 태어난 근본을 잊지 않고 은혜를 갚는다'는 뜻이다.

현풍 솔례마을 안쪽에 현풍 곽씨 종택이 있고, 추보당은 종택 여러 건물 중 하나로 종택의 중심 건물이라 할 수 있다.

건물 앞면 처마에 '포산고가苞山古家'라는 현판이, 대청마루 안쪽에 '추보당追報堂'이라는 현판이 걸려 있다. 또 동쪽 문 위에는 '청백가성淸白家聲', 서쪽 문 위에는 '충효세업忠孝世業'이라는 현판이 걸려 있다. 이 글귀는 현풍 곽씨 가문의 가훈이기도 하다.

추보당은 정면 5칸, 측면 2칸 규모의 홑처마 맞배지붕 기와집이다. 조선 후기에 건립된 것을 1982년에 중수했다. 중앙에 3칸 대청마루를 두고, 좌우에 각각 1.5칸 온돌방을 두고 있다. 전면에 반 칸 규모의 툇마루를 설치했다.

추보당은 전체적으로 조선 후기의 법식을 기초로 한 단아한 격식을 갖추고 있으며, 제청과 문중 강학소로서의 역할을 했다.

추보당에 걸린 현판들 위로부터 '포산고가', '청백가성', '충효세업', '추보당'.

대표적 청백리 곽안방

추보당의 주인공인 청백리淸白吏 곽안방郭安邦의 본관은 포산苞山이고, 자는 여주汝柱이다. 시조 곽경郭鏡의 12세손으로 한훤당寒暄堂 김굉필金宏弼과 함께 점필재佔畢齋 김종직金宗直 문하에서 공부했다. 이시애李施愛의 난을 평정한 공으로 좌익공신佐翼功臣 원종이등훈原從二等勳에 녹선祿選되었고, 청백리가 된 인물이다.

포산 곽씨 문중의 대표적 인물인 곽안방은 정확한 생몰년대가 전하지 않고 있는데, 1420년경에 출생한 것으로 추정되고 있다. '청백리곽성생실기淸白吏郭先生實紀'에 곽안방에 대한 청백리로서의 행적에 대해 다음과 같이 기록하고 있다.

"곽안방의 자는 여주汝柱로, 포산인苞山人이다. 그 심성과 행의가 뛰어나 구애받음이 없었다. 당시의 명사들과 널리 교유하였으므로 어진 사대부들이 공의 문전에 몰려들었다. 거관居官 시에는 빙옥氷玉같이 스스로 청렴결백하였다. 벼슬을 그만두고 한 필의 말로 돌아올 때는 그 행장이 날아갈 듯 가벼웠다. 익산군수로 봉직하다가 전임하여 올 때 시종이 자물통 하나를 차고 있는 것을 보고 깜짝 놀라며 '관가의 물건임에 어찌 크고 작음에 다를 것이 있겠는가'라고 말하고는 즉시 명하여 그것을 돌려보냈다. 당시 사람들이 이 일을 유독 留犢에 비유했다. 해남에서 벼슬할 때 선정 3년에 이속들은 공을 두려워하였으나 백성들은 친애하였다."

청백리곽선생실기 중 곽안방의 행장에는 다음과 같은 내용이 있다.

"선생께서 세조 때 급제하여 좌익공신으로 전승에 공로가 있어 원종이등훈에 기록되고, 익산과 해남을 다스리며 청백하여 빙벽氷蘗(청렴결백한 절조 상징)의 명성이 있어서 청백리로 기록되었다. 타고난 인품이 고매하고 뛰어나 평범하지 않았으며, 마음을 다스리는 법도가 확실하여 몸가짐은 순후하고 강하며 굳세었다. 또 벗을 사귈 때 삼가며 더불어 교유하던 사람은 모두 한 때의 명사들로 지초와 난초의 향기를 이루어 문 앞에 신발이 가득하니 친구들이 추앙했음을 알겠도다.

그때 점필재 김종직 선생이 성리학을 가르치니 학자들이 모두 스승으로 모셨다. 선생이 아들 승화로 하여금 같은 마을의 한훤당 김굉필과 함께 나아가 학문을 청하게 하니, 점필재 선생이 항상 김 곽 두 수재라 말했다.

군현에 나아가 정사를 펼 때 엄하고 분명하며 어질고 용서를 베푸니, 아전은 두려워하고 백성은 노래하며 속이지 아니하려 하고 속이는 것을 용서하지 않았다. 평생 얼음과 옥같이 단정한 몸가짐은 기름진 것 보기를 물같이 하였고, 임기를 마치고 돌아올 때는 한 필의 말로 소조하게 돌아오니 사람들이 태수의 행차인 줄 몰랐다.

일찍이 익산에서 임기를 마치고 돌아올 때 한 노비가 열쇠 하나를 차고 왔다. 선생이 보고는 놀라 말씀하시기를 '이것 또한 관공서의 물건이니 어찌 작고 큰 것을 논하리오. 나를 더럽힐 수 없다'라고 하시며 빨리 돌려주게 하였다. 사람들이 옛사람의 현어懸魚와 유독留犢을 공이 실천한 것과 같다 하였다.

제자백가를 관통하고, 또한 음양서적과 지리서적에도 박통하여 일찍이 현풍현의 서쪽 솔례리에 자리잡아 거주하니 산수가 빼어나면 인걸이 태어난다는 것을 생각한 것이다."

이 글에 나오는 현어와 유독懸魚留犢은 물고기를 매달아 두고, 송아지를 남겨두고 간다는 의미로, 청렴한 지방관을 일컫는 고사에서 유래한 말이다.
'후한서後漢書'에 다음과 같은 이야기가 있다.

후한後漢의 양속羊續은 남양태수南陽太守가 되어 선정善政을 베풀었는데, 한번은 부승府丞이 산 물고기를 바치므로 양속이 그것을 뜰에 매달아 놓았다. 뒤에 그 부승이 또 산 물고기를 바치자 양속이 먼저 매달아 놓은 고기를 그에게 내보여서 더 이상 뇌물을 바치지 못하게 하였다.

다음은 '삼국지三國志' 위서魏書 상림전常林傳에 나오는 이야기다.

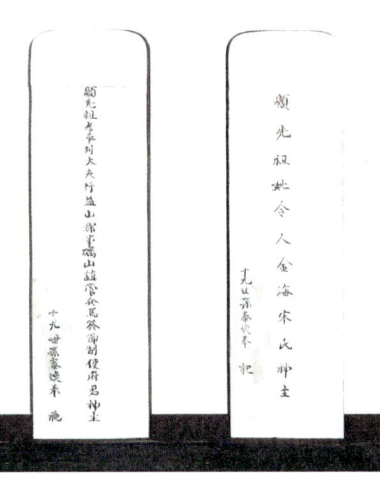

1 곽안방 종택 사당 곽안방 불천위 신주가 봉안돼 있다.
2 곽안방 신주를 봉안하고 있는 감실 사당 안에 있다.
3 곽안방 부부 신주

현풍 · 구지 · 유가 지역

후한의 시묘時苗는 수춘의 영壽春令으로 부임할 때 누런 암소가 끄는 허름한 수레를 타고 갔는데, 1년 남짓 벼슬살이하는 동안에 그 암소가 송아지 한 마리를 낳았다. 고을을 떠나올 때가 되자 그 송아지를 그곳에 남겨 두면서 '내가 올 때는 본래 이 송아지가 없었으니, 이 송아지는 회남淮南에서 낳은 것이다'라고 하였다.

곽안방의 인품과 심성, 학문적 교유, 공직자로서의 능력과 청백 정신 등이 어떠했는지 잘 가늠할 수 있게 하는 내용이다.

'동국여지승람' 중 해남현 명환조名宦條에 '곽안방이 현감이 되어 선정을 베푸니 백성들이 지금도 그를 사모하고 있다郭安邦爲縣監有惠政 民至今思之'라고 기록하고 있다.

이런 그의 삶은 청백리의 영예를 안겨주었고, 청백리로서 그의 이름은 '청선고淸選考', '대동장고大東掌攷', '문헌비고文獻備考', '역대청백리전歷代淸白吏傳', '전고대방典故大方' 등 사료에 등재되었다.

그는 해남현감, 익산군수 등을 지냈고, 익산군수를 마지막으로 벼슬을 그만두고 고향 솔례에서 지냈다.

청백리

청백리는 관직 수행 능력과 청렴淸廉·근검勤儉·도덕道德·경효敬孝·인의仁義 등의 덕목을 겸비한 조선시대의 이상적理想的인 관료상으로, 의정부議政府에서 선정한 관직자에게 주어진 호칭이다.

고려시대부터 청백리제도가 존재했던 것으로 연구자들은 보고 있다. 최영 등 소수 관료의 청백함이 칭송되고 있고, 자식들에게 청백한 관리가 되어 가문의 전통을 이으라고 당부하기도 하였다.

조선시대에는 제도적으로 청백리제도를 운영하였다. 의정부議政府·육조六曹의 2품 이상 당상관과 사헌부司憲府·사간원司諫院의 수장이 천거하고 임금의 재가를 얻어서 의정부에서 뽑았다. 조선 초·중기에는 생존자 가운데서 선발해 염리廉吏로 대우하였고, 후기에는 염리로 녹선錄選되었다가 사망한 자나 사망한 자 가운데서 염명이 높았던 관리를 청백리清白吏로 녹선하여 우대하였다.

사림士林이 득세하던 시기에는 청백리 사상이 강화되어 많은 사람이 녹선되었으나, 후기에는 그 인원이 격감되었다. 청백리가 되면 후손들에게 선조의 음덕으로 벼슬길에 나갈 수 있는 특전도 주어졌다.

명종대부터 살아 있는 자는 염근리廉勤吏라는 명칭을 붙여 선발했고, 특별한 과오가 없는 한 사후에는 청백리로 녹선錄選하였다.

청백리 수는 기록마다 달라 명확하게 확정할 수는 없으나 220명 정도로 추정된다. 맹사성, 황희, 최만리, 이현보, 이황, 이원익, 김장생, 이항복 등이 대표적인 인물이다. '대동장고大東掌攷', '청선고清選考', '전고대방典故大方' 등에 청백리에 관한 자료가 전한다.

추보당기

영조 병인년(1746)에 성산星山 이의한李宜翰이 지은 글.

~ 군자의 인효仁孝는 그 도리를 추모하여 갚기를 다하는 것이다. 지금 이 집을 낙성하니 어찌 무식한 사람이 칭송하리요. 우리 청백곽선생은 포산 집안에서 대대로 제사를 지내는 조상이다. 공적은 앞에 빛나고 음덕은 후손에게 드리웠다. 또한 처음으로 자리를 잡은 것이 시조께서 성姓을 받은 것과 같으니, 이는 마땅히 백세에 향사하여 일가의 종통이 되게 하고, 중간에 역대 현손賢孫과 선열을 드러내어 높이고 제사를 봉행하는 것이 또한 추보追報의 도리를 다하는 것이다.

추존하는 영광을 갖추고 질문秩文이 다시 결함을 없게 하였고, 지금 후손이 그 집을 대대로 이어왔다. 진약씨鎭若氏 같은 분은 다시 문중 사람들과 함께 사당 곁에 재실을 지어 일족이 모이는 장소로 하고 추보당이라 하니, 당의 이름을 생각해 보면 이 집을 지은 뜻을 알 것이다.

대개 소목昭穆을 이어옴이 이미 멀고 종가 사당에 의지하는 것도 미정하였으니, 어진 선조를 백세토록 제향함에 늦게라도 종가에 하나로 합쳐 집을 짓고 제향하며 우리 일족이 합심하여 조상을 존경하는 성의를 다하고, 훗날 종손을 세워 영원히 여기서 대대로 법도를 지키며 추모하고 보답하기를 무궁하게 행하고자 추보당이라 이름을 지었다.

~ 청백의 아름다운 행실은 옥영玉瑩같이 빛나고 밝아서 살아있는 사람이 그 혜택을 받았도다. 비록 그 지위가 그 덕에 미치지 못하였으나, 크게 덕을 베풀고 고향에 돌아온 것을 헤아려 보면 양양襄陽의 덕망있는 분들이 여지輿誌에 전하여 오고 여남汝南의 선현先賢을 영원히 추모하는 것과 같이 모두 우러러보니, 당시의 덕업과 풍류는 지금 후생들의 사표와 귀감이 되는구나.

~ 춘추로 향사 올리는 것은 추원追遠하는 것이고, 매월 모여서 종사를 강講하는 것은 보본하는 뜻이다. 오직 대대로 학문을 전하고 후손을 가르치고 양성하며, 훌륭한 조상이 가문을 빛나게 할 것을 기다릴 것이니, 이것이 추보의 제일 큰 일이다.

추보당 불천위제사

추보당이 있는 곽안방종택 가장 뒤쪽에는 불천위 곽안방 신위를 모시는 불천위 사당이 있다.

추보당이 있는 대구시 달성군 현풍읍 대리는 현풍 곽씨 집성촌인데, 요즘 보기 드물게 같은 성씨 거주율이 매우 높은 마을이다. 100여호 중 80여호가 현풍玄風 곽씨다. 현풍 곽씨는 포산苞山 곽씨라고도 한다. 대리大里는 일제시대 이름이고, 원래 동네이름은 솔례率禮다.

곽안방 불천위 제사(기일 음력 6월11일)는 밤 1시 넘어 지낸다. 합설로 지내며, 제사는 종택 내에 새로 지은 추보당追報堂에서 지낸다. 문화재인 원래 추보당이 협소하고 해서 근래 신축했다. 편리하게 제사상과 병풍을 항상 비치해 놓은 공간을 따로 만들어 놓았다. 제관은 40명 정도.

곽안방 19세 종손 곽태환씨(1948년생)는 곽안방이 불천위에 오른 경위나 시기에 대해서는 정확히 모르는 상황이라고 설명했다.

영조 때 중건했다는 기록이 있는 사당에는 불천위 신주가 중앙에 봉안돼 있고, 종손 4대조 신주는 좌우에 모셔져 있는 형태다. 종손은 "성주·달성·고령 지역은 사당 구조가 거의 중앙에 불천위를 모시는 소목昭穆 형태인데 점필재종가만 일렬 형태로 돼 있다"고 이야기했다.

불천위 신주 감실은 세로가 긴 형태로, 앞면에 두 기둥을 세운 난간이 붙어있다. 4대조 신주는 감실 없이 작은 교의에 주독을 봉안하고 있다.

6·25때는 신주를 모시고 청도로 피난하면서, 2개월 동안 사당을 벗어나 있다가 다시 제자리로 돌아올 수 있었다 한다.

3. 현풍 곽씨 12정려각 - 충신, 효자, 열녀 15명 기려

현풍 곽씨 12정려각玄風郭氏―二旌閭閣은 요즘 젊은이들은 선뜻 받아들이기 어려운 삶을 산 옛사람들의 이야기가 서린 곳이다. 조선 중기 현풍 솔레 마을의 곽씨 가문에서 배출된 충신과 효자, 열녀 등 15명을 임금이 표창해 하사한 12정려를 모신 정려각이다. 현풍 솔레마을(대구시 달성군 현풍읍 지동길 3)에 있으며, 대구시문화재자료 제29호로 지정돼 있다.

1598년부터 영조 때까지 곽씨일문郭氏―門에 포상된 12정려十二旌閭를 한 곳에 모아 봉안한 건물로, 앞면 12칸 옆면 2칸 규모이며, 팔작지붕이다. 내부에는 2기의 비석과 10개의 현판이 있다. 6·25전쟁으로 건물 일부와 비석 1구가 완전히 파괴되었으나, 1963년에 모두 중수했다.

조선시대에는 유교적 가치관인 삼강오륜을 매우 중요시했다. 삼강三綱은 군위신강君爲

1 현풍 곽씨12정려각 전경
2 12정려각 일부
3 12정려각 내부에 봉안된 정려들
4 12정려각 내부에 봉안된 2개의 비석 부분

현풍·구지·유가 지역

12정려각에 걸린 '12정려중건기' 현판

臣綱·부위자강父爲子綱·부위부강夫爲婦綱이고, 오륜五倫은 부자유친父子有親·군신유의君臣有義·부부유별夫婦有別·장유유서長幼有序·붕우유신朋友有信이다. 이런 가치관 아래 임금과 신하, 아버지와 자식, 남편과 아내 사이에 마땅히 지켜야 할 도리를 잘 지킨 인물에 대해 국가에서 포상하고 정려旌閭하였다. 한 마을의 한 가문에서 12정려가 나온 것은 유례를 찾을 수 없는 일이었다.

12정려각에서 기리고 있는 인물은 충신 한 명, 효자 8명, 열부 6명 등 15명이다.

12정려 행적

'현풍곽씨솔례12정문사적玄風郭氏率禮十二旌事蹟' 자료 내용을 참고해 12정려의 삼강 행적을 간단히 살펴본다.

1려 = 충신 충렬공 곽준

호가 존재存齋이고 시호는 충렬공忠烈公인 곽준(1551~1597)은 한강 정구에게 도학을 배웠다. 1590년 임진왜란 때 송암 김면을 따라 의병을 일으키고, 1597년 정유재란이 일어나자 그 해 8월 18일 안음(경남 함양 안의) 현감으로 황석산성을 수호하던 중 왜적의 주력부대를 맞아 싸우다 두 아들(이상, 이후)과 며느리 거창 신씨, 딸과 함께 순국했다.

이날 적이 성을 공격해오자 병사와 가족들이 피신할 것을 간절히 권했으나 '이 성이 내가 죽을 곳이니 무슨 다른 계책이 있겠는가'라고 했다. 그리고 가족들에게는 소도를 차게 하고는 '불행한 일을 당하거든 자결하라'고 일렀다 한다.

이런 다섯 사람의 순사 사실이 조정에 알려지자 선조 임금은 '일문삼강一門三綱'이라 하며 정문을 지어 표창할 것을 명했다.

2려 = 효자 이상履常과 이후履厚

곽준의 두 아들로 정유재란 때 황석산성 전투에서 왜적의 공격을 받자 부친의 권유를 뿌리치고 함께 싸우다 전사했다.

곽준은 산성을 지키다 결국 중과부적으로 화를 당할 처지에 이르자 두 아들이 보호하려 하니 '나는 직책이 있으니 사수해야 마땅하지만 너희들은 피난을 가거라'고 말했다. 그러자 두 아들은 '아버님이 나라를 위해 죽으려하시는데 자식이 아버님을 위해 죽는 것이 불가하겠습니까'라고 하면서 호위하다가 다 같이 화를 당했다.

선조 임금은 이들에게 각각 호조정랑과 이조정랑 벼슬을 내리고 정려를 지어 표창했다.

3려 = 열부 거창 신씨

곽이상의 부인 거창 신씨는 시아버지 곽준과 남편 곽이상, 시동생 곽이후 등 가족이 전사하자 같은 날 성 안에서 자살했다. 선조 임금이 정려를 내렸다.

4려 = 열부 포산 곽씨

곽준의 딸인 류문호의 아내 곽씨부인은 성 안에서 친정의 변고를 듣고 싸움터로 나갔다가 남편이 전사하자 울면서 '아버님이 전사해도 죽지 못한 것은 남편이 있기 때문이었는데 남편마저 전사했으니 어찌 살 수 있으리오'하고는 목을 매 자결했다.

5려 = 효자 사공四公 : 결潔, 청淸, 형洞, 호浩

곽재훈(곽재우 사촌 동생)의 네 아들이 주인공이다. 1592년 임진왜란을 피하기 위해 병든 부친을 업고 달성군 유가읍 양동에 있는 비슬산 중턱에 있는 굴(상선굴) 속에 가서 숨어 있었다. 왜병이 이 산을 뒤질 때 잘 숨어있었으나 아버지가 기침을 참지 못해 기침을 하는 바람에 왜병에 발각되어 네 아들이 차례로 나가 왜적의 칼에 목이 잘렸다. 마지막에 부친이 나와 아들 네 형제가 자신을 위해 목숨을 바치게 된 참변을 이야기하니, 왜병이 감동하면서 그의 등에 '사효자지부四孝子之父'라는 글자를 쓴 패를 등에 달아 내보내 아무도 그를 해치지 못하게 했다.

그 후 이 굴은 사효굴(사효자굴)이라 불리게 되었다. 이 사실이 조정에 알려지자 조정이 정려를 지어 표창하게 되었다.

6려 = 효자 별검이공別檢二公 : 의창宜昌, 유창愈昌

소계공 곽주의 두 아들이다. 의창은 부모가 아프면 음식도 먹지 않았는데, 부모가 '어린애가 왜 그러느냐'고 물으면 '아버님 어머님이 식사를 하시면 저도 먹겠습니다'고 답했다고 한다. 그리고 다섯 살 때 아버지가 별세하자 어른처럼 통곡하고 식사는 죽만 먹었다. 그리고 조문객을 맞아 영접을 하는 것을 모두 예절에 맞게 하니 사람들은 한대漢代의 서유자徐孺子 고사故事와 흡사하다며 칭송하고, 후에 비석을 세우고 표창을 했다.

유창도 어릴 때부터 형 못지않게 효심이 지극했다. 어머니 상을 당했을 때는 온 마음을 다해 장례를 치르는 그를 보고 조문객들은 하늘이 낳은 효자라며 감탄하고, 일꾼들까지 눈물을 흘리면서 '오늘 조묘造墓는 딴 데와 다르니 어찌 소홀하게 해서 효자의 마음을 상하게 하겠는가' 했다.

두 형제의 이런 사실이 조정에 알려지자 두 사람에게 장원서掌苑署의 별검別檢으로 증직贈職하고 정문을 내릴 것을 명했다.

두 효자의 지극한 상례와 조묘에 하늘이 감동했는지 350여년이 지난 1989년 4월 이장할 때, 어머니 진주 하씨의 시신이 살아있는 것처럼 피부가 썩지 않고 그대로 보존되어 있어 사람들을 놀라게 했다. 당시에 찍은 사진을 볼 기회가 있었는데, 정말 죽은 지 얼마 안 된 모습 그대로였다.

7려 = 절부 광주 이씨

곽재기(1573~1647)의 부인. 임진왜란 때 왜적을 만나자 몸을 더럽힐까 두려워 물에 빠져 자결했다. 부인의 친정 모친과 질녀도 함께 몸을 던져 목숨을 끊었다.

8려 = 열부 밀성 박씨

곽홍원의 부인. 1664년 7월25일 밤 집에 화적이 들어와 사람을 해치려하니 남편 앞을 가로막아 남편을 보호하고 대신 칼을 맞아 사망했다. 죽으면서 '당신을 구했으니 나는 죽어서도 눈을 감을 수 있다'고 유언했다고 한다. 현종 임금이 사실을 듣고 정문을 내릴 것을 명했다.

9려 = 열부 안동 권씨

곽수형(1648~1674)의 부인이며, 시집 온지 1년도 안 되어 남편이 병들어 위독해지자 밤낮으로 흐느끼며 대신 죽기를 하늘에 빌었다. 그러나 결국 남편이 죽게 되자 장례를 치른 후 식음을 전폐하다가 목을 매어 자결했다.

10려 = 효열부 전의 이씨

곽수형의 부인. 어릴 때부터 효경을 익혀 부모에게 효성을 다하니 일가친척들의 칭송이 자자했고, 결혼 후 불행하게도 신행 전(1747)에 남편이 세상을 떠나니 식음을 전폐하고 따라 죽으려고 했다. 그러나 부친이 울면서 '네가 죽으면 내 병도 나을 수 없어 죽을 것이다'고 하면서 말렸다. 부인은 할 수 없이 연명만 하다가 4개월 후 부친인 별세하자 그 때부터 식음을 거절하고 마침내 목숨을 끊게 되었다. 사망 후 염을 하기 위해 자리 밑을 보니 가사 한 폭을 발견했는데, 절명사絶命詞를 남기고 간 것이다.

장례를 치를 때 남편 묘(달성군 구지면 징산리) 근처에 안장하려고 했다. 그런데 상여가 남편 묘 앞에 이르니 봉분이 갈라지는 기적이 일어났다. 그래서 하늘의 뜻으로 여겨 남편과 합장하게 되었다.

현풍 곽씨 호정회에서는 1992년 전의 이씨 할머니의 유덕을 기리고 규방가사의 문장력을 후대에 알리고 보존하기 위해 그의 넋이 깃든 현풍 솔례 12정려 서편에 절명사 비를 건립해 기리고 있다.

절명사는 '슬프다 추풍은 어느 곳으로부터 오는가 / 외로운 마음은 더욱 슬프고 슬프도다 / 절서節序 임의 변하니 단풍은 금수장錦繡帳을 둘렀고 / 누운 수양垂楊은 어지러운 금사金絲를 드리웠다'로 시작된다.

11려 = 효자 의창(사적비)

6려의 주인공인 의창 이야기다. 5세 때 부친상을 당하고 3년 동안 어육魚肉을 먹지 않자 모친이 그가 수척해짐을 걱정해도 듣지 않았다. 모친에게도 효성을 다했다. 마을 사람들이 성을 모아 그의 효행 등을 새긴 비석篤行者郭宜昌之碑을 마을에 세웠다.

12려 = 효자 경성褧성

곽경성은 자질이 특출하여 나이 칠팔세 때도 어머니가 원하는 것이라면 반드시 구해드

렸고, 부친이 병들어 위독할 때 회를 먹고 싶다고 하자 엄동설한인데도 밤중에 호수로 나가서 얼음을 깨고 한 자나 되는 가물치를 잡아 회를 만들어 드렸다. 이에 부친은 병이 많이 좋아졌다고 한다. 이런 사실이 조정에 알려지자 복호復戶(국가적 부담을 면제해 주는 특전)의 명이 내렸다. 유림에서는 비석(조긍섭 찬)을 세워 추모하게 되었다.

12정려 찬탄한 글

많은 사람들이 12정려 주인공의 행적에 대해 찬양하는 시를 남겼다. 그 중 진주목사 김상중金尙重의 시다.

곽씨의 정문旌門 있는 집 한 동네가 다 같으니	郭氏旌門一里同
삼강은 금세에 현풍이 유독하네	三綱今世獨玄風
새겨서 붙인 현판 별처럼 늘어서 있는데	昭森楣刻如星列
모의 효 모의 충 모의 열 더하였네	某孝某忠某烈中

진주목사 박두세朴斗世는 다음 시를 남겼다.

아침에 포산 곽씨 마을을 지나오니
도로에 임해 있는 칠정문七旌門 휘황하다
세앙世仰한 그 광채는 천추의 고절高節이고
가전家傳한 그 의덕懿德은 백행의 근원이다
정반庭畔의 오죽梧竹에는 여경餘慶이 영원하고
이중里中의 유업에는 전형典型이 있도다
여기에 충효가 다 모였음을 누가 아나
유거幽居를 그림으로 그려 왕궁에 드리려네

정려旌閭

국가에서 당시의 유교가치관에 기준한 미풍양속을 장려하기 위해 모범적인 효자, 충신, 열녀 등이 살던 동네 입구나 집 문 앞에 붉은 칠을 한 정문旌門을 세워 표창하던 일을 말한다. 정문은 신라 때부터 세워졌으나 조선에 와서 특히 많이 세워졌다.

조선 시대에는 충·효·열 삼강 윤리를 매우 중요시했다. 그래서 그런 삶을 산 인물을 찾아 기록하고 표창하는 일을 국가에서 관장했다. 포상은 몇 가지 단계가 있는데, 그중 최고의 포상이 바로 정려였다. 정문을 내린다는 의미의 '명정'에는 물질적인 포상의 상물賞物, 관직을 주는 '상직賞職', 세금을 면제해 주는 '복호復戶' 등의 포상이 수반되었다.

명정을 받은 집안은 현판을 만들어 대문 위에 걸기도 하고, 정려각을 만들어 내부에 명정 현판을 걸어두기도 하였다.

정려를 받는 일은 쉽지 않았다. 고을의 유림이 해당 인물을 뽑아 수령에게 추천하거나 수령이 모범적인 행적을 보인 인물을 찾아 감영에 보고하면, 감영의 관찰사가 다시 예조에 올려 의정부의 심사를 거친 후 국왕의 재가를 받아 시행하였다.

정려 사례는 많은 사람들을 감동시키고 교화의 일익을 담당함으로써 유교적 인간상을 정립하는 데 중요한 역할을 했다. 특히 임진왜란이나 병자호란 등의 전쟁 중에 삼강의 행실이 뛰어난 효자·충신·열녀의 수는 평시보다 몇 배나 더 많았다.

4. 이양서원 - 청백리 곽안방을 기리는 서원

대구시 달성군 현풍읍 대리, 현풍 곽씨 세거지인 솔례率禮 마을 뒤편 대니산戴尼山 자락 속에 자리하고 있다. 1707년에 지방 유림의 공의로 창건되었으며, 대표적 청백리인 곽안방郭安邦을 비롯해 곽지운郭之雲·곽규郭赳·곽황郭趪의 위패를 모시며 그 학문과 덕행을 추모하고 있다.

이양서원(달성군 현풍읍 대리) 전경

　선현 배향과 지방 교육의 일익을 담당하여 오던 중 1868년 대원군의 서원철폐령으로 훼철되면서 강당과 외삼문, 관리사만 남았다. 그 후 1954년에 사당을 복원하고 남아있던 건물들을 보수했다. 1982년에는 동·서재를 복원 건립했다. 1994년 9월 30일 대구광역시문화재자료 제32호로 지정되었다.

　서원의 건물배치는 좌묘우학左廟右學형이다. 건물을 등지고 섰을 때 좌측에 사당, 우측에 강당이 있다. 외삼문은 바깥쪽에 '읍청루揖淸樓', 안쪽에는 '준도문遵道門'이라는 편액이 걸려 있다. 이양서원 외삼문은 3단의 높은 축대 위에 세워져 있는데 그 모양이 독특하다.

1 이양서원 강당인 경렴당(景廉堂)
2 '이양서원' 편액 '이양서원'은 대니산(戴尼山)의 남쪽에 있는 서원이라는 의미다. '니(尼)'는 공자의 자인 '중니(仲尼)'에서 따온 것이다.
3 '경렴당' 편액

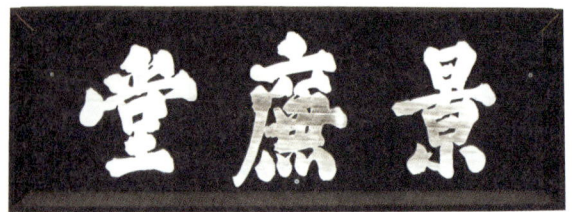

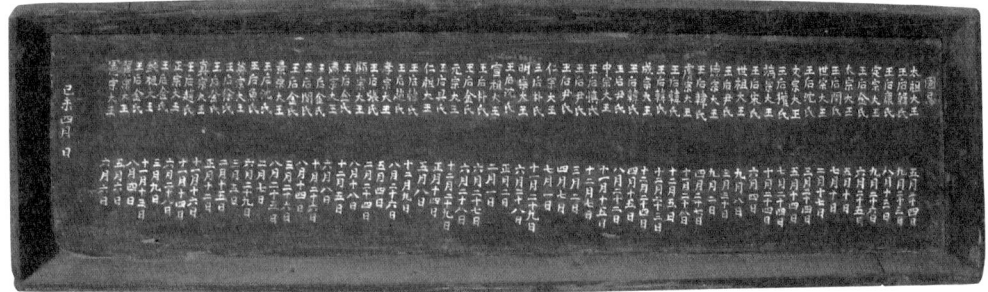

1		1 경렴당에 걸린 '백록동규' 현판
2		2 경렴당에 걸린 '국기일판(國忌日板)'

가운데 중문만을 누문樓門처럼 꾸며 1층은 문으로, 2층은 다락으로 되어있다.

청렴을 숭상한다는 의미인 강당 '경렴당景廉堂'은 기본적으로는 정면 5칸 건물이지만, 좌우로 각각 지붕을 덧대고 반 칸씩 공간을 더 둔 형태이다. 측면은 1칸 반인데, 전면으로 반 칸의 퇴 칸을 두고 있다. 홑처마 맞배지붕이다.

가운데 3칸은 대청, 좌우 각 1칸 반씩은 방이다. 대청 바깥 처마아래에 걸린 '이양서원' 편액과 함께 '경렴당', '백록동규白鹿洞規', '집사분정판執事分定板', '국기일판國忌日板' 등의 현판이 마루 벽에 걸려 있다.

강당 아래 뜰의 좌우에는 정면 3칸의 동·서재가 있다.

경렴당을 마주보고 섰을 때 우측 약간 높은 지대에 사당인 청백사淸白祠가 자리하고 있다. 별도의 흙돌담 안쪽에 있다. 청백사는 정면 3칸의 겹처마 맞배지붕의 건물로, 단청이 되어 있다.

'청백사' 편액 글씨는 이양서원 창건 당시 홍응린 현풍현감이 재임 중에 쓴 것이라고 한다. 곽안방종가의 곽태환 종손이 들려준 내용이다. 그리고 읍청루 편액 글씨는 충북 영동 출신 서예가인 담당澹堂 송우용(1863~1941)이 썼다고 한다.

백록동규

백록동규는 주자가 지어서 백록동서원百鹿洞書院의 학자들에게 게시했던 글이다. 주자가 이 서원에 학생들을 모아 도학道學을 가르칠 때 만들었던 윤리적인 실천 규범이 바로 백록동규이다.

첫 번째 규범 '오교의 목록五教之目'은 부자유친父子有親, 군신유의君臣有義, 부부유별夫婦有別, 장유유서長幼有序, 붕우유신朋友有信이다.

두 번째는 '학문하는 순서爲學之序'로 박학博學, 심문審問, 신사愼思, 명변明辨, 독행篤行이며,

세 번째는 '수신의 요체修身之要'로 언충신言忠信, 행독경行篤敬, 징분질욕懲忿窒慾, 천선개과遷善改過이다.

네 번째는 '일을 처리하는 요체處事之要'로 '의로움을 따르고 이로움은 도모하지 않는다正其義不謀其利'와 '도를 밝히고 공은 따지 않는다明其道不計其功'이며,

마지막 다섯 번째는 '인간관계의 요체接物之要'로 '자신이 원하지 않는 것을 남에게 하지 않는다己所不欲勿施於人'는 서恕의 정신과 '행하여 뜻을 얻지 못하면 자신에게 돌이킨다行有不得反求諸己'는 반성의 정신을 언급하고 있다.

청백사 상량문

1707년 곽안방 8세손이 지은 글.

드러난 명성은 천추에 무궁하고 큰 공적은 나라와 고을에서 우러러보며 백세토록 여론이 사라지지 않아 지금 사당을 지었네. 죽어도 제사를 모시는 것은 우대하

1	
2	

1 이양서원 사당인 '청백사' 입구
2 이양서원 사당인 '청백사' '청백사(淸白祠)' 편액은 서원 창건 당시 현풍현감 홍응리이 썼다고 한다. 곽안방(郭安邦)을 비롯해 곽지운(郭之雲), 곽규(郭赳), 곽황(郭趪)의 위패가 봉안돼 있다.

는 것이다. 공손히 생각하면 우리 선생은 그릇氣宇이 뛰어나고 운도韻度가 맑았으며, 공부하는 마음이 고명하여 소멸하고 자라나는 천리天理에 밝았다. 당시의 변란을 잘 살펴서 위급한 것은 잘 벗어났고, 충의의 숭고함을 무기로 하여 나라를 위해 몸을 다 바쳤다. 가난하면서도 깨끗하여 여러 고을의 수장을 지냈다. 옛 사람의 송아지 두고 간 유풍이 어찌 그 아름다움의 전부이리오. 당시의 출세한 선비가 모두 명류名流로다.

처음으로 점을 쳐서 자리를 잡으니 산은 이양산이라 이름하고, 풀을 베어 집을 짓고 마을을 솔레라 이름 지었네. 어진 아들과 손자가 많이 홍하여 제왕의 집안이 모인 것 같고, 석인碩人과 석사碩士가 많이 배출되어 우공于公의 문중 같도다. 덕업과 문장이 함께 발자취처럼 이어졌고, 충효와 절행이 다시 아름다움을 이어서 함께 향기롭도다.

역사에 등재되어 드러나고 조정에서 듣고 표창하여 비석이 뜰에 줄을 이으니, 지나가는 사람들이 우러러보네. 정려각을 마을에 차례로 지으니 거주하는 사람이 공경히 앙모하도다. 어찌 후손이 운수를 받아 태어나리오. 선생이 음덕을 심어 이룬 것이니라. 나라에 세운 공이 이미 높으니 옛 조정에서 이정彝鼎에 새겼고, 청백한 행실이 나타나니 후인들의 입에 오르도다. 어찌 사라지게 하여 제사를 받들지 아니하리오. 진실로 감동하여 공경하리라.

이에 고을의 여론을 종합해 비로소 향사를 경영하여 마땅한 곳을 잡으니, 동으로 비슬산이 보이니 실로 하늘이 도운 것이다. 북으로는 낙동강이 굽이쳐 감도네. 정성들여 새로이 자리잡아 어른들이 휴식할 수 있도록 하고, 옛 마을에 신령이 다다를 것을 점쳐 정하였네.

공사 일은 하루가 안 되어 빨리 이루려고 목수가 손을 놀리고, 선비가 구름처럼 경내에 모여 같은 목소리로 험한 공사 도우며 아름다운 칭송을 하도다.

들보를 동으로 던지니 부상扶桑에 상서로운 아침해가 뜨고 아침마다 밝은 빛이

| 1 | 이양서원 정문인 읍청루(挹淸樓) 2층의 누각 형태로 되어 있다. |
| 2 | 안쪽에서 본 읍청루 '준도문(遵道門)' 편액이 걸려 있다. |

집에 비치니, 이곳에 어찌 어둠이 열리지 아니하리오.

~ 엎드려 원하노니 들보를 올린 뒤로 귀신은 범하지 말고 상서로운 것은 많이 모여, 제사 올리는 위엄과 거동은 화기애애하고, 봄과 가을의 향불은 대대로 이어지리라. 산은 더욱 높고 물은 더욱 맑아 연기와 구름은 모습을 바꾸고, 선비는 구부리며 신을 의지하고, 집에는 채색을 더하리라.

이양서원 배향인물

곽안방 郭安邦

현풍 곽씨 청백리공파 파조이자 솔례 입향조인 곽안방은 '퇴계 이황', '율곡 이이' 처럼 호와 함께 불리는 것과는 달리 '청백리淸白吏 곽안방'으로 불리는 인물이다. 곽안방은 대표적 청백리로 인정받은 인물이기에 그렇게 불리어온 것이다.

곽안방은 암곡巖谷 곽경郭鏡의 후예로 의영고사義盈庫使 곽득종郭得宗의 아들이다. 생몰연대는 정확하게 전해지는 것이 없어 알 수 없으나, 1420년쯤 태어나 1480년쯤 별세한 것으로 추정하고 있다.

세종 때에 해남현감, 익산군수를 역임하고 봉열대부奉列大夫에 올랐다. 1467년(세조 13)에 이시애 난이 일어나자 군공으로써 원종공신原從功臣에 오르고 청백리에 녹선되었다. 무과로 벼슬에 올랐으나 선비들과 교유했으며 선비의 몸가짐을 보였다. 또한 관직에 있을 때 그 청백함이 빙옥氷玉 같아서 왕래할 때는 단기필마로 행장이 표연하였다.

곽지운 郭之雲(1498~1551)

조선 중기의 문신으로 본관은 현풍玄風. 자는 여우汝雨, 호는 연일당燕日堂·삼옥당三玉堂. 곽안방의 증손이다. 1524년 별시문과에 병과로 급제한 뒤, 관직은 예조좌랑에 이르렀다. 학행과 문장이 탁월했다. 죽은 뒤 현풍의 이양사尼陽祠에 제향되었다.

곽규郭赳(1521~1584)

자는 극정克靜, 호는 만담재晩覃齋. 1546년 식년 생원시 1등으로 합격하고, 1555년 문과에 급제했다. 사헌부, 사간원, 홍문관에서 벼슬을 했다. 호조참의戶曹參議와 승지承旨 벼슬을 한 후 학문에 심취했다.

곽황郭趪

자는 경정, 호는 탁청헌濯淸軒. 27세에 등과登科하여 예조정랑, 예안현감, 함양군수를 지냈다.

5. 도동서원 - 한훤당 김굉필을 기리는 서원

도동서원은 우리나라의 대표적 서원인데다 그 주인공인 한훤당 김굉필도 중요한 인물이어서 별도의 책으로 출간되기 때문에 간단하게 소개한다.

  도동서원道東書院은 한훤당寒暄堂 김굉필(1454 1504)의 도학과 덕행을 기리기 위해 세운 서원이다. 대구시 달성군 구지면 도동리 35에 있다. 현풍에서 구지면사무소를 지나 낙동강을 오른편에 끼고 4㎞ 정도 가면 나온다.

  도동서원은 원래 1568년에 현풍 비슬산 기슭 쌍계동에 건립되었고, 쌍계서원雙溪書院이라 했다. 임진왜란 때 소실되자 1605년 지금의 자리에 '보로동서원甫老洞書院'으로 이름을 바꾸어 중건되었다. 이때의 건립을 주도했던 인물이 한강 정구와 퇴계 이황이었다. 1607년에 '도동서원'으로 사액을 받았다. 이황은 김굉필을 두고 '동방도학지종東方道學之宗'이라고 칭송했는데, '도동道東'으로 사액한 것도 '공자의 도, 성리학의 도가 동쪽으로 왔다'고 해서 붙여진 이름이다.

1
2

1 **멀리서 바라본 도동서원 전경** 도동서원은 동방5현 중 한 인물인 김굉필을 기리는 서원이다.
2 **도동서원 앞 은행나무** 수령이 400년이라는 안내판이 서 있다.

도동서원 안으로 들어가는 문인 환주문(喚主門)

1	
	2
	3

1 도동서원 강당 건물인 중정당
2 도동서원 강당 건물 처마에 걸린 '도동서원' 편액 퇴계 이황의 글씨를 모아 만든 편액이다.
3 중정당에 마루에 걸린 '도동서원' 편액 1607년에 내린 사액편액으로 글씨는 배대유가 썼다.

1865년 흥선대원군의 서원 철폐 때에도 훼철되지 않은 47개 서원 중 하나이고, 병산서원·도산서원·옥산서원·소수서원과 더불어 5대 서원으로 꼽힌다. 서원 건축이 갖추어야 할 모든 건축적 규범을 갖추고 있는 대표적 서원이다.

사당에는 김굉필을 주인공으로 하여 한강寒岡 정구(1543~1620)의 위패가 함께 봉안되어 있다. 좌우에는 자연으로 돌아가 자연과 하나가 되기를 원하는 김굉필의 도학정신을 표현한 벽화 두 점이 있다.

한훤당 문집인 경현록景賢錄 중 보로동서원 건립 관련 내용을 소개한다.

'현풍 오설리 보로동甫老洞 선생의 무덤 곁에 있다. 처음에 융경隆慶 무진戊辰(1568)년에 현풍의 선비들이 선생을 위해 읍내에서 동쪽으로 2리 쯤 되는 곳에 서원을 세우고 사당을 세웠다. 정당正堂은 중정中正이요, 좌실左室은 동익東翼이요, 우실을 서익이다. 동재東齋는 거인居仁이라 하고, 서재西齋는 거의居義라 했다. 또 구용료九容寮, 구사료九思寮, 사물료四勿寮, 삼성료三省寮가 있다. 또 양정재養正齋가 있어 어린 학생들을 가르쳤다. 문은 환주喚主라 했다.

시내 위에다 정자를 지어 명칭을 조한照寒이라 하려고 했으니, 선생의 '지호명월조고한只呼明月照孤寒'이란 시에서 가져온 것이다. 앞으로 두 시내가 동쪽과 북쪽으로부터 흐르는 까닭에 명칭을 쌍계서원雙溪書院이라 하고, 사실을 갖추어서 위에 아뢰니 액호額號가 내리고 서적도 내렸다. 그 후 임진년 병화兵火에 불타 버렸다.

을사乙巳(1605)년에 다시 중수했다. 옛터는 인가들이 곁에 가까이 있고 장터가 있어서 시끄러운 까닭에 공부하는 데 적합하지 않았다. 또 선생의 발자취가 평소에 미치지 않았던 곳이어서 거기에서 제사를 올리는 것이 연고緣故가 되지 못하므로, 마침내 이곳에 옮겨지었다. 지금 먼저 사우祠宇를 세우고 재당齋堂과 주방, 창고 등은 미처 세우지 못했다.'

도동서원 봉안제문奉安 祭文

만력 경술(1610)에 도사都事 배대유裵大維가 조정의 명령을 받들고 와서 제사를 봉행했다.

우리 선생이 동쪽 나라에서 일어났도다. 천품이 본시 굳세고 바르며, 덕은 순수하고 온후했다. 일찍이 하늘의 이치를 깨달아 발디딜 곳을 정했으며, 정精하게 연구하며 힘써 실천했고, 검소함을 지키어 잡되지 않았다. 충신忠信함은 건乾이요, 경의敬義는 곤坤이었다. 참다운 성誠을 이미 쌓았으며, 시일이 오랠수록 더욱 철저했다.

없어진 학문의 실마리를 찾기 위해 용기를 내어, 멀리 복희씨伏羲氏와 헌원씨軒轅氏로부터 노추魯趨의 큰 교훈과 염락濂洛의 미묘한 학설에 이르기까지, 시대가 동떨어지고 지역이 먼 거리에 있으면서도 직접 대면하며 강론을 들은 듯했다. 의리義理의 실상이며 성명性命의 근원이 흩어지면 만 가지로 다른 형태가 되는데, 이것을 한 근원으로 모아 큰 근본의 공부를 이루고 번잡한 지엽을 잘라 버렸다. 맥락이 분명하니 바로 옛 성현의 연원淵源을 이었다. 다른 학설을 힘써 배격해 저들의 발붙일 곳을 끊어버렸다. 후학을 인도해 방향을 지시함에 있어 지남철이 되었고, 어두운 거리의 촛불이 되었다.

교육하기를 즐겨 게을리하지 않았으니, 훌륭한 인재가 문하에 가득했다. 제창하여 도를 밝히고 바로잡아 세웠으니, 높은 공과 두터운 은혜였다. 도가 동방으로 찾아왔으니 영원히 잊지 못하리라.

위대한 이름이 전하는 곳에 산이 닳고 바다가 뒤집히도록 영원할 것이다. 대니산은 드높고 낙동강은 철철 흐른다. 그 가운데 깨끗한 집이 있으니 사당의 모습 우뚝하다. 우러러보며 공경하는 마음 일으키니 정령精靈이 계신 듯하다. 나라에서 유학자를 높이니 은총이 자주 내렸다. 서원의 사액賜額이 거듭 내려 유림에 광채가 빛나는구나.

좋은 날을 가려 영령英靈을 봉안하니 선비들이 달려서 모여들었다. 아름다운 명령命令이 대궐에서 내리니, 깨끗한 제물은 제기에 놓여있고, 맑은 술은 병에 있네. 한결같은 정성이 매우 전일專一하여 밝기가 아침 햇빛 같도다. 길이 편안하여 끝이 없으소서. 해마다 제물을 드리오리다.

1
2

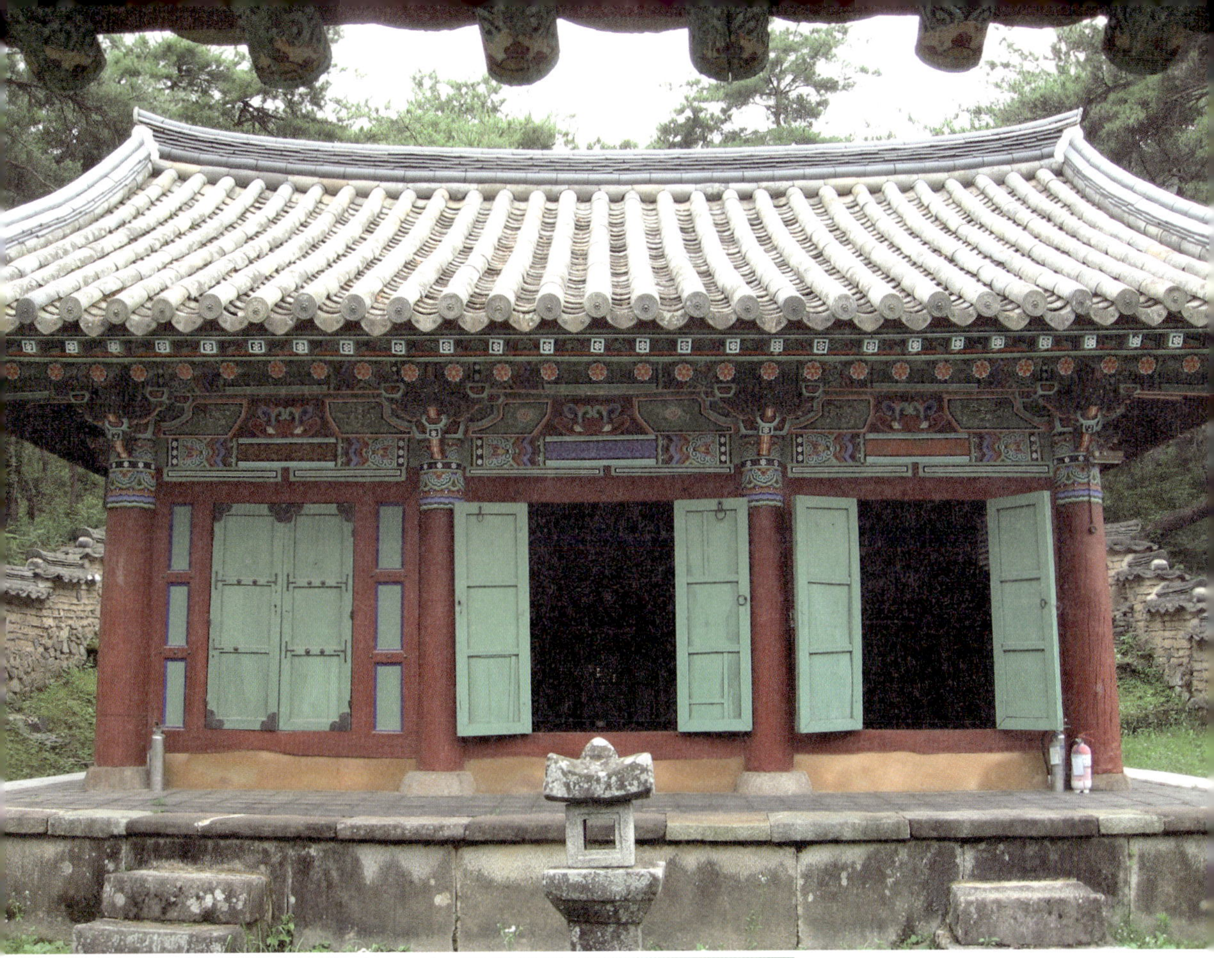

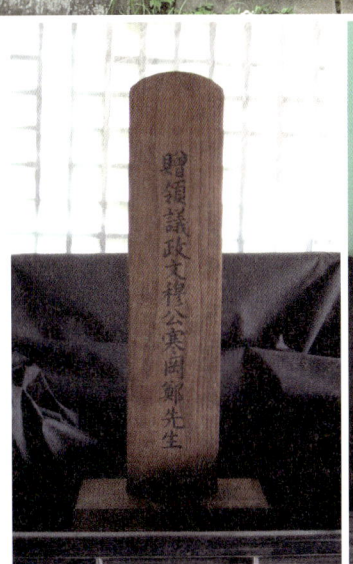

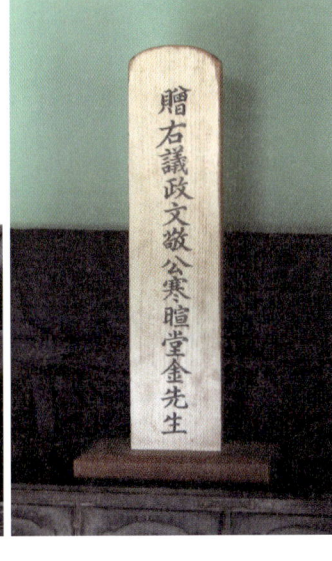

1 **도동서원 사당** 한훤당 김굉필과 한강 정구의 위패가 봉안돼 있다.

2 **도동서원 사당 안에 봉안돼 있는 김굉필 위패(오른쪽)와 정구 위패**

도동서원 사당 안에 그려져 있는 벽화 2점

김굉필 행장

문인門人 이적李勣이 지은 글.

우리나라 기자箕子 때부터 비로소 문자가 있었고, 삼국과 고려를 지나 우리 왕조에 이르기까지 문학은 찬란했으나 도학道學에 대해여는 들어본 일이 없었다. 도학을 처음으로 제창한 분은 오직 공 한 사람뿐이다.

공의 이름은 굉필이요 자는 대유大猷이며, 본관은 서흥이다. 일찍부터 글을 잘한다는 명성이 있어, 경자년 사마시에 합격하고 크게 분발하여 문장가에 대한 공부에 힘썼다. 소학小學을 읽다가 깨닫고 시를 짓기를 '소학 책 속에서 어제까지의 잘못을 깨달았다'라고 하니, 점필재가 평하기를 '이 말은 성인이 되는 근기根基다. 노재魯齋 이후에 어찌 사람이 또 없으랴' 하였다. 공은 개연慨然히 성현의 취지와 다른 여러 학자의 학설을 배척하고 날마다 소학과 대학을 읽어 이로써 규모規模로 삼고, 육경을 탐구하고 성誠과 경敬을 힘써 주장해 존양存養하고 성찰함으로써 체體를 삼고, 제가齊家 치국治國 평천하平天下로써 용用을 삼아 대성大聖의 경계에 이를 것을 목표로 삼았다.

평상시에 첫닭이 울면 반드시 머리를 빗고 세수하고 의관을 정제하며, 먼저 가묘家廟에 절하고, 다음에 어버이께 문안드리고, 서재에 가서 꿇어앉아 있기를 소상塑像처럼 하였다.

배우는 사람들을 불러들여 마음을 다스리는 요령을 강론함에 있어서, 어린 사람에게는 기초적인 공부를 말해 주고, 나이 먹은 사람에게는 심오한 의리義理를 말해 차근차근 게을리하지 않았다. 저녁이 되면 어버이에게 잠자리 보아드리기를 예절대로 하고, 학문을 강론하여 밤이 깊을 때까지 이르렀다. 30여년 동안이나 정밀히 한 공부가 쌓이고 힘써 실천함이 오래니, 학식이 넓으면서도 거칠지 않으며, 정통하면서도 흐르지 않고, 견확堅確하고 독실하여 오히려 미처 실천하지 못할까 두려워했다.

정미년에 아버지의 상사를 당해 무덤 곁에 여막을 짓고 모두 가례대로 행하여 효성이 지극하니 향리가 감화하였다.

갑인년에 유일遺逸로 추천되어 남부 참봉南部參奉에 제수되고, 또 추천되어 특별히 군자감 주부主簿로 발탁되고, 사헌부 감찰에 전임轉任되어 형옥刑獄을 판결하면서 모든 것을 성의껏 처리하니 모두 공정함에 감복했다.

무오년에 사화가 일어나니 공이 점필재의 문하에 다녔다 하여 죄로 몰아 희천으로 귀양보냈다가 조금 후에 순천으로 옮겼다. 이 때 화기禍機가 급박하였으나 이에 대처하기를 태연히 하여 평소의 지조를 변하지 않았다. 갑자년에 이르러 사화가 다시 일어나서 10월 초하루에 귀양 간 곳에서 화를 당하니 조용히 죽음에 나아갔다.

아아! 공의 학문이 오랫동안 전하지 못하던 학문을 얻어서 뚜렷이 홀로 섰다. 한 시대의 학자들이 그를 태산북두처럼 높이 우러러보았으며, 문하에 직접 다니지 못하고도 사숙私淑하며 선인善人이 된 사람도 또한 많았으니 그의 베푼 바가 널리 미치었다.

병인년에 나라가 바로잡혀 예例에 의해 통정대부승지를 증직贈職하였다.

6. 한훤고택 - 한훤당 김굉필 종택

대구시 달성군 현풍읍 지리에 있는 조선 시대 전통 가옥인 한훤고택은 조선의 대표적 유학자 한훤당寒暄堂 김굉필金宏弼의 후손이 거주해온 주택이다. 1615년 도동리에 터를 잡았다가 김굉필 11대손인 김정제(1724~1794)가 1779년 현재 자리로 옮겼다. 한국전쟁 때 대문채와 사당 등을 제외한 고택 건물 대부분이 소실됐다. 1951년에 중건重建되었다.

사당은 지금까지 훼손 없이 본래 모습을 잘 유지하고 있어 그 가치가 크다는 평가를 받

1 한훤고택 전경
2 한훤고택 내 카페 건물

는다. 한훤고택의 이 불천위 사당은 1615년 4월(음력)에 현풍현감 허길許佶의 감독 하에 준공됐다는 기록이 남아있다. 따라서 한훤당 고택이 1779년에 현재의 위치에 옮겨지면서 사당을 비롯해 일부 건물은 기존의 장소에 있던 건물을 그래도 이건한 것으로 보인다. 사당은 전면에 툇간을 둔 정면 3칸 규모로 겹처마에 맞배지붕을 올리고 단청을 하였다. 2018년 2월 대구시문화재로 지정됐다.

한훤고택은 사랑채인 광재헌이 있는 사랑 공간과 정침이 있는 주거 공간, 정침 뒤편 사당이 자리한 제향 공간으로 그 영역이 구분된다. 광재헌은 정면 6칸, 측면 1.5칸 홑처마 팔작지붕이다. 정침은 정면 7칸, 측면 2.5칸 홑처마 팔작지붕이다. 가운데 2칸 대청마루를 중심으로 좌우에 각각 2칸 온돌방이 있다. 온돌방 전면에 반 칸 규모의 툇마루를 설치하고 우측에 부엌을 두었다.

한훤고택은 남부 지방의 주거 형태를 보여 주는 달성지역 조선 시대 양반 주택이다. 안채의 평면 구성은 다른 지역에서 찾기 힘든 겹집의 형태를 취하고 있다.

최근 고택 내에 새로 지은 한옥 한 채를 중심으로 다과와 음료 등을 파는 한옥카페로 활용되고 있다. 각별한 분위기 덕분인지 많은 사람들이 찾고 있다.

문묘에 배향된 김굉필

우리나라 유학의 도통을 이은 대표적 성리학자로, 문묘에 배향돼 영원히 추모를 받고 있는 한훤당寒暄堂 김굉필(1454~1504)은 '소학小學'과는 뗄 수 없는 삶을 살았다. 그가 동방(우리나라) 도학道學(도덕에 관한 학문인 성리학)의 종宗이 될 수 있었던 것도 소학을 통한 개인의 수양과 실천 윤리 확립 덕분이다.

한훤당은 21세 때 함양 군수로 있던 점필재 김종직(1431~1492)의 문하에 들어가게 된다. 점필재는 한훤당을 가르치면서 "진실로 학문에 뜻을 두었다면 마땅히 소학부터 시작해야 한다"고 말하며 손수 소학을 건네준다. 이후 소학을 배우고 실천하며, 늘 소학을 행동의 최고 지침서로 삼았다. 한훤당은 스스로 '소학동자小學童子'라 칭하며 소학 공부에 몰두했다.

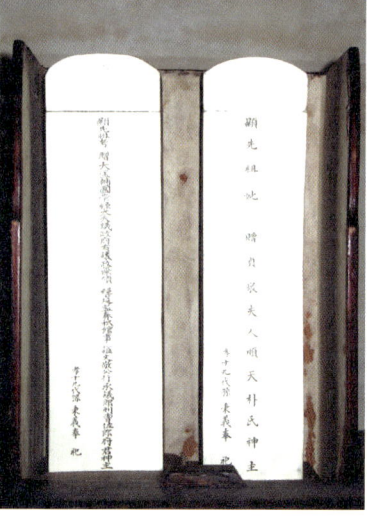

1	
2	3

1 **한훤고택 사당** 불천위인 한훤당 김굉필의 신주와 한훤당 종손의 4대조 신주가 봉안돼 있다.

2 **김굉필 부부의 신주가 봉안된 감실** 사당 안에 있다.

3 **김굉필 부부의 신주**

사람들이 나라 일에 대해 물으면 "소학을 읽는 아이가 어찌 대의를 알겠습니까"하고 대답하며, 한결같이 자신의 몸과 마음을 닦고 다스리는데 전념했다. 한훤당은 서른이 넘어서야 비로소 다른 글을 읽었다.

그가 지은 '독소학讀小學'이라는 시 중에 '글 공부를 해도 천기를 알지 못하더니, 소학에서 어제까지의 잘못을 깨달았구나業文猶未識天機 小學書中悟昨非'라는 구절이 있다. 이를 보고 점필재는 '이는 곧 성인이 될 바탕이다'라고 언급하기도 했다.

도학을 공부한 사람들이 있었지만 그 결과는 경서강독이나 문장을 짓는데 그쳤고, 오로지 몸을 닦는 것을 일삼아 참다운 실천으로 공부한 사람은 오직 한훤당뿐이었다는 기록을 퇴계 이황이 남기고 있다. 미호渼湖 김원행(1702~1772)은 '한훤당의 학문이 깊어져 덕이 성취되고 행실이 우뚝하게 높아서 한 시대의 종사宗師가 된 것도 모두 소학으로 표준을 삼았기 때문'이라고 했다.

이러한 한훤당은 16세기 조선에 소학을 실천윤리의 중심교재로 삼고자했던 유학 풍조를 정착시키는 주요 동력이 되었고, '후학들이 도학이 바른 학문인 것을 알아서 높이고 숭상하지 않는 사람이 없게 되었으니, 이는 진실로 환훤당의 공이다'(여헌 장현광)는 평가를 받게 된다.

한훤당 불천위 이야기

한훤당에 대해 언제 불천위 결정이 있었는지 기록이 전해지지 않고 있으나, 적어도 1615년부터는 불천위 제사가 봉행됐음을 알 수 있다. 지금의 불천위 사당이 1615년 4월(음력)에 현풍현감 허길許佶의 감독 하에 준공됐다는 기록이 남아있기 때문이다. 또한 신주神主를 안치하는 함인 감실도 나라에서 만들어 하사한 것이어서 국불천위였음을 알 수 있다. 그러나 이 감실은 2005년경에 도난당했다.

당시의 차종손 김백용씨는 당시 사당 문을 열고 감실이 사라진 것을 보는 순간 하늘이 무너지는 것 같았다고 했다. 기와집 형태였던 그 감실은 당시 최고의 기능인이 동원된 듯, 기와지붕 모양과 문살 등이 정말 정교하게 만들어진 작품이었다는 것. 다행히 신주는 빼내 두고 감실만 가져갔다. 지금 감실은 그 후 비슷한 모양으로 다시 만든 것이다.

한훤당종가 사당의 신주 위치는 어느 종가와 다른 점이 있다. 보통 불천위를 가장 왼쪽(서쪽)에 모시나, 이 사당은 불천위를 가운데 정면에 안치하고 있고, 4대조 신주는 불천위 신주 앞쪽 좌우에 안치하고 있다. 지금의 종택은 6·25때 융단폭격으로 기존의 건물이 대부분 불타버려 새로 지은 건물이다. 솟을 대문과 사당 건물만 폭격을 피할 수 있었다.

불천위 제사(음력 10월 1일)에는 보통 40~50여명이 참석한다. 불천위 제사의 제주로 쓰는 가양주 '스무주'가 독특하다. 스무날(20일) 동안 있다가 뜨는 술이라는 의미다. 재래종 국화를 따서 말린 것, 솔잎, 찹쌀, 누룩 등을 재료로 가을에 담그며, 향기가 특히 좋다고 한다.

7. 암곡서원 - 현풍 곽씨 시조 이하 5위를 제향하는 서원

암곡서원巖谷書院은 대구시 달성군 현풍읍 지리 원당마을 뒷산에 자리하고 있다. 고려 인종 1년(1123) 송나라에서 고려로 귀화하여 문하시중평장사를 지낸 현풍 곽씨의 시조 정의공靖懿公 곽경(1117~1179)을 비롯한 5위를 봉안하고 있다. 암곡서원의 '암곡'은 곽경의 호이다.

암곡 곽경에 대한 인적사항은 1930년대에 도굴 출토된 지석誌石이 발견됨에 따라 확인이 가능해졌다. 지석에 따르면 그는 중국 관서關西 홍농弘農 출신이다. 1133년에 귀화해 1138년에 과거에 급제했다. 벼슬은 금자광록대부金紫光祿大夫 문하시중門下侍中 평장사平章事를 역임했고, 포산군苞山君에 봉해졌다. 그 후손들이 포산(달성군 현풍)을 본관으로 삼아 현재에 이르고 있다.

1	3
2	

1 **암곡서원 전경** 사당과 강당, 동·서재 등으로 구성돼 있다.
2 암곡서원 강당 건물인 정일당(精一堂)
3 강당 건물에 걸린 '암곡서원(巖谷書院)' 편액

암곡서원은 1959년 포산사(苞山祠)로 건립되었다. 그 후 2009년 건물을 새로 짓고 사당을 새로 지어 옮기고 서원으로 승격시켰다.

강당인 정일당(精一堂)은 정면 5칸, 측면 2칸 규모의 건물이다. 중앙의 3칸 대청을 중심으로 좌우에 1칸 방을 두고 있다. 동쪽 방은 저녁마다 두려워하고 경계하면 큰 허물이 없다는

암곡서원 사당인 '포산사(苞山祠)' 현풍 곽씨의 시조 정의공(靖懿公) 곽경(1117~1179)을 비롯한 5위의 위패를 봉안하고 있다. 암곡은 곽경의 호이다

| 1 | 2 |

1 암곡서원 아래에 있는 구(舊) 포산사(苞山祠)
2 구(舊) 포산사(苞山祠) 내부   이곳에 있던 위패는 서원 내 사당으로 옮겼다.

의미의 '석척당夕惕堂', 서쪽 방은 종일토록 공부하고 힘쓰라는 의미의 '일건당日乾堂'이라는 편액을 달고 있다. 동·서재는 각각 정면 3칸, 측면 2칸 반 규모의 맞배지붕 건물이다. 동재의 이름은 의인재依仁齋, 서재는 경의재敬義齋이다.

정면 3칸, 측면 1칸 규모의 사당인 포산사는 강당 뒤에 있다. 가장 높은 곳에 자리하고 있다. 옛 사당(포산사) 건물은 암곡서원 아래에 그대로 보존되어 있다.

이 마을은 의령남씨宜寧南氏들이 마을을 형성하고 있었으나 350여 년 전 현풍 곽씨 17세손 곽창도郭昌道가 이곳에 처음 정착함으로써 현풍 곽씨 목사공파의 세거지가 되었다.

추원당과 월계정

암곡서원 아래에는 추원당追遠堂이 있다. 1897년에 창건되어 1950년 6·25사변으로 소실되었다가 1955년에 복원된 건물이다. 추원당은 현풍 곽씨 목사공파牧使公派의 파조인 곽순

1	2
3	

1 서원 동재인 의인재(依仁齋)
2 서원 서재인 경의재(敬義齋)
3 곽기연(郭基演)과 곽기준(郭基準) 형제가 공부하던 월계정(月溪亭) 1925년 창건되었으나 6·25 사변 때 소실되었다가 1976년에 중건했다.

현풍·구지·유가 지역

종郭順宗과 그의 아버지인 곽함, 할아버지인 곽정부郭廷府 3대를 추모하는 재실이다.

추원당 아래에는 월계정月溪亭이 있다. 현풍 곽씨 27세손인 곽기연郭基演과 곽기준郭基準 형제의 강학공간으로, 1925년에 창건되었다. 월계정도 6·25 사변에 소실되었다가 1976년에 중건했다.

8. 송담서원 - 의병장 박성이 주인공

송담서원松潭書院은 대구시 달성군 구지면 도동리 송담마을 동편 산기슭에 자리하고 있다. 가파른 산비탈에 자리한 이 서원은 조선중기 영남의 큰 선비이자 의병장이었던 대암大庵 박성(1549~1606)을 기리기 위해 건립한 서원이다.

1634년 여헌旅軒 장현광(1554~1637)이 발의하고, 지방 유림 75명이 동참하여 비슬산 기슭 쌍계에 박성을 배향하는 서원의 건립을 시작했다. 하지만 위패 봉안이 이루어지기 전에 소실되었다. 이에 1694년 지방 유림들이 다시 뜻을 모아 유택幽宅인 이곳에 송담서원을 건립했다.

흥선 대원군 집권기 때인 1871년에 훼철되었다. 훼철 이후 복원 과정은 1998년 이헌주李憲柱가 쓴 '송담서원 복원기松潭書院復元記' 등을 통해 간단하게 확인할 수 있다. 일제 강점기에 다시 송담서원은 방화로 소실되었다. 1994년 외삼문인 덕양문德陽門과 강당인 경의당敬義堂, 비각 등이 복원되었다. 강당은 정면 5칸·측면 3칸에 겹처마 팔작지붕의 건물이다. 서원 아래에는 수령 300년 정도의 은행나무가 있다. 부근에 관리사도 있다.

송담서원을 마주하고 왼쪽으로 바라보면 약 100m 거리에 박성의 신도비각이 보인다. 박성의 묘소는 신도비각 옆으로 나 있는 길을 따라 을 한참 올라가면 만날 수 있다.

1994년에 복원한 현재의 송담서원. 강당만 복원된 상태다

송담서원 입구인 덕양문

1
2

1 송담서원 부근에 있는 박성 신도비각
2 박성 신도비 신도비(神道碑)는 무덤 앞 또는 무덤으로 가는 길목에 세워 죽은 이의 사적을 기록해 기리는 비석.

대암 박성

대암大庵 박성朴惺의 본관은 밀양密陽, 자는 덕응德凝이다. 박성은 1549년 현풍 솔례(달성군 현풍읍 대리)에서 태어났다. 낙천洛川 배신裵紳에게 수학하고, 한강寒岡 정구鄭逑를 스승으로 삼았다.

임진왜란이 일어나자 김성일金誠一의 참모로 종사하였고, 정유재란 때에는 이원익李元翼의 막료로 종사, 주왕산성대장周王山城大將으로 활약했다. 공조좌랑工曹佐郎, 안양현감安陽縣監을 지낸 후 사직했다. 이후 나라에서 여러 벼슬을 제수하였으나 사양하고 부임하지 않았다.

만년에는 거처하는 집에 학안재學顔齋 현판을 걸어 놓고 학문을 추구하였다. 저서로 '대암집大菴集'이 있다

9. 예연서원 - 임란영웅 곽재우와 곽준을 기리는 사액서원

예연서원禮淵書院은 대구시 달성군 유가읍 가태리(유가읍 구례길 123)에 있다. 임진왜란 영웅인 곽재우와 그의 재종숙이자 역시 임진왜란 영웅인 곽준을 기리고 있는 서원이다.

이 서원은 1618년 지금의 현풍읍 대리大里에 곽재우의 위패를 봉안하기 위해 세운 '충현사忠賢祠'가 그 뿌리다. 이후 1674년 당시 현감이었던 류천지가 규모를 확장했다. 당시 정유재란 때 안음현감으로 황석산성의 수성장守成將을 제수 받고 장렬한 최후를 마친 곽준(1550~1597)의 위패를 함께 봉안했다. 1677년 '예연서원'이라는 이름으로 사액을 받았다. 1715년 유가읍 가태리 현재의 위치로 옮겨졌으나, 6·25사변으로 소실되었다. 이후 1977년과 1984년 두 번에 걸친 복원과정을 거쳐 현재의 모습을 갖추었다.

예연서원은 3개의 공간으로 구성되어 있다. 외삼문인 숭의문崇義門을 들어서면 강당인 경의당景義堂이 있고, 경의당 뒤로 사당인 충현사忠賢祠가 제향 공간을 이루고 있다. 경의당 우측으로 전사청典祀廳이 별도의 공간을 형성하고 있다.

1 예연서원 입구 문인 숭의문(崇義門)
2 서원 입구에 있는 곽재우 나무
   수령 400여 년 된 느티나무이다.

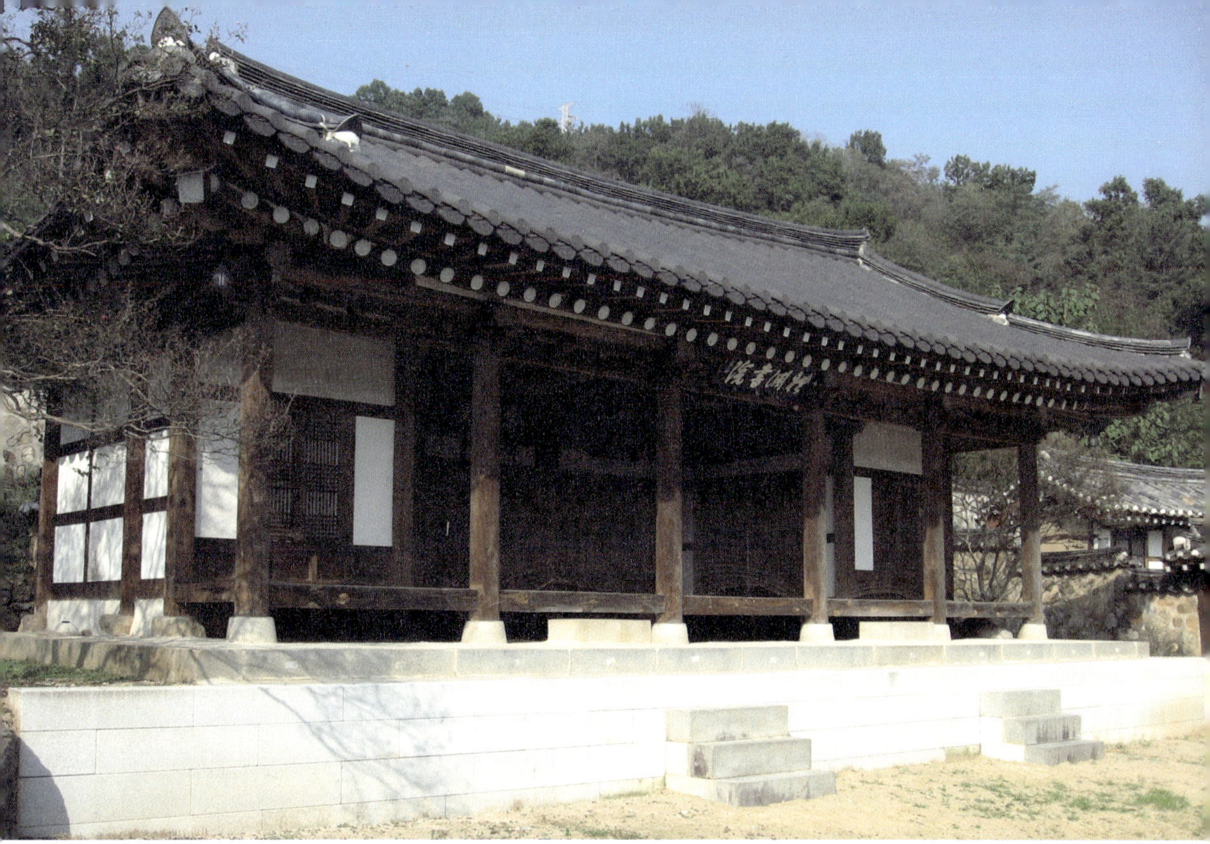

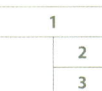

1 예연서원 강당인 경의당(景義堂)
2 경의당에 걸린 '예연서원(禮淵書院)' 편액   이승만 대통령(호 雩南) 글씨이다.
3 경의당에 걸린 숙종사액제문(肅宗賜額祭文) 현판

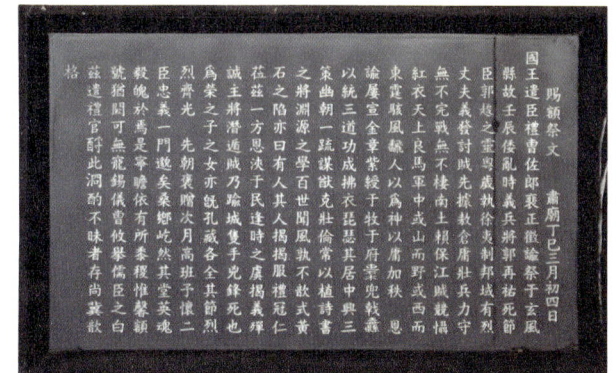

현풍·구지·유가 지역

1		3
2		

1 예연서원 사당인 충현사(忠賢祠)
2 곽재우와 곽준 신도비(神道碑)가 있는 신도비각
3 예연서원 장판각과 전사청

　숭의문은 정면 3칸, 측면 1칸 규모의 맞배지붕 건물이다. 경의당은 정면 5칸, 측면 2칸 규모 팔작지붕 건물이다. 중앙의 대청마루를 중심으로 양쪽에 협실을 둔 중앙협실형中央夾室形이다. 정면 처마 아래에 '예연서원' 편액이 걸려 있다. '경의당', '집사분정판', '중건기', '존재망우양선생봉안문存齋忘憂兩先生奉安文', '숙종사액제문肅宗賜額祭文', '상량문', '국기일판國忌日板' 등의 현판들이 대청 사방 벽면에 걸려 있다.

　'예연서원' 편액을 보면 '우남雩男'이 쓴 것으로 되어있다. 우남은 이승만 대통령의 호인데, 이승만 대통령의 글씨가 맞는지는 모르겠다.

단청을 입힌 충현사는 정면 3칸, 측면 1.5칸 규모 맞배지붕 건물이다. 정면 3칸 규모의 전사청은 향례享禮 때 제수를 마련하여 두는 곳이다.

서원 입구에 신도비

예연서원에는 소중한 책판들이 장판각藏板閣에 보관되어 있다. '망우당선생문집책판(부)창의록책판忘憂堂先生文集冊板附倡義錄冊板'을 비롯해 '괴헌집槐軒集', '존재선생실기存齋先生實記' 등 4종류 총 255점이 있다. 이 중 망우당선생문집책판(부)창의록책판은 대구광역시 유형 문화재 제39호, 존재선생실기는 대구광역시 유형 문화재 제40호로 지정되었다.

한편 서원입구에는 '홍의장군신도비'와 '충렬공신도비'가 한 비각 안에 나란히 세워져 있다. 홍의장군신도비는 곽재우의 업적을 기록한 신도비이고, 충렬공신도비는 곽준의 업적을 기록한 신도비이다. 충렬공신도비는 현풍 대리에 세워져 있었으나, 1761년에 홍의장군신도비가 이곳에 건립될 때 옮겨와 함께 세운 것이다.

또한 부근에 수령 400년의 느티나무 한 그루와 수령 300년의 은행나무 한 그루가 있는데 각각 '곽재우나무' '곽준나무'로 명명해 부르고 있다.

천강홍의장군 망우당 곽재우

임진왜란 당시 천강홍의장군天降紅衣將軍이라 불리던 곽재우(1552~1617)는 호가 망우당忘憂堂이고, 시호는 충익忠翼이다. 천강홍의장군天降紅衣將軍은 '하늘에서 내려온 붉은 옷을 입은 장군'이라는 뜻이다.

경상남도 의령 출신으로 조식曺植의 외손서이며, 김우옹金宇顒과는 동서 사이이다.

1585년 34세의 나이로 별시別試의 정시庭試 2등으로 뽑혔다. 그러나 지은 글이 왕의 뜻에 거슬린다는 이유로 발표한 지 수 일만에 무효가 되었다. 그 뒤, 과거에 나갈 뜻을 포기하고 남강南江과 낙동강의 합류 지점인 기강岐江(거름강) 위 돈지遯池에 강사江舍를 짓고 평생을 은거할 결심이었다.

1592년 4월에 임진왜란이 일어났고 관군이 대패하자, 같은 달 22일에 의병을 일으켜 관군을 대신해 싸웠다. 그 공으로 같은 해 7월에 유곡찰방幽谷察訪에, 곧 이어 형조정랑에 제수되었다.

10월에는 절충장군折衝將軍으로 승진해 조방장助防將을 겸했다. 이듬해 12월 성주목사에 임명되어 삼가三嘉의 악견산성岳堅山城 등 성지城池 수축에 열중하다가 1595년 진주목사로 전근되었으나 벼슬을 버리고 현풍 가태嘉泰로 돌아왔다.

1597년 명나라와 일본간에 진행되던 강화 회담이 결렬되고 일본의 재침이 뚜렷해지자, 조정의 부름을 받고 다시 벼슬에 나아가 경상좌도방어사로 현풍의 석문산성石門山城을 신축했다. 그러나 그 역役을 마치기도 전에 왜군이 침입해 8월 창녕의 화왕산성火旺山城으로 옮겨 성을 수비했다.

1599년 다시 경상우도방어사에 임명되었으나 상중喪中임을 구실로 나가지 않았다.

그해 9월 경상좌도병마절도사에 제수되었으나 10월에 이르러서야 부임하였고, 이듬해 봄에는 병을 이유로 벼슬을 버리고 귀향했다. 이 문제로 사헌부의 탄핵을 받고 영암靈巖으로 귀양갔다가 2년 만에 풀려났다.

그 뒤 현풍 비슬산琵瑟山에 들어가 곡식을 금하고 솔잎으로 끼니를 이어가다가, 영산현靈山縣 남쪽 창암진滄巖津에 강사를 지은 뒤 망우정忘憂亭이라는 현판을 걸고 여생을 보낼 설계를 세웠다.

그러나 다시 조정의 부름을 받고 거절할 수 없어 1604년 찰리사察理使가 되어 인동仁同의 천생산성天生山城을 보수했다. 이어 선산부사로 임명되었으나 나아가지 않고 찰리사라는 벼슬마저 사퇴했다. 안동부사에 임명되었으나 역시 나아가지 않았다. 그해 10월 절충장군용양위부호군折衝將軍龍驤衛副護軍에 제수되고, 다음달 가선대부용양위상호군嘉善大夫龍驤衛上護軍로 승진했다.

1612년(광해군 4) 전라도병마절도사에 임명되었으나 병을 칭탁하고 나가지 않았다. 이듬해 영창대군永昌大君을 신구伸救하는 소를 올리고 낙향했다. 1616년 창암 강사에서 장례원판

결사掌隷院判決事를 제수받았으나 역시 나가지 않았고, 이듬해 별세했다.

스스로 '천강홍의장군天降紅衣將軍'이라 하여 적군과 아군의 장졸에게 위엄을 보이고, 단기單騎로 적진에 돌진하거나 의병疑兵(적이 의심하도록 하기 위한 위장 병사)을 구사하는 등 위장 전술을 펴서 적을 직접 공격했다. 그리고 적을 유인해 매복병으로 하여금 급습을 가한다든가 유격전을 펴서 적을 섬멸했다.

수십 인으로 출발한 의병은 2천여 명에 이르는 큰 병력을 휘하에 가질 수 있었으며, 그 병력을 바탕으로 많은 전공을 세웠다.

존재 곽준

곽준(1551 1597)은 조선 중기의 문신으로 임진왜란 때 의병장을 지냈다.

본관은 현풍玄風이고, 호는 존재存齋. 곽승화郭承華의 종손으로, 아버지는 곽지완郭之完이며, 어머니는 초계 정씨草溪鄭氏로 정옥견鄭玉堅의 딸이다.

곽준은 배신裵紳의 문인이고, 박성朴惺과 교유했다. 임진왜란이 일어나자 의병장 김면金沔이 의병을 규합하자 평소에 친히 지내던 교분으로 참가하여 공을 세웠다. 관찰사 김성일金誠一이 곽준의 현명함을 듣고 자여도찰방自如道察訪에 임명하였다.

1593년에는 굶주린 군사가 들에 가득하자 군량을 얻어 해결하였고, 1594년 조정에서 재능이 뛰어난 자를 발탁할 때 안음현감에 임명되었다.

1597년 정유재란 때 안음현감으로 함양군수 조종도趙宗道와 함께 호남의 길목인 황석산성黃石山城을 지키던 중 왜군과 격전을 벌이다가 아들 곽이상郭履常·곽이후郭履厚와 함께 전사했다.

병조참의에 추증되고, 안의安義의 황암사黃巖祠, 현풍의 예연서원禮淵書院 등에 제향되었다. 시호는 충렬忠烈이다.

10. 대양정戴陽亭 - 김굉필과 곽승화가 공부하던 곳

현풍 솔레마을 앞 작은 산인 용두산 정상에 자리하고 있는 정자다. 이 정자에 오르면 주변의 현풍 분지가 한 눈에 들어온다.

대양정戴陽亭은 15세기 후반 한훤당寒暄堂 김굉필(1454~1504)이 현풍에 정착한 후 지어 이웃한 솔레마을의 곽승화와 함께 학문을 강론하던 곳이다.

이 정자는 임진왜란 때 불타버린 후 방치되다가 2005년 5월에 복원해 지금에 이르고 있다. 누각형태의 정자이며, 주위에 배롱나무들이 있다.

한훤당 김굉필은 1454년 서울 정동貞洞에서 태어나 서울에서 자랐다. 19세 되던 1472년 합천에 있는 순천 박씨順天朴氏의 집에 장가들어 그곳에서 한훤당寒暄堂이라는 이름의 서재를 짓고 김맹성金孟性과 교분을 쌓았다. 1475년 김종직의 문하에 들어가 '소학小學' 등을 배우며 사제의 연을 맺었다. 1480년 27세에 생원시生員試에 합격하고 다시 서울 생활을 하다가 1487년 34세 때 현풍 땅을 밟는다.

현풍 용두산 정상에 자리한 대양정

한훤당은 1487년에 선친 사용부군司勇府君의 상사喪事를 당해 4년 동안 현풍에서 지냈다. 오설리烏舌里 보로동甫老洞의 언덕에 땅을 정하여 장사지내고, 무덤 옆에 여막廬幕(지금의 정수암淨水庵)을 짓고 3년 동안 시묘侍墓하며 생활했다. 상복을 3년 만에 벗고 이듬해 1490년 어머님을 모시고 서울로 올라간 것으로 전해진다. 그리고 3년간의 서울 생활을 접고 다시 어머님을 모시고 현풍으로 내려왔다.

현풍에 거주하며 대양정을 짓고 규헌暌軒 곽승화郭昇華와 함께 학문을 강론하던 시기가 이때인 것으로 추정된다.

대양정 중건전말기

동서남북 사방으로 화왕산 비슬산 가야산 대니산의 웅산雄山 존립하고, 그 지맥인 용두산에 한훤당 김선생이 대양정을 건립하고 점필재 김선생의 문하생 중 양수재兩秀才라 일컬으신 한훤당寒喧堂 김선생과 규헌暌軒 곽선생이 지방 유생들에게 소학을 강론하고, 국장國葬엔 향내사림이 각구各具 백관소의白冠素衣로 북향망곡우차지北向望哭于此地하고, 국권광복시는 각자 태극기를 수지手持하고 무호만세우차지舞呼萬歲于此地하고 공감애락共感哀樂하였다.

임진병화로 정자 소실한 후 선현유적을 황초荒草 사이에 방치한지라, 김곽 양 문중이 선현의 유촉지遺躅地를 경모수복景慕修復하여 수호守護하다가 광복 후 향내유림이 참여하여 정자를 복원코저 백방노력하였으나 계금이 미액이었다. 마침 박경호 군수의 각별한 배려와 최수찬 추진위원장의 노고로 오늘의 대양정이 복원된 전말을 여기에 기록하여 영원히 전하고자 한다.

을유(2005) 5월 상한上澣 서흥후인 김병의 포산후인 곽동후 근기謹記, 후학 곽영민 근서謹書

1　대양정
2　대양정에 걸린 '대양정중건전말기' 현판

대양정에서 바라본 풍경

김굉필이 남긴 경계의 글 '한빙계'

남명 조식이 남긴 한훤당의 일화 중 하나다.

'선생(한훤당)이 친구들과 같이 거처하면서 닭이 처음 울 때 함께 앉아서 자신이 숨 쉬는 것을 세었는데, 다른 사람의 경우 밥 한 솥 지을 시간이 지나자 모두 세는 것을 잃어버렸다. 다만 선생만이 분명하게 낱낱이 세어 날이 새도록 놓치지 않았다 한다.'

그의 마음 공부, 경敬 공부 수준이 어느 정도인지를 잘 말해주는 일화라 하겠다.

이런 그가 자신을 스승으로 삼고자 찾아온 반우형潘佑亨에게 주려고, 또한 스스로를 경계하고자 쓴 '한빙계寒氷戒'가 있다. '갓을 바로 쓰고 꿇어 앉아라[定冠危坐]', '옛 버릇을 철저히 없애라[痛絶舊習]', '욕심을 막고 분함을 참아라[窒慾懲忿]', '가난에 만족하며 분수를 지켜라[安貧守分]', '사치를 버리고 검소함을 따르라[去奢從儉]', '날마다 새로워지는 공부를 하라[日新工夫]', '말을 함부로 하지마라[不妄言]', '마음을 한결같이 하여 두 갈래로 하지 마라[主一不二]', '마지막을 시작할 때처럼 조심하라[愼終如始]' 등 18개 항목의 글이다.

한빙계 중 누락된 글귀가 있는 항목 등 몇 개 항목은 제외하고 소개한다.

반군潘君 우형佑亨이 나를 스승으로 대접하려 했다. 나는 너무 과분하다고 사양했으나 그는 말하기를 '이것은 저 자신의 뜻일 뿐 아니라 선친이 평소에 하신 말씀이 있었다'고 했다. 그래서 나는 그의 효성에 감동해 이를 거절하지 못했다. 삼여三餘(독서하기 적당한 세 가지 여가인 겨울, 밤, 비올 때)의 틈을 이용해 그와 함께 공부를 해야 되겠지만, 내가 문을 닫고 들어앉아 방문객을 사절한 지가 오래인지라 그는 곧 돌아가게 되었다. 나의 마음이 매우 미안해 마침내 스스로를 수양하며 사물에 대응하는 방법 몇 가지 조항을 손수 써서 '한빙계'라는 제목을 붙여 떠나는 그에게 주고, 또한 나 자신도 경계하려 한다.

고요함과 움직임에는 마땅한 이치가 있다 [動靜有常]

하늘은 둥글어서 움직이며, 땅은 반듯하여 고요하게 안정돼 있다. 양陽은 생기면서부터 움직이며, 음陰은 생기면서부터 고요하다. 그래서 안정은 움직임의 기본이다. 그러므로 하늘은 땅을 기본으로 삼으며, 양은 음을 기본으로 삼는다.

천하의 모든 사물은 기본이 없이 생기고 이뤄지는 일은 없는 것이다. 하늘의 바람·비·우레·번개가 변화하며 움직이지만 모든 것이 땅에 의존하니, 이것은 안정靜에 기본을 두는 것이다. 사람의 인·의·예·지가 변화하며 움직이지만 모든 이치가 몸에 갖추어 있으니, 이것은 안정에 기본을 둔 것이다.

이것은 사람·땅·하늘의 움직임과 고요함의 마땅한 이치다. 공자가 말하기를 '군자는 그릇을 몸에 간직했다가 때를 기다려 쓴다' 했으니, 그릇을 간직한다 함은 도의 본체이니 곧 고요함이요, 때를 기다린다는 것은 도의 작용이니 곧 움직임이다.

고요하지 않으면 그릇이 본체를 이루지 못해 움직일 때 쓸 것이 없다. 고요한 가운데 그릇을 이뤄 놓았다가 때를 기다려 움직인다면 무엇인들 되지 아니하겠는가. 그러므로 공부하는 사람은 마땅히 고요함을 주主로 삼아 함부로 움직이지 않아야 한다.

바른 마음으로 본성을 따르라 [正心率性]

마음이 바르지 못하면 사욕이 침공하고, 착한 본성을 따르지 않으면 나쁜 생각이 함부로 침범할 것이다. 굳세고 철저하게 반성해 사욕을 치고 악을 치기를 칼로 뱀을 베며 활로 범을 쏘듯이 해야 한다. 그렇게 하면 이겨내지 못할 염려가 없을 것이다.

사욕과 나쁜 생각이 생긴 뒤에 이를 퇴치하는 것은 미리 방지하는 것보다는 못하다. 마땅히 두 번 생각함으로써 그 마음을 바르게 하고, 세 번 반성해 그 본성을 따르게 할 것이다.

인심人心은 위태로우며 도심道心은 은미한 것이니, 바로잡아 수양해야만 위태로운 것이 편안해지고 은미한 것이 나타난다. 관습에서 생기는 성격은 조급하며, 타고난 천성은 바르다. 그러니 천성을 따라 이를 인도해야 조급한 것이 바르게 되며, 바른 것은 밝아질 것이다.

갓을 바로 쓰고 꿇어앉아라[正冠危坐]

마음속에 이치가 곧으면 밖으로 몸이 반드시 단정해지고, 거처를 공손히 하면 편안할 때 반드시 위태한 것을 생각하게 된다. 눈길을 존엄하게 하는 것이나 앉기를 엄숙하게 주검같이 하라는 것은 모두 경敬을 이야기하는 것이다. 어찌 감히 방자하고 태만하겠는가.

갓을 바로 쓰지 않은 것을 보고 가버리는 이도 있고, 다리를 뻗고 앉은 것을 보고 감정을 품은 이도 있었다. 위의威儀를 잃는 것은 학문하는 데 큰 병통이니 언제나 경의 마음을 잃지 않도록 하라.

옛 버릇을 철저히 없애라[痛絶舊習]

지금의 벼슬하는 자들은 대개 출세에 조급해 의리를 돌아보지 않고, 구멍을 뚫고 담을 넘어 서로 엿보며 첩妾같은 행동을 즐기고 있다. 벼슬을 얻거나 놓칠까 걱정하여 못할 짓이 없으니, 이것이 어찌 도에 뜻을 둔 자가 할 짓이라 하겠는가.

어려서 배워 장성한 뒤 실천하려던 뜻은 허탕으로 돌아가고, 버릇이 천성처럼 되어 일생을 마치도록 깨닫지 못하니 딱한 일이다. 이 버릇을 철저히 없애야만 좋은 사람이 될 수 있으며, 점점 도의 맛있는 경지에 들어가게 될 것이다.

욕심을 막고 분함을 찾으라[窒慾懲忿]

사람의 욕심은 음식과 남녀관계보다 더한 것이 없다. 예禮로써 억제하지 않으면 누가 탐하고 음란한 짓을 하지 않겠는가. 사람의 분노는 벼슬과 재물을 다투는 것보다 더한 것이 없으니, 의義로써 재단하지 않으면 누구인들 간악하고 낭패를 당하는 데 이르지 않겠는가. 그러므로 성인이 예의로 이를 제어할 것을 가르치며 지도한다.

공부하는 사람이 언제나 '무죄한 사람 하나를 죽이고 천하를 얻을 수 있어도 그것은 하지 않겠다'는 마음을 가지면, 분함과 욕심이 스스로 없어지고 도리가 절로 밝아질 것이다.

가난에 만족하며 분수를 지켜라[安貧守分]

하늘이 뭇 백성을 내고 각각 나누어 준 직분을 갖게 했으니, 감히 어기고 넘지를 못할 것이다. 사람이 모두 부자가 되기를 원하나, 부자 되기는 어렵고 가난하기 쉬운 것은 분수가 있기 때문이다.

지금 사람들은 천기天機가 높지 못해, 가난함을 싫어하고 부자 되기를 구하며, 분수 밖의 일을 지나치게 행한다. 비록 용한 꾀를 교묘히 행하지만 마침내 법망에 걸림을 면하지 못해, 심하면 몸을 망치고 자손이 끊어지는 지경에까지 이른다. 가히 두려워하지 아니하랴.

공자가 말씀하시길 '만일 부귀를 얻을 수 있다면 비록 말채찍을 잡는 천한 일이라도 내가 하겠지만, 해서는 되는 것이 아닌 바에는 내가 좋아하는바(도덕)를 따르리라' 하였다.

또 말씀하시길 '선비가 도에 뜻을 두면서 좋지 못한 옷을 입고 좋지 못한 음식을 먹는 것을 부끄럽게 여기는 자는 더불어 말할 것도 없느니라' 하였다. 구한다고 반드시 얻지 못할 바에야 도리어 나물밥에 굵은 베옷으로 지내는 생활을 만족하게 여기면서 도를 즐기는 것이 낫지 않겠는가. '아름답도다! 어진 선비는 그 처지를 생각하라' 하였으니, 궁할 때는 홀로 자신을 선하게 하고, 출세해서는 천하를 선하게 하라.

사치를 버리고 검소하라[去奢從儉]

공자는 말씀하시기를 '사치하기보다 차라리 검소하게 하라' 하였으니, 어찌 예절만이 그러하리요. 지금 풍속이 옛날과 달라서 사치와 화려함을 다투어 추구해, 정원은 넓고 크게 하고 비단옷을 입고 진수성찬을 먹는 것을 호걸스러운 풍치風致로 생각하므로, 선비들의 풍습도 거기에 따라 빠져 들어가서 도를 아는 자가 적으니 애석한 일이다.

사치는 하늘이 만든 물자를 함부로 없애는 도둑이다. 옛날부터 사치를 숭상해 그 끝까지 사치스런 생활을 보존한 자는 없었다. 검소하고 절약하는 것은 사람과 물자를 유지하는 중요한 방법이다. 검소함을 숭상하거나 검소하기 때문에 무엇이 잘못되는 경우는 듣지 못했다. 도에 배반하는 자로 검소한 사람은 적고, 도를 지향하는 사람으로 사치를 버리는 자는 많다.

날마다 새로워지는 공부를 해라[日新工夫]

오늘 당연한 이치대로 행하고 내일 당연한 이치대로 행해, 일상생활이 당연한 이치대로 하지 않음이 없으면, 곧 날이 달이 되고 달이 해가 되면서 인仁을 쌓고 의義를 쌓아서 그 극치에 이르게 된다. 그러면 터놓은 강물이 쏟아지는 것을 막을 수 없음과 같게 될 것이다.

공자가 말씀하시길 '날마다 새롭게 되는 것, 이것이 성盛한 덕이다' 하였는데, 이것을 두고 이름이다. 내일까지 기다려보자고 한다면 그것은 매우 옳지 않다.

독서로 이치를 연구하라[讀書窮理]

글을 읽는 법은 많이 보기를 탐내고 널리 읽기를 힘써서는 안 된다. 넓기만 하고 요령이 적은 것보다는 간추려서 요령을 얻도록 하는 것이 옳다.

무릎을 꿇고 단정히 앉아 공경히 책을 대해 익숙하게 읽고 뜻을 음미하면 그 이치가 스스로 나타날 것이고, 이치가 나타나면 곧 육미肉味가 입맛에 맞는 것과 같을 것이다. 단단히 씹어서 소화시킨 뒤에 다른 책을 읽을 것이다.

만일 성인의 글이 아닌 것을 읽는다면, 비록 하루에 1만 자를 왼다 할지라도 도학을 공부하는 우리의 무리가 아니다

말을 함부로 하지마라[不妄言]

공자는 말씀하시기를 '방안에서 말을 해도 그 말이 착하면 천리 밖에서 호응하는데, 하물며 가까이 있는 사람이야 말해 무엇 하겠는가. 방안에서 말을 해도 그 말이 착하지 않으면 천리 밖에서 이에 반대하는데, 하물며 가까이 있는 사람이야 말할 것도 없지 않은가. 말은 몸에서 나와 백성에게 미치고, 행실은 가까운 데서 출발해 먼 데까지 나타나는 것이니, 말과 행동은 군자의 추기樞機(문을 여닫는 기틀이 되는 돌쩌귀로, 중심 기관을 의미)인 것이다. 추기의 발현은

영욕과 직결된다. 말과 행동은 군자가 천지를 움직이는 것이니 삼가지 않으면 되겠는가'라고 했다.

또 '어지러움이 생기는 것은 언어가 그 매개가 되는 것이다. 임금이 기밀을 지키기 못하면 신하를 잃고, 신하가 기밀을 지키지 못하면 몸을 잃고, 일機事에 기밀을 지키기 못하면 해가 생기는 것이니, 군자는 삼가고 비밀히 하여 함부로 드러내지 않는다. 지금 많은 선비들은 그 기개를 높이 올리며 의논이 바람이 일듯하여 꺼리는 바가 없으니, 그들에게 환란이 닥칠까 염려된다. 그러나 집집마다 다니면서 타이를 수는 없다. 그대는 조심하도록 하라. 말을 삼가는 방법은 정성스러움誠과 공경함敬에 있다. 그러므로 정성스러움과 공경함은 말을 함부로 하지 않는 데서부터 시작해야 한다'라고 했다.

마음을 한결같이 하라[主一无二]

주자朱子가 경재잠敬齋箴을 다음과 같이 지어 스스로 경계했다.

'의관을 바르게 하고 눈길은 편안히 하며 마음은 고요히 하여 앉아서, 저 너머의 상제上帝를 마주하듯 하라. 발걸음은 무겁게 하고 공손히 한다. 땅은 가려 밟아 작은 개미집도 피해 간다.

문을 나서면 큰 손님을 대하는 듯 공손히 하고, 일을 대하면 제사 지내는 듯 경건히 하며, 조심하고 두려워하며 잠시라도 감히 안이한 생각을 하지 않는다. 입은 병마개를 닫듯이 굳게 막고, 뜻은 성을 지키듯 진실하고 확실하게 지켜, 언제나 경솔하게 행동하지 않는다.

동쪽을 마음에 담고 서쪽으로 가지 않으며, 남쪽으로 가야 할 때 북쪽으로 가지 않는다. 하는 일에 마땅히 정성을 다해 정신을 흩트리지 않는다. 두 마음을 품어 정신을 둘로 분열시키거나, 생각이 뒤섞여 셋으로 쪼개지지 않도록 해야 한다.

오직 하나의 마음으로 일만 가지 변화를 관찰해야 한다. 이렇게 한마음으로 정성을 다하는 것을 지경持敬(경을 유지하는 것)이라 한다. 홀로 고요히 앉아 있거나 더불어 행할 때도 천리天理를 어기지 않으며 안과 밖을 바르게 간직한다.

한 순간이라도 마음에 틈이 생기면 사욕이 일어나 일파만파로 번져, 불을 지피지 않아도 달아오르고 얼음이 얼지 않아도 떨리게 된다. 털끝 만큼만이라도 차이가 있으면 하늘과 땅이 서로 자리를 바꾸며, 삼강이 무너지고 구법九法(홍범구주를 말함)도 무너질 것이다. 아! 어린 학동들이여, 생각생각마다 경으로 대하라. 이에 먹을 갈아 경계하는 말을 써서 감히 영대靈臺(마음)에 고한다.'

어떤 이가 묻기를 마음이 두 갈래 세 갈래가 되지 않아야 하고, 동서나 남북을 혼동하는 일이 일어나지 않도록 하라고 했는데 그것은 어떻게 분별하는 지에 대해 물었다.

나는 답하기를 '모두 경을 형용한 말이다. 경이란 하나에만 집중하는 것인데, 처음에 한 가지의 일이 있는데 거기에 또 한 가지를 보탠다면 두 갈래가 되는 것이고, 또 세 갈래도 되는 것이다. 동서나 남북이 혼동되지 않도록 하라는 말 역시 하나에 집중하라는 말이다. 이것은 마음이 이리저리 달리지 않도록 해야 함을 설명한 것인데, 마음을 오로지 하나로 집중하는 공부가 극치에 달해야 되는 것이다. 앉는 옆의 벽에다 써 붙여 두고 아침저녁으로 반성하는 자료로 삼아 힘쓰고 힘써서 쉬지 않으면, 능히 천하의 도리를 모두 깨달아서 전일專一한 경지에 이를 것이다' 하였다.

말을 알아들을 줄 알아야 한다[知言]

'서경'에 이르기를 '사람을 알아보는 것은 철哲이니, 제帝도 그것을 어렵게 여겼다' 하였다. 그러나 그 사람을 알려면 반드시 그 말을 살펴야 한다.

말은 마음의 표현이다. 공자는 '장차 배반하려는 자는 그 말이 부끄럽고, 마음에 의심을 가진 자는 그 말에 지엽이 많고, 길한 사람의 말은 적으며, 조급한 사람은 말이 많고, 착한 이를 무고하는 사람은 그 말이 들떠 있으며, 지킴을 잃은 자는 그 말이 비굴하다'고 하였다.

맹자는 '편파적인 말은 그가 속이는 것임을 알게 하고, 음란한 말은 그가 빠진 데가 있음을 알게 한다'고 했다.

이 말들을 자세히 유의하면, 곧 말을 알아듣는 방법은 정말 사람을 아는 거울과 같은 것이다. 배반한다 함은 반역한다는 것이 아니라 진실을 저버리고 신의를 버리는 것이니, 말이 신의에 배반되고 진실함과 어긋남기 때문에 부끄럽게 여기는 것이다. 길한 자는 안정하므로 말이 적고, 조급한 자는 동요하므로 말이 많다. 의심을 가진 자는 자신이 없으므로 말에 지엽이 많고, 무고하는 자는 남을 망치므로 말이 들떠 있고, 지킴을 잃은 자는 스스로 패하였기 때문에 비굴하다.

맹자의 말씀도 역시 이 여섯 가지로써 미루어 알아낸 것이다. 대저 사람의 정은 여기에서 벗어나지 않는다. 어진 자는 침묵하고, 용맹스런 자는 떠들고, 말을 잘하는 자는 믿음성이 적고, 순하기만 한 자는 결단이 적고, 꾀 있는 자는 음험함이 많고, 글 잘하는 자는 중심이 적다. 이러한 이치로 미루어 보면 말을 알아들을 수 있으며, 말을 알아들을 수 있으면 사람을 알아볼 수 있다.

일의 기미를 알아라[知機]

공자는 말씀하시길 '일의 징조를 아는 이는 신神이다. 징조는 움직임의 미세한 것이요, 길하고 흉한 것이 먼저 보이는 것이다. 군자는 징조를 보면 그 날이 저물기를 기다리지 아니한다' 하고, 주역에 이르기를 '개결한 지조가 돌과 같이 단단하면 종일終日이 못되어 길하리라' 하였다. 굳기가 돌과 같으니 어찌 하루해를 마치랴. 단정코 알 수 있을 것이다. 군자는 미세함을 알고 드러남을 알며 부드러울 줄 알고 강할 줄을 아니, 일만 사람의 신망을 가진 자이다.

그러나 위태로운 징조를 알고도 피할 수 없는 경우가 있으니, 자신을 죽여 인仁을 이루어야 할 곳이 있으면 죽음을 보기를 마치 집에 돌아가듯이 하여 구차스럽게 면하고자 하지 않는 것이다.

윗사람과 교제하는 자는 반드시 공손하되 아첨이 되는 징조를 알아서 조심하고, 아랫사람과 사귀는 자는 반드시 화평하고 간소하게 하되 위신 없고 실없게 될 징조를 알아서 조심할 일이다. 또한 일에 대해 징조를 알고 사건에 따라 징조를 알아야 한다. 일마다 사건마다 다 그 징조가 있으니 각기 그 미세한 것, 드러난 것, 부드러운 것, 강한 것을 막론하고 모두 안다면 어찌 뭇 사람의 큰 신망을 얻는 사람이 되지 않겠는가.

마지막을 처음처럼 조심하라[愼終如始]

시경에 이르기를 '시작이 없는 사람이 없으나 마지막이 있는 이는 적다' 하였고, 주역은 '처음을 추구하여 마지막 있기를 구하라' 하였으며, 예기는 '처음을 잘하는 이도 마지막을 잘하지 못한다' 하였다. 진실로 마지막을 시작할 때처럼 조심한다면 어찌 성현의 지위에 이르지 못할 것을 걱정하랴.

공경함을 지니고 성실함을 잃지 마라[持敬存誠]

'공경한다敬', '정성스럽다誠' 하는 것은 모두 마음의 오묘한 것을 밝히는 바이다. 인의예지仁義禮智가 공경하지 않음이 없고, 효제충신孝悌忠信이 정성스럽지 않음이 없으니 정성스러움과 공경함은 곧 자신을 닦고 집안을 다스리며, 나라를 통치하고 천하를 태평하게 하는 요긴한 도리이다.

자사子思는 이르기를 '오직 천하의 지극한 성실함이라야 능히 천하의 큰일을 경륜한다' 하였으니, 정성스러움과 공경함의 작용이 지극하고 큰 것이다. 천지의 조화를 통할 수 있고 귀신의 덕을 감동시킬 수 있으며, 그것을 마음에 새겨서 잃어버리지 않으면 말하지 않아도 믿어지고 행하지 않아도 이뤄지는 것이니, 천하의 지극한 정성이 아니면 그 누가 능히 이 경지에 이르리요.

삼강三綱, 오륜五倫, 육예六藝, 팔정八政이 그 도구이다. 그러므로 그것이 수신·제가·치국·평천하의 요긴한 도리인 것이다.

그 요긴한 여덟 가지가 있으니, 천하를 편하게 하는 도리는 나라를 다스리는 데 있고, 나라를 다스리는 요긴한 도리는 제가齊家에 있고, 제가하는 도리는 몸을 닦는 데修身 있고, 몸을 닦는 요긴한 도리는 마음을 바르게 함正心에 있고, 정심의 요긴한 도리는 뜻을 정성스럽게 함誠意에 있고, 성심의 요긴한 도리는 사물의 이치를 깨닫는 데致至格物에 있다. 송나라 옛 학자는 그 뜻을 부연하고 해설하여 황제에게 아뢰기를 '제가하는 요긴한 도리가 네 가지이니 배필을 소중히 여길 것, 궁내의 처리를 엄하게 할 것, 나라의 근본(태자)을 정할 것, 왕의 친척을 교양할 것이요. 몸을 닦는 요긴한 도리는 두 가지가 있으니 말과 행실을 삼갈 것, 위의를 바르게 할 것이요. 뜻을 정성스럽게 하고 마음을 바르게 하는 요체는 두 자기가 있으니 공경함과 두려워함을 숭상할 것이며, 안일함과 욕심을 경계할 것이요. 치지격물의 요체는 네 가지가 있으니 도술道術을 밝힐 것, 인재를 분별할 것, 다스림의 본체를 살필 것, 인정을 알아 살필 것입니다' 하였다. 이 여덟 가지 요긴한 도리는 곧 성인과 성인이 서로 전하는 심법이므로, 마땅히 거처하는 좌석 옆에 써 두고 소학의 '가언嘉言', '선행善行'편을 참고하여 밤으로 외며 낮으로 보아서 끊임없이 부지런히 노력하면 '사사로운 욕심의 한 근원을 끊음으로써 1만 배의 군사를 쓰는 것과 같다'는 효과를 얻을 것이다.

한빙계 뒤에 반우형이 쓴 글

선생이 손수 한빙계 18조항을 주시면서 말씀하셨다.

"옛 사람의 말에 청색이 쪽藍에서 나왔으면서 쪽보다 푸르고, 얼음이 물에서 나왔으면서도 물보다 차다고 한 것은 제자가 스승보다 나은 것을 칭찬한 말이다. 너의 재주와 덕으로, 비록 학문을 늦게 시작하였다 하나 어찌 내가 가르친 소학만 공부하고 그칠 것인가. 그러므로 청색과 얼음이라 하지 아니하고 '찬 얼음의 경계寒氷戒'라고 쓴 것은 그 공부가 나보다 훨씬 높기를 바라는 동시에 엷은 얼음 밟듯 하라는 뜻으로 경계함이다.

소학에 이르지 아니했는가? 증자曾子가 '깊은 못에 다다른 듯, 엷은 얼음을 밟듯 하라' 하신 것은 경계하고 삼가고 두려워함이 지극한 것으로, 실로 소학을 공부하는 대강령이 되는 것이다. 인의예지와 효제충신, 생각이 사특함이 없을 것, 공경하지 아니함이 없을 것, 공경함이 태만함을 이겨 낼 것, 구사九思, 구용九容, 쇄소응대灑

掃應對하는 것, 스승을 높이며 벗을 친하는 도리가 모두 이 문호門戶를 통과해야 할 것이다.

만일 조심하고 두려워하는 정성이 깊지 않으면 경전을 공부하는 것이 한갓 겉치레만 되고 실지의 공부가 없는 것이다. 내가 소학을 읽은 이후로 전전긍긍하는 마음을 깊이 가져 일을 따라 행하여 보니, 이 마음이 언제나 가슴 속에 존재해 사지에 퍼지고 하는 일에 표현되는 것을 스스로 알게 되었다.

이 '찬 얼음 몇 조각'은 실로 내가 충심으로 너에게 주노라. 혹시라도 이를 소홀하게 한다면 지금 세상에 화를 면하기 어려울 것이니, 어찌 경계하지 아니하겠는가? 주역의 '찬 것이 되고 얼음이 된다'는 말과 곤괘坤卦의 '서리를 밟으면 굳은 얼음이 온다'는 말은 모두 두려워하고 경계하며 삼가라는 뜻이다."

우형이 대답하기를 "알겠습니다. 어찌 감히 공경하지 않겠습니까"하고 선생께서 손수 써 주신 경계를 절하고 받으며, 겸하여 선생의 입으로 일러 주신 말씀을 끝에다 기록한다.

11. 이로정(제일강산정) - 김굉필과 정여창이 주인공

이로정二老亭은 달성군 구지면 내리 낙동강변에 자리하고 있다. 요즘은 차량도 들어갈 수 있도록 도로가 나 있다. 절벽 위 뒤편으로 약간 물러난 자리에 흙돌담을 두르고 그 안에 정자가 있다. 개양문開陽門을 열고 안으로 들어서면 정자는 정면 4칸과 측면 2칸 반 규모에 팔작지붕을 이고 있다. 사방으로 난간이 둘러 있는 점이 눈길을 끈다.

정자를 마주보고 서면 '이로정' 현판과 '제일강산' 현판이 각각 좌우에 나란히 걸려 있다.

'두 노인의 정자'인 이로정의 두 주인공은 동방오현東方五賢의 수장으로 손꼽히는 한훤

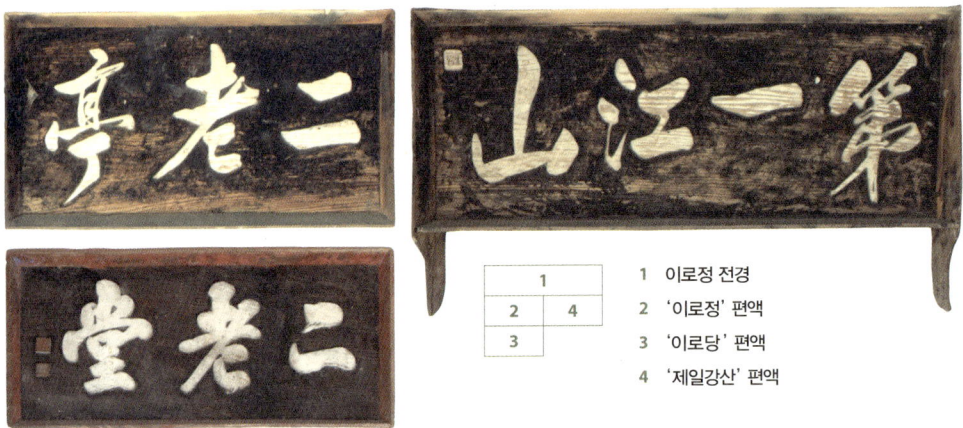

1 이로정 전경
2 '이로정' 편액
3 '이로당' 편액
4 '제일강산' 편액

당 김굉필과 일두 정여창 두 사람을 말한다. 현풍과 함양에 각각 연고가 있었던 두 사람은 종종 배를 타고 낙동강을 거슬러 이곳으로 와서 시를 읊고 풍류를 즐겼다고 한다. '제일강산第一江山'이라는 별칭도 붙어있다. 말 그대로 제일강산이라고는 할 수 없지만 주변 경관이

사방을 난간으로 두른 이로정 모습

뛰어나기는 하다.

이로정은 김굉필과 정여창이 무오사화로 화를 당한 후 고향으로 내려와 지낼 때 시를 짓고 학문을 연구하던 곳이다. 1885년에 영남 유림에서 두 사람을 추모하기 위해 다시 지었고, 1904년에 중수했다.

정자는 가운데 마루가 있고 양쪽에 방이 있다. '두 노인의 정자'라는 정자의 이름처럼 건물은 전후좌우가 대칭을 이루고 있다. 정자의 앞쪽 바깥기둥과 안 기둥에 두 주인공의 시가 각각 주련으로 걸려 있다.

바깥기둥에 김굉필의 '독소학讀小學'이라는 시가 걸려 있다. 김굉필이 스승인 점필재佔畢齋 김종직으로부터 공부할 것을 권유받은 '소학'을 다 읽고 난 뒤에 쓴 시다. 시 '독소학'이다.

글을 읽어도 그동안 천기를 알지 못했는데	業文猶未識天機
소학 속에서 어제의 잘못을 깨달았도다	小學書中悟昨非
이제부터 마음을 다해 자식의 도리를 다 하련다	從此盡心供子職
구차스럽게 어찌 잘 사는 것을 부러워하리오	區區何用羨輕肥

남효온이 남긴 '사우명행록師友名行錄'은 이 시와 관련해 다음과 같이 적고 있다.

"김굉필은 자字가 대유이며, 점필재에게 수업하여 경자년에 생원이 되었다. 나와 동갑인데 생일이 나보다 뒤이다. 현풍에 살았는데, 그의 독특한 행실은 비할 데가 없어서 평상시에도 반드시 의관을 갖추고 있었으며, 집 밖에는 일찍이 읍 근처에도 나가지 않았다. 손에서 소학小學을 놓아 본 적이 없었고, 파루를 친 뒤에야 침소에 들었으며, 닭이 울면 일어났다. 사람들이 나라 일을 물으면 그는 반드시 '소학 읽는 아이가 어찌 대의大義를 알겠는가' 하였다."

안쪽의 주련은 정여창의 '유악양遊岳陽'이란 시다. 4월 봄에 지리산을 구경하고 배로 강을 내려오는 상쾌한 기분을 표현하고 있다.

부들에 바람 살랑살랑 가볍게 나부끼고	風蒲獵獵弄輕柔
사월의 화개 땅엔 이미 보리 벨 때라	四月花開麥已秋
두륜산 천만봉 다 보았는데	看盡頭流千萬疊

한척 배는 또 아래 큰 강으로 흘러간다　　　　孤舟又下大江流

두 인물은 모두 조선 초기 사림의 종장이었던 점필재 김종직의 제자로 1498년 무오사화 때 화를 입었다. 정여창은 함경도 종성으로 유배되어 1504년에 별세했다. 같은 해에 일어난 갑자사화 때 다시 부관참시를 당했다.

김굉필은 무오사화 때 평안도 희천으로 유배되었다가 뒤에 전남 순천으로 이배되었으나, 그곳에서 역시 갑자사화에 연루되어 1504년에 사사되었다.

두 인물은 사후 106년 뒤인 1610년(광해군2)에 이르러 문묘에 종사되었다.

제일강산정기第一江山亭記

한말 영남의 대유학자이자 독립투사였던 회당晦堂 장석영張錫英이 남긴 '제일강산정기第一江山亭記' 이다. 이 제일강산정기는 이로정에 걸려있다.

'천하에서 산을 치기를 태산泰山을 제일로 삼는다. 그것은 대개 중니仲尼(공자)가 천하를 작게 여긴 까닭에 태산이 높아진 것이다. 우리나라는 산이 사방으로 둘러 뻗쳐 있으니, 태산 못지않게 특별히 높이 빼어난 산이 많지만, 태산처럼 천하에 이름이 난 산이 있다는 말을 듣지 못한 것은 중니 같은 이가 없기 때문이다. 창녕 현풍에서 태백산이 구부러져 북으로, 거기서 또 서북으로 돌아 큰 강을 끼고 있다. 강 위에 한 작은 산이 있어 날개처럼 조금 기다랗고, 그 위는 평평한 맷돌磨盤과 같고, 그 형상은 수연粹然하게 정인군자正人君子가 단정히 손을 모으고 점잖게 있는 모양과 같으니, 여기가 한훤당 김굉필 선생이 일찍이 올라 노시던 곳이다. 그 때에는 일두 정여창 선생께서 안음安陰에서 오셔서 도가 합하며 뜻이 맞아 여기에서 서로 학문을 강론하셨다. 뒷사람이 이곳을 '제일강산'이라 이름 붙였다. 산이 이보다 높은 것도 그러한 품평을 얻지 못하는데, '제일'이란 명칭이 도리어 이 조그마한 언덕에 있는 것은 무슨 까닭인가? 그것은 그 까닭이 사람에게 있는 것이지, 산에 있는 것이 아니기 때문이다. 그 사람을 얻으면 주먹 만 한 돌도 곤륜산보다 높을 수가 있고, 그 사람을 얻지 못하면 태산 같이 높은 산도 언덕보다 못할 수가 있는 것이다.

　　두 선생이 동방東方의 성리학을 처음 일으키매 공자의 도가 비로소 밝아졌고, 돌아가신 뒤에는 공자의 사당에 종사從祀하셨으니, 이 분은 역시 동방의 중니仲尼요, 또한 동방의 제일인第一人이다. 제일인이 지나간 강산이 곧 '제일강산'이 되는 것이 옳지 아니한가.　선생의 학문을 공부하는 뒷사람들이 선생의 자손들과 의논하여 강의 위 산 아래에 정자를 짓고 수계修稧하여 낙성을 하고 그 정자를 '제일강산第一江山'이라 하고, 그 당堂을 '이로二老'라고 이름하였다.　강산의 이름은 군지郡誌에 실려 있어, 백대 후에라도 야인野人들의 입에까지 전할 것인데, 이제부터는 그 이름이 비로소 크게 드러나서 천지가 있는 동안에는 강산이 있을 것이요, 강산이 있고는 이 정자가 폐하지 않을 것이요, 이 정자가 폐하지 않으므로 '이로二老'의 정채精彩와 여풍餘風이 장차 천지와 함께 없어지지 않을 것이다.　아, 인생이 제일인第一人이 되기를 목표로 하여야 비로소 사람의 직책을 다하는 것이요, 제이등第二等 사람이 되려고 해서는 안 될 것이다.　지금 우리가 선생보다 오백년 뒤에 하등下等한 사람이 되기를 면하지 못하겠으니, 이 정자에 오르면 마음에 부끄러움이 없을 수 있겠는가. 여기에서 '이로二老'의 도를 공부하고 여기에서 '이로'의 글을 읽으면, 완연히 선생의 강단에 옷자락을 걷고 들어가는 듯할 것이며, 강정江亭 아래에 배를 옮겨서 미루어 올라가 이구尼邱(산 이름) 수사洙泗(공자의 고향에 있는 강 이름)에 도달한다면, 이것이야말로 또 천하제일의 강산일 것이다.　이로二老는 누구며 중니仲尼는 누구이냐. 힘써서 공부하는 자는 또한 제일인第一人이 될 수 있을 것이다. 이것으로 '제일강산第一江山'에 기문을 지어 우리 동지들과 함께 힘쓸지어다. 숭정 5년(1632) 봄 삼월 하한下澣 후학後學 인주仁州 장석영張錫英 삼가 씀'

'제일강산정기' 현판

김두식의 제일강산정기

김굉필의 후손 김두식이 1918년에 남긴 제일강산정기다.

'낙동강이 태백산에서 나와 빙빙 돌아 구불구불 남쪽으로 달려 300리쯤 가면 대니산이 있으니, 정기를 모아 포산(현풍)의 큰 진산이 되었다. 우리 선자先子 한훤 선생이 이 산 밑에 계셨는데, 세상에서 전하기를 선생이 중니仲尼를 떠받들었으므로 戴산이 이 이름을 얻었다 한다. 또 그 남쪽 6, 7리 쯤 가서 넓적한 돌이 있는데, 그 위는 두어 이랑의 논에 댈 만한 물을 받을 수 있고, 그 아래는 날개를 편 것 같은데 낙동강이 물어뜯으며 그 앞을 지나는 것이 완연히 수사洙泗의 곡부曲阜와 비슷하다.

선생이 일두 선생과 함께 도의의 벗이 되었으니, 일찍이 함께 올라 놀았던 것이다. 당일 회포를 풀 때 아마도 반드시 학문을 강하고 이치를 의논하여 뒷사람에게 열어 보인 것이 있었을 것이나 지금 상고할 바가 없다. 다만 '제일강산' 네 글자만 읍지에 실려 있으니 뒷사람이 그 유적을 높이 사모하여 제일가는 강산이라 칭한 것이다.

어떤 이는 말하기를, 이 이름은 선생이 지으신 것이라 하나 역시 상고할 수가 없다. 여러 군자들이 선생이 노시던 곳을 오래 황폐하게 할 수 없다 하여 드디어 정자를 두 산록 가운데 세우니, 동서에 방과 마루가 두 칸이다. 마루堂는 '이로二老'라 이름하고 통틀어 '제일강산정'이라 이름을 붙였다.

생각하건데 강산의 좋은 것이 일정한 것이 아니다. 그러나 높은 데를 차지하면 넓고 평평한 것이 적고, 평평한 데서는 먼 조망이 없는데, 이 산은 그윽하고 아늑하면서 평평하게 트이어서 멀리 삼키어 뭇 봉우리가 둘러 옹위하고, 큰 강이 옷깃처럼 비껴서 마치 도덕을 지닌 선비가 산림에 높이 누웠는데 당세에 빛나게 현달한 현인들이 혹 걸상과 지팡이를 잡고 따르는 것 같고, 혹 폐백과 명함을 가지고 뵈옵는 자가 앞뒤에 잇따르는 것과도 같다. 나지막하면서도 기운이 모인 것과 졸졸 흘러내려 깊게 모인 것이 있는데, 그 쌓인 것은 도의 체體가 되고 흩어져서는 사물의 온갖 형태가 된 것이다.

눈을 굴려 멀리 바라보면 황연怳然히 한 이치가 만 가지로 다르게 나눠짐을 볼 수 있으니, 선생이 당시에 가슴속에 큰 즐거움을 누렸음을 이제 가히 상상해 볼 수 있도다. 저 구름과 연기, 백사장의 물새, 바람 띤 돛대, 어부의 피리 등이 가고 오는 경치는 다만 일시에 눈을 붙일 따름이다. 선생의 학문에 종사하는 자는 먼저 '소학'에서부터 시작하고 광풍제월의 경계에까지 이른다면, 또한 가히 제일등 사람이 되는 것을 배울 수 있을 것이다.

정자는 병진년 봄에 시작해서 정사년 첫여름에 낙성해 두 선생에게 석전釋奠을 드려서 창주정사의 고사를 모방하였으니, 지금부터 계속해 많은 선비들이 의지하고 돌아갈 데가 있어서 예악과 시서를 배우며 도를 공부해 그만두지 않으면 이 정자가 헛되게 세워진 것이 되지 않을 것이다.

무오(1916) 삼월 문경공 후손 두식斗植 삼가씀.'

이로정에서 바라본 풍경

이로정 뒷모습

일두 정여창

정여창(1450~1504)은 조선 전기의 문신·학자이다. 호는 일두一蠹이며, 시호는 문헌文獻이다. 본관은 하동. 일찍이 아버지를 여의었으나 독서에 힘썼고 김굉필과 함께 김종직의 문하에서 배웠다. 1480년에 성종이 성균관에 유서를 내려 경학에 밝고 행실이 바른 사람을 구하자, 성균관에서 그를 제일로 천거하였다. 1483년 사마시에 합격하고 성균관에 입학, 동료들이 이학理學으로 추천하였다.

1486년 어머니가 이질에 걸리자 극진히 간호하고, 어머니가 죽자 최복衰服을 벗지 않고 3년 동안 시묘하였다. 형제간에 우애가 있었고 재산을 매우 공평히 나누었다 한다. 산수山水를 좋아하여 진산晉山 악양동岳陽洞에 들어가 섬진蟾津 나루에 집을 짓고 은거하면서 학문에 힘썼다. 1490년 사정 조효동趙孝同과 참의 윤경尹兢에 의해 효행과 학식으로 추천되어 소격서 참봉에 제수되었으나 사양했다. 그 해 겨울 별시 문과에 병과로 급제하고, 예문관검열을 거쳐 시강원설서가 되어 정도正道로써 동궁(연산군)을 보도하였으나 동궁이 좋아하지 않았다.

1494년 안음현감安陰縣監에 임명되었다. 백성들의 고통이 부렴賦斂에 있음을 알고 '편의수십조便宜數十條'를 지어 시행한 지 1년만에 정치가 맑아지고 백성들로부터 칭송을 들었다. 민사民事를 돌보는 여가로 고을의 총명한 자제를 뽑아 친히 교육하고, 춘추로 양로례養老禮를 행했다. 내외청內外廳을 두어 돈이 없어 시집가지 못하는 이들을 진휼하여 때를 놓치지 않도록 배려했다. 1498년 무오사화 때 함경도 종성에 유배되었다가 1504년 죽었다. 1610년 문묘에 배향되었다.

나주의 경현서원景賢書院, 함양의 남계서원灆溪書院, 합천의 이연서원伊淵書院, 거창의 도산서원道山書院, 종성의 종산서원鍾山書院 등에 제향되었다. 문집으로 '일두집一蠹集'이 남아있다.

12. 관수정 - 김굉필 5대손 김대진의 수양처

대구시 달성군 구지면 도동리 낙동강 가에 있는 도동서원 근처 산 중턱에 정자 하나가 서 있다. 인가 뒤쪽에 있는 이 정자가 '관수정觀水亭'이다. 한훤당 김굉필 선생의 5대손인 김대진(1571~1644)이 건립한 정자이다.

대구시 문화재자료 제36호인 이 정자는 임진왜란 때 곽재우 장군과 함께 공을 세운 사우당四友堂 김대진金大振이 경상도 감사 이민구와 향토사림의 협조를 받아 1624년(인조2) 건립하였으나, 1721년에 없어졌다. 1866년에 후손 김규한(1810~1887)이 다시 지었다.

관수정을 세운 사우당 김대진은 한훤당 김굉필의 5대 종손이다. 자字는 이원而遠, 호가

사우당(四友堂) 김대진(金大振)이 1624년에 처음 건립한 관수정

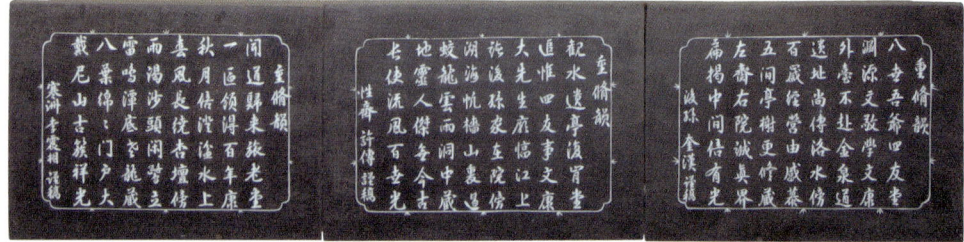

1	
	2
3	

1 관수정
2 '관수정' 편액
3 관수정 시판   3인(김규한, 허전, 이진상)의 중수시(重修詩)를 담고 있다.

사우당四友堂이다. 39세 때인 1609년에 생원시에 합격했으며, 여헌旅軒 장현광張顯光의 문인이다. 김천 찰방을 역임했다.

관수정을 중건한 김규한金奎漢은 호가 동와東窩인데, 1858년에 사마시에 합격했다.

관수정이라는 정자 이름은 '맹자'의 내용에서 가져온 말이다. '맹자'의 '진심장盡心章'에 나오는 '관수유술觀水有術 필관기란必觀其瀾'이 바로 그것이다. 이 문장은 다음과 같이 해석할 수 있다.

'물을 보는 방법이 있으니 반드시 물결치는 곳을 보아야 한다. 그래야 그 물결의 원천에 근본이 있음을 알 수 있기 때문이다.'

물을 바라볼 때는 항상 그 물의 원천을 생각하듯이, 세상사 모든 일을 대할 때는 지엽말단에서 거슬러 올라 항상 그 근본을 깨달아야 한다는 의미이다.

이처럼 옛 선비들이 항상 물을 가까이하고 또 물을 관조하는 태도를 지향했던 것은 이 글귀 '관수유술 필관기란'에 비롯된 것이다.

관수정은 정면 5칸·측면 1칸 반의 규모에 홑처마 팔작지붕의 건물이다. 뜰에 서서 관수정을 바라보면 왼쪽부터 방 2칸, 대청 2칸, 방 1칸으로 구성되어 있다.

최근에 관수정 건물 입구 쪽에 건물이 하나 더 들어섰다.

13. 화산서원 - 곽승화, 곽간 등을 기리는 서원

화산서원花山書院은 대구시 달성군 구지면 화산리 898번지(구지면 국가산단서로 389)에 있다. 자그마한 화산 산자락에 자리하고 있다.

화산서원은 청백리 곽안방의 아들 규헌揆軒 곽승화郭承華를 비롯해 죽재竹齋 곽간(1529~1593), 예곡禮谷 곽율(1531~1593), 괴헌槐軒 곽재겸(1547~1615)을 배향하고 있다.

지금의 화산서원은 1990년에 건립되었다. 이보다 앞서 화산재花山齋가 존재했다. 서원

내 현판인 화산재중건기花山齋重建記를 보면 '화산촌 남쪽 송추松楸 아래 5칸 기와집이 웅장하고 화려하게 서 있는데 화산재라 편액되었다. ~ 경인년(1950) 병란 때 4칸 정당正堂, 오른쪽 돈대 아래의 3칸 고사庫舍가 모두 불타 버리고, 왼쪽의 3칸 문무門廡만 남았다. ~ 규헌공파揆軒公派 종중이 분연히 힘을 내어 4칸 재사齋舍를 무너진 초석 위에 다시 세웠다. ~ 무신년(1968) ~ 규모를 넓혀 5칸을 축조하여 동편에 1실, 서편에 2실, 가운데 2당堂을 만들었다'라고 되어 있다.

자료의 부족으로 언제부터 화산재가 존재하였는지 알 수 없으나, 화산서원이 건립되기 이전부터 화산재가 존재하였음을 알 수 있다. 6·25 전쟁으로 대부분의 건물이 소실되었으나, 이후 후손들에 의해 중건되었다. 달성군 구지면 화산리에 화산재가 건립된 것은 곽승화

화산서원 전경 곽승화, 곽간, 곽율, 곽재겸을 기리는 서원이다.

의 묘소가 있기 때문이다. 화산서원 창건 당시에도 곽승화, 곽간, 곽율, 곽재겸이 도동 서원의 별사와 유호서원 등 곳곳의 서원에 모셔졌으나, 홍선 대원군 집권기 때 대부분 훼철되자 이에 네 사람의 향사를 회복하는 논의가 예연서원 회중에 제기되어 곽승화의 묘소 밑에 사당을 창건하여 화산서원을 건립하게 되었다고 한다. 서원 바로 뒤 위쪽에 곽승화 부부의 묘가 있다.

화산서원은 산의 경사를 따라 경사지에 배치하였다. 건물 맨 위쪽 내삼문과 사당인 경덕사景德祠가 있다. 그 아래 강당이 있다. 강당 건물 처마에는 '화산서원花山書院' 편액과 '화산재花山齋' 편액이 함께 걸려 있다. 입구 솟을대문은 '상지문尙志門'이다. 상지문과 사당인 경덕사는 단청을 했다.

화산서원 강당 '화산서원'과 '화산재' 편액이 함께 걸려 있다.

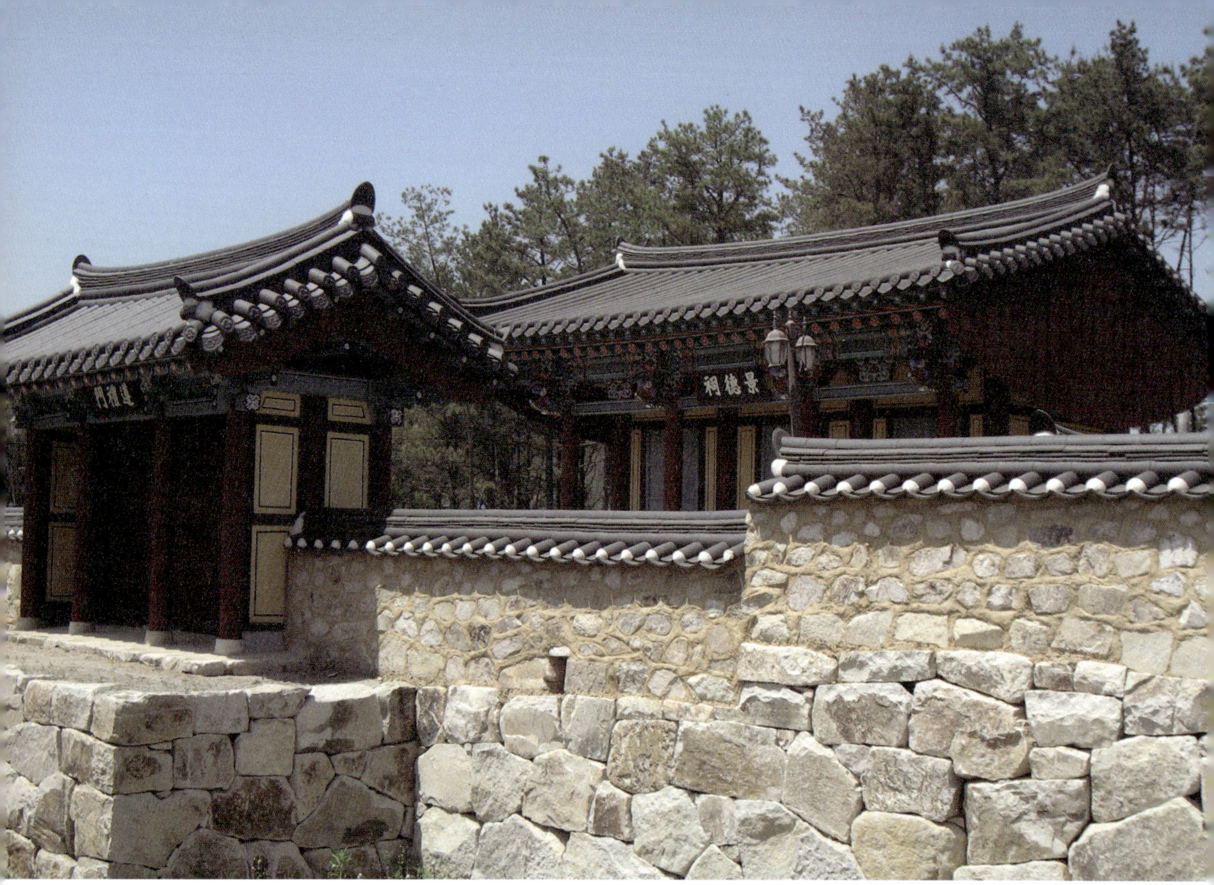

1	
2	3

1 화산서원 사당인 경덕사(景德祀)
2 경덕사
3 화산서원 뒤에 있는 곽승화 부부 묘

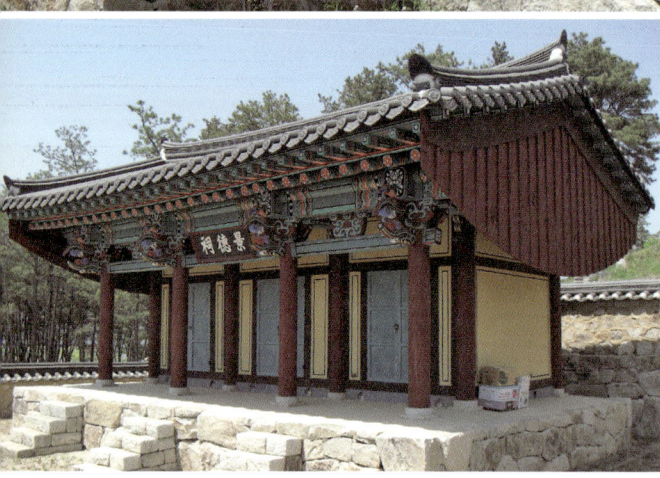

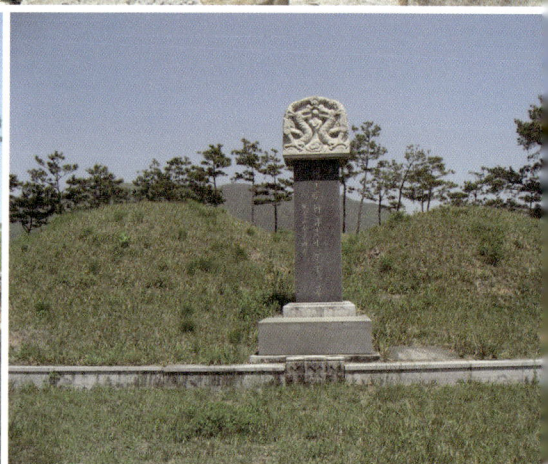

서원 배향 인물

곽승화

현풍 이양서원尼陽書院에 배향된 청백리 곽안방郭安邦의 둘째 아들이다. 호는 규헌睽軒. 점필재 김종직의 문인으로, 김굉필과 함께 그의 문하에서 공부했다. 도동서원道東書院 별사別祠에 위패가 봉안되었으나, 흥선대원군 집권기 때 훼철되었다.

곽간

곽승화의 증손자이다. 호는 죽재竹齋. 1546년 증광 문과에 급제했다. 형조좌랑刑曹佐郎, 성균관전적成均館典籍, 강릉부사江陵府使 등을 역임했다. 대동찰방겸수은어사大同察訪兼搜銀御使가 되어 사신으로 갔다가 귀임하며 권신權臣들이 가지고 오는 부정한 물건을 압수하여 태워버리는 등 강직한 성품으로 이름이 높았다. 낙향하여 창주정滄洲亭을 짓고 후진 양성과 자기 수양에 힘썼다.

곽율

남명南冥 조식의 문인인 곽지인郭之仁이 부친이다. 호는 예곡禮谷. 1558년 진사시에 합격했다. 학행으로 우계牛溪 성혼, 연봉蓮峰 이기설, 송암松菴 김면 등과 함께 천거되어 군수, 예빈시부정禮賓寺副正을 역임했다. 임진왜란 때 의병을 일으켰다. 도동서원 별사에 배향되었다. 저서로 '예곡집禮谷集'이 있다.

곽재겸

선무랑宣務郎 곽초郭超의 아들이고, 곽승화의 현손이다. 호는 괴헌槐軒. 작은아버지 곽월郭越에게 글을 배우다가 김경창金慶昌의 문하에 들어가 수학한 뒤 정구鄭逑 등과도 종유從遊했다. 동강 김우옹의 천거로 참봉參奉에 임명되었으나 사양했다. 임진왜란이 일어나자 초유사 김성일을 찾아가 모병과 군량수집 등 계책을 제시하고, 서사원 등과 의병을 모집하여 수차례 전공을 세웠다. 정유재란 때는 의병을 이끌고 화왕산성에서 삼촌 곽준, 사촌 곽재우와 함께 방어하여 부호군에 임명되었다. 난이 끝난 후 후진양성에 힘을 쏟았다. 대구의 유호서원柳湖書院에 배향되었다.

달성의
유교
문화재

하빈·다사
지역

하빈·다사 지역

1. 태고정太古亭 - 사육신 박팽년 후손의 뿌리

달성 하빈의 묘골(묘리)은 대구에서 왜관으로 가는 67번 국도를 따라 낙동강가로 가는 길의 우측에 자리하고 있다. 사방이 산으로 둘러싸인 곳에 자리하고 있어서 큰길에서는 마을이 보이지 않는다. 풍수지리적으로는 용산龍山이라 부르는 산을 등지고 있으면서 용의 꼬리와 머리에 해당되는 부분이 골짜기에 의해 떨어져 마주보는 형상에 자리한 명당으로 일컬어진다.

이 마을은 충정공忠正公 박팽년(1417~1456)의 자손들이 정착해 살아온 순천 박씨 집성촌이다. 조선시대 사육신 중 한 사람인 박팽년의 후손 동족부락인 이 마을 가장 뒤쪽에 태고정太古亭이 자리하고 있다. 사육신을 기리는 육신사 경내에 있으며, 보물 제554호로 지정된 문화재이다.

이 태고정은 순천 박씨의 성소聖所라 할 수 있는 건물이다. 태고정은 사육신 중 한 인물인 박팽년의 손자 박일산朴壹珊이 1479년에 건립했다. 박팽년을 기리는 사당인 절의묘節義廟가 딸린 종택의 별당으로 지어졌다. 종택은 99칸 규모의 대저택이었다.

보물 제554호로 지정된 태고정

    그러나 이 종택은 임진왜란 때 거의 다 불타버렸고, 1614년에 다시 건립되었다. 하지만 이 때 지은 건물도 한국전쟁 때 모두 불타버렸다. 그런 와중에서도 오직 이 태고정 건물만은 일부 불탔지만 대부분 남아 원형을 유지할 수 있었다. 그래서 이 태고정은 이곳 입향조인 박일산 당시에 지은 건물로, 여러 차례 보수와 수리를 거쳤지만 처음 모습대로 유지되고 있다. 그래서 태고정은 순천 박씨 집성촌인 묘골 마을의 정신적 지주 역할을 하는 각별한 건물로 대접받고 있다.

태고정 뒤편 대숲

대나무와 배롱나무, 소나무로 둘러싸인 정자

묘골 마을 뒤쪽 끝자락의 태고정을 2016년 9월 초에 찾아갔다. 마을로 들어가는 길목의 충절문忠節門이 세워진 도로에는 붉은 꽃이 막바지 붉음을 더하며 피고 있는 배롱나무 가로수들이 맞아주고 있었다.

마을을 지나 '육신사六臣祠'라는 편액이 달린 육신사 앞에 차를 세운 뒤 그 경내로 들어갔다. 육신사는 박정희 전 대통령의 글씨 편액이다. 박정희 대통령의 글씨체를 아는 사람이라면 바로 알아 볼 수 있는 그의 전형적인 글씨체이다.

육신사에는 이날 평일인데도 단체로 관람을 온 사람들이 있었다. 대구의 대표적인 역사 관광지임을 확인할 수 있었다.

육신사 문을 들어서 위쪽으로 바로 올라가면 사육신의 위패를 모신 사당인 숭정사崇貞祠가 나오고, 올라가다 오른쪽으로 눈을 돌리면 태고정이 눈에 들어온다. 경내 곳곳에도 배롱나무들이 꽃을 활짝 피우고 있고, 태고정 앞에도 보라색 꽃을 피우고 있는 작은 배롱나무가 자리하고 있었다. 선비의 인격을 상징하기도 하는 배롱나무는 한여름 내내 아름다운 꽃을 선사하는 고마운 나무이기도 하다. 7월부터 9월까지 100일 이상을 꽃을 피워 사람들의 눈을 즐겁게 한다.

안평대군 글씨 '일시루' 편액

태고정 앞에 서면 처마에 걸린 '태고정太古亭'이라는 편액과 함께 '일시루一是樓'라는 편액이 눈에 들어온다. 한자로 된 편액이다. 이 중 일시루 편액은 안평대군 글씨 편액이다. 쉽게 볼 수 있는 글씨가 아니다.

안평대군(1418~1453)은 여러 가지에 능했으나 특히 글씨에 뛰어나 당대 명필로 유명했다. 이긍익의 '연려실기술'은 안평대군(이용)에 대해 다음과 같이 설명하고 있다.

'대군은 특히 시와 문에 능했다. 서법이 기이하고 뛰어나 천하에 제일이었다. 그림을 잘 그리고 거문고와 비파를 잘 탔다. 성품이 호방하고 옛 것을 좋아했다.'

비해당匪懈堂, 매죽헌梅竹軒 등의 호를 쓴 그는 1418년 세종의 셋째 아들로 태어났다. 이름은 용瑢이다. 1430년 성균관에 들어가 학문을 쌓았으며, 문종 때 조정의 배후에서 실력자로 정치적 역할을 하였으며 황보인, 김종서 등 주요 문신들과 친밀하게 지냈다. 인사행정기관인 황표정사黃票政事를 장악해 조정의 실력자로 부상했다. 이 때문에 둘째 형 수양대군의 세력과 정치적인 대립관계에 있었다.

1453년(단종 1) 수양대군이 계유정난癸酉靖難을 일으켜 김종서 등을 죽였다. 이때 안평대군도 지지기반을 잃고 반역을 도모했다는 죄목을 받아 강화도로 귀양을 갔다. 그 뒤 교동도喬

1 태고정이 걸린 '일시루' 편액 안평대군 글씨로 전한다.
2 석봉 한호의 글씨 '태고정' 편액

桐島로 유배되고, 그곳에서 36세를 일기로 사사賜死되고 말았다.

안평은 시문詩文, 그림, 가야금 등에 능했다. 특히 글씨에 뛰어나 당대의 최고의 명필로 꼽혔다. 조선 초에는 그의 서체가 크게 유행될 정도였다. 대표작으로 안견의 '몽유도원도' 서문 등이 있다.

이 '일시루' 편액 글씨는 안평대군의 글씨로 전한다. 일시루는 '모든 것은 본시 하나다' 또는 '옳은 것은 오직 하나 뿐이다'로 해석된다. '비해당匪懈堂'이라는 낙관 글씨가 있는데, 안평대군의 호다. 그래서 안평대군 글씨라고 전하지만, 이 건물이 건립되기 전인 1453년 계유정난 때 죽었기 때문에 시기적으로는 맞지 않는다. 생존 당시에 받아놓은 것이라면 가능한 일이다.

박씨 문중에서는 박중림과 박팽년 부자가 한양에서 벼슬을 할 때 저택 누각에 걸려 있던 것으로, 1456년 난리(단종복위 사건)가 일어났을 때 누가 떼어 숨겨두었던 덕분에 태고정에 걸릴 수 있게 된 것이라고 전한다.

이 편액 원본은 묘리 마을 입구에 세워진 사육신기념관에 전시돼 있다.

정자 마루에 올라가면 '태고정太古亭'이라는 편액이 하나 더 걸려 있다. 이 편액은 한석봉 글씨로 전한다. 이 편액 원본도 사육신기념관에 전시돼 있다. 앞 처마에 걸린 '태고정' 편액 글씨는 박팽년 후손이 썼다.

'태고정'이라는 이름

태고정은 1614년 재건을 기준으로 그 전의 것을 구정舊亭, 그 때 새로 지은 것을 신정新亭이라 부른다. 신정을 세운 이는 박팽년의 6세손인 박종남이고, 이 새로운 정자에 '태고정'

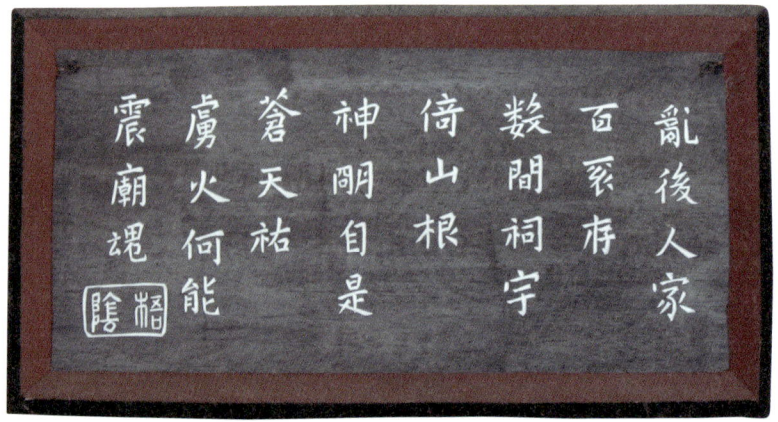

1 오음(梧陰) 윤두수(1533~1601)의 시판
2 '태고(太古)'를 이용해 시를 지은 동리(東籬) 김윤안(1562~1620)의 시판

이라는 이름을 붙인 사람은 박종남의 아들로 금산군수를 지낸 박숭고朴崇古이다. 박숭고는 '옛 것을 숭상한다'는 자신의 이름처럼, 선조인 박팽년을 현창하는 일에 일생을 바친 인물이다. 서울 노량진 사육신묘를 발견해 세상에 드러낸 일, 대전시 계양동 일원의 박팽년 유적지를 매입해 유허비를 세운 일 등 많은 일을 했다.

이런 그가 이름을 지은 태고정 마루에 오르면, '태고'를 구절마다 사용한 특별한 시판詩板을 확인할 수 있다.

정자 이름이 어찌하여 태고인고	亭名何太古
주인의 마음이 태고라네	主人心太古
원컨대 태고의 마음으로	願得太古心
일마다 모두 태고이기를	事事皆太古

조선 중기 문신인 동리東籬 김윤안(1562~1620)의 시다. 그는 겸암 류운룡, 서애 류성룡, 학봉 김성일 등의 문하에서 공부를 한 인물이다. 김윤안은 54세 때인 1613년 봄부터 1615년 겨울까지 대구부사로 재임했다. 시기적으로 보아 태고정이 재건된 후 곧 이 정자를 찾아 시를 남겼을 것으로 보인다.

이 시 현판의 글씨는 전서로 되어 있는데, '태고' 글자 모두를 각기 다른 전서로 써서 눈길을 끈다.

태고정 건물 특징

태고정에 대한 건축적 설명을 소개한다.

건물은 막돌로 허튼층쌓기를 한 축대와 잘 다듬은 길고 넓은 돌로 쌓은 기단 위에 서 있다. 앞면 4칸 가운데 왼쪽 2칸은 온돌방이고, 오른쪽 2칸은 대청이다. 구성이 단순한 편이다. 왼쪽 끝에는 앞면 1칸, 옆면 1칸의 온돌방이 있고, 그 뒤쪽에는 같은 크기의 부엌이 배치

태고정 마루에서 보는 풍경

되었다. 온돌방의 오른쪽으로는 앞면 1칸, 옆면 2칸의 또 다른 온돌방이 배치되었다. 그 오른쪽에 앞면 2칸, 옆면 2칸의 규모의 대청이 있다.

기단 위의 다듬지 않은 큰 주춧돌 위에 가운데 부분이 볼록한 배흘림의 둥근 두리기둥이 서 있다. 기둥의 윗부분은 창방昌枋(기둥과 기둥을 연결하는 부재)을 놓아 결구結構하였다. 기둥머리에는 굽면이 비스듬히 끊기고 굽받침이 없는 주두柱頭(기둥 위에 놓는 부재)가 놓여 있다. 그 아래에는 끝부분이 날카로운 쇠서牛舌 하나를 밖으로 내고서 대들보 머리를 받치게 하였다.

건물의 가구架構는 5량樑이다. 앞뒤의 평주平柱 위에 대들보를 걸고서, 기둥머리에 구름 모양을 새긴 보아지(기둥과 보가 연결되는 부분을 보강해 주는 부재)를 내어 대들보 밑을 받치게 했다. 그리고 짧은 기둥인 동자주童子柱를 대들보 위에 세워 종보, 즉 종량宗樑을 받쳤다. 온돌방 쪽의 가운데 기둥 역시 배흘림이 있는 두리기둥에 주두를 얹고 좌우 양쪽으로 첨차檐遮를 빼서 벽의 윗부분을 가로지른 대들보를 받치게 했다.

이러한 형태의 가구는 조선 전기에 건립된 강릉 오죽헌烏竹軒에서도 확인할 수 있다. 종보 위에는 토막나무를 겹쳐 만든 판대공板臺工에 첨차를 두어 종도리宗道里를 받쳤다. 대청의 바닥은 우물마루이다. 대청의 천장은 서까래가 노출된 연등천장, 즉 연배천장椽背天障이지만, 합각머리 부분은 우물천장이다. 대청의 앞면은 개방되어 있다. 대청 앞면의 기둥 사이에는 난간을 설치했다.

온돌방 쪽의 지붕은 벽이나 물림간에 기대어 만든 지붕인 부섭지붕을 온돌방 쪽의 박공지붕과 잇대었고, 대청 쪽의 지붕은 팔작지붕으로 처리했다. 팔작지붕은 겹처마로, 부섭지붕은 홑처마로 마무리했다.

이 건물은 규모가 크지 않지만, 세부 부재의 가공이 정교할 뿐만 아니라 정교한 가구 구성을 갖추었기에, 건축사적 가치를 지닌 건물로 평가되고 있다

박평년과 안평대군

'비해匪懈'는 세종대왕이 비교적 늦게 지어준 호인데, 게으르지 말고 열심히 학문을 닦으라는 의미다. 안평은 이 호를 받은 후 가장 먼저 박팽년에게 뛰어와 자랑을 했다고 한다. 한 살 차이가 나는 박팽년과 안평대군은 매우 친하게 지냈던 것이다.

이는 안견의 몽유도원도 서문을 쓴 인물이 박팽년이라는 점에서도 알 수 있다. 몽유도원도는 안평대군이 꿈에서 본 아름다운 무릉도원의 모습을 안견이 그림으로 그린 작품이다. 그 그림에 박팽년이 서문을 붙인 것이다. 몽유도원도에는 박팽년 이외에도 여러 사람의 글이 실려 있다.

박팽년이 1447년에 쓴 서문 중 일부다.

'하루는 비해당이 자신이 지은 몽유도원기를 나에게 보여주는데 사적이 기이

하고 문장이 오묘하여 〈중략〉 비해당이 형상을 그리고 기문을 지어 사림詞林 사이에서 시를 구하고자 하는데, 내가 좇아 노니는 대열에 있었다 하여 서序를 붙이라 명하니 내가 감히 글이 졸렬한 것으로 사양하지 못하고 억지로 이를 쓴다.'

비해당 안평대군이 아버지인 세종대왕으로부터 자신의 당호를 받자 그 사연을 이야기한 뒤 박팽년에게 '비해당기문'을 부탁하기도 했다. 비해당기문 일부다.

"정통正統 임술壬戌(1442) 6월 어느 날 안평대군이 대궐에 입시했다. 상감께서 조용히 물으시기를 '너의 당명堂名은 무엇이라 하느냐' 하였다. 안평이 없다고 대답하자 상감께서 증민蒸民의 시를 외우시고 또 '서명西名'까지 외우시며 이르시기를 '비해匪懈(마음을 보존하고 성품을 기르는 일에 게으르지 않다)를 다는 것이 마땅하겠다' 하였다. 이에 안평이 머리를 조아려 받들면서 기뻐 놀라워했다. 그리고 궁중에 있던 여러 선비들에게 말을 구하여 그 뜻을 펼치니, 이는 상감께서 내려주어 권면하신 것을 자랑하고자 함이었다. 나는 가만히 듣고 찬탄해 말하기를 '크도다 임금의 말씀이여! 우리의 자손에게 영원히 전해질 교훈이로다.' 〈중략〉 이제 안평은 타고난 바탕이 탁월하여 배우기 좋아하고 착한 일을 즐기는 마음이 지성에서 나와 잠깐 동안이라도 반드시 선비답고자 하니, 그 부지런함이 지극하다 하겠다. 성상께서 특히 이로써 명하신 것은 오직 그것을 권면하신 것뿐만 아니라 그것을 아름답게 여기신 까닭이다."

박팽년과 수양대군

박팽년 출생지인 대전(가양동)에 세워져 있는 박선생유허비 비문(우암 송시열이 지음)중 일부다.

"선생의 충성스러움은 하늘로부터 타고났다. 명나라 영종英宗이 오랑케에게 사로잡혔을 때 선생은 방안에서 자지 않고 밖에서 짚자리를 깔고 지냈다고 한다. 그 후 세종, 문종의 고명을 받아 어린 단종을 돕다가 충청도관찰사가 되어 외직으로 나갔다. 그때 세조가 왕위를 찬탈하자, 형조참판으로 임명된 선생은 매죽헌 성삼문 등과 함께 단종복위 모의를 하다가 김질의 밀고로 참형을 당했다.

이때 세조가 선생을 국문하면서 '그대가 이미 내 앞에서 '신臣'이라 해놓고 이제 와서 '나으리'라고 부른다고 무슨 소용이 있겠는가' 하자 선생은 '내가 상왕의 신하이지 어찌 나으리의 신하입니까. 일찍이 충청도감사로 있을 때 보낸 공문서 어느 곳에서도 신이라 칭한 적이 없습니다' 하였다. 세조가 사람을 시켜 살펴보게 하였더니 정말 신이란 글자는 하나도 없었다고 한다. 이렇듯 선생은 불사이군의 충성심으로 자신의 삶을 살았다."

박팽년의 혈손 박일산

조선 세조 때인 1456년 6월 사육신(성삼문, 박팽년, 하위지, 이개, 유성원, 유응부)으로 일컫는 여섯 신하를 중심으로 비밀리에 진행된 단종복위 거사가 좌절되면서, 120여명이 연루자로 참혹한 죽음을 당하는 비극적 사건이 일어났다. 병자년에 일어나 '병자사화' '병자란'이라고도 불린다.

이 사건으로 박팽년은 옥중에서 죽었고, 부친인 박중림은 당시 이조판서 신분으로 단종 복위운동에 가담해 역시 죽음을 면할 수 없었다. 박팽년의 동생 4형제도 죽음을 당했다. 박팽년의 아들 3형제(박헌, 박순, 박분)도 죽음을 당했다.

그런데 박팽년의 혈육을 이은 후손이 지금도 이어지고 있다. 어떻게 그것이 가능했을까. 흥미진진한 사연이 있다.

대역죄인이 되면 3대가 멸족을 당하고, 여자의 경우 보통 노비로 전락한다. 그런데 당시 박팽년의 둘째 며느리 성주 이씨도 관비가 되었는데, 그녀는 임신 중이었다. 남편 박순의 유복자를 잉태하고 있었던 것이다. 그녀는 여자로서 노비로 보내질 때, 자신의 친정인 묘골의 관할 관청인 대구 관아의 관비로 보내졌다.

몇 달 후 해산할 때가 되었다. 법률에 따라 아들이 태어나면 죽음을 당하고, 딸이 태어나면 노비가 될 운명이었다. 그런데 해산을 하니 아들이었다. 하지만 마침 당시 친정집 여종이 딸을 낳아서, 아기를 서로 바꿈으로써 화를 면할 수 있었다.

아이는 외조부에 의해 박비朴婢, 즉 박씨 성을 가진 천한 노비라는 이름으로 양육되었다. 세월이 흘러 1472년 17세 때 이모부였던 이극균이 경상도 관찰사로 부임했다. 이극균은 묘골에 숨어 살던 조카 박비를 만나 자수하기를 권유했다. 사육신에 대한 면죄가 이뤄진 때였기 때문이다. 그래서 자수를 하게 되고 성종은 박비의 자수를 받아들여 사면시켜 주었다. 이후 박비는 이름을 박일산朴一珊으로 바꾸고, 외가의 재산을 물려받아 묘골에 정착해 살아가게 되었다.

그가 24세 되는 1479년 자신을 키워준 외가의 후손이 끊기고 말았다. 외가에는 친손과 외손을 통틀어 박일산이 유일한 후손이었다. 그런 사정으로 인해 외가 재산을 모두 물려받게 된 것이다. 그 재산으로 박일산은 99칸 종택을 지었다. 조부 박팽년을 기리는 사당을 세우고 태고정도 건립했다. 오늘날 육신사의 발단이 된 것이다.

박일산에 대한 기록

박비에 대한 이야기는 조선왕조실록(선조36년 1603년 4월 21일)에도 실려 있다.

"사헌부에서 산음 현감 김응성과 태안 군수 박충후를 탄핵했다. '태안군수 박충후는 난리 뒤에 출신出身한 사람으로 무재武才가 없고 또한 글을 알지 못합니다. 적을 방어하고 백성을 다스리기에는 실로 소임을 감당하기 어려우니, 체차를 명하소서' 하니[박충후는 문종조의 충신 박팽년의 후손이다. 세조가 육신을 모두 주살한 뒤 박팽년의 손자 박비朴婓는 유복자遺腹子이었기에 죽음을 면하게 된 것이다. 갓 낳았을 적에 당시 현명한 사람의 조언으로 딸을 낳았다고 속여서 말을 하고 이름을 비婓라 했으며, 죄인들을 점검할 때마다 슬쩍 계집종으로 대신하곤 함으로써 홀로 화를 면하여 제사가 끊어지지 않게 되었다. 박충후는 곧 그의 증손으로서 육신들 중에 유독 박팽년만 후손이 있게 된 것이다], 답하기를 '아뢴 대로 하고 의성군義城君을 추고하라'고 했다."

이긍익의 연려실기술에는 다음과 같이 소개되어 있다.

"공이 죽을 때 순珣의 아내 이씨가 임신 중이었다. 대구에 사는 교동喬桐 현감 이일근의 딸인데, 자청하여 대구로 갔다. 조정에서 명하기를 '아들을 낳거든 죽이라' 하였다. 박팽년의 여종 또한 임신 중이었는데, 스스로 생각하기를 주인이 딸을 낳으면 다행이요 나와 똑같이 아들을 낳더라도 종이 낳은 자식으로 대신 죽게 하리라 하였다. 해산을 하니 주인은 아들이고 종은 딸을 낳았다. 바꾸어 자기 자식을 삼고 이름을 박비朴婢라 하였다. 장성한 뒤 성종 조 시절에 박순의 동서 이극균이 본 도 감사로 와서 불러 보고 눈물을 씻으며 말하기를 '네가 이미 장성했는데 왜 자수하지 않고 끝내 조정에 고하지 않고 숨기는가' 하면서 곧 자수시켰다. 임금이 특별히 용서하고 이름을 일산壹珊으로 고쳤다. 지금 박 동지同知 충후忠後가 그 자손이다."

정조의 개인문집인 홍재전서(1799)의 내용이다.

"아들 헌憲, 순珣, 분奮 등도 함께 죽었다. 순의 아내 이씨는 막 임신을 하였는데, 아들을 낳을 경우 연좌되게 되어 있었다. 여종 역시 임신을 하였는데, 여종이 이씨에게 말하기를 '마님께서 딸을 낳으시면 다행이겠으나 아들이라면 쇤네가 낳은 아기로 죽음을 대신하겠습니다' 하였다. 출산을 하니 과연 아들이어서 여종이 맞바꿔 기르며, 이름을 박비朴婢라 하였다. 성장한 뒤에 자수하자 성종이 특별히 용서하고 일산壹珊으로 이름을 고쳤다. 숙종 신미년(1691)에 복관되었다."

충청도관찰사 이경억이 1658년에 간행한 '육선생유고六先生遺稿'에 박팽년의 후손인 박숭고의 발문이 실려 있는데 거기에도 비슷한 내용이 있다.

"병자년 화란禍亂에 집안사람이 모두 죽었다. 오직 나의 6대 조모 이씨는 임신을 했던 까닭에 부모를 따라 대구大丘에 내려가 있었는데, 조정에서 명하기를 '아들을 낳으면 연좌시키고 딸을 낳으면 관노비로 삼아라'고 하였다. 아들을 낳았다. 가비家婢 중에 마침 같은 달에 딸을 낳은 자가 있어 서로 바꾸어 숨기고 이름을 박비朴婢라고 하였다. 성장하자 마침내 감추지 못하고 드디어 자수하니, 상이 특명으로 사면시켜 주었다. 그가 바로 숭고崇古의 오대조이며 사복시정司僕寺正에 증직된 휘 일산壹珊이다'

박팽년 호 '취금헌'에 얽힌 비밀

취금헌醉琴軒이 박팽년의 호로 통하고 있다. 하지만 사실은 다른 사람의 호를 박팽년의 호로 착각해 사용하게 되면서 후세인들이 그것을 그대로 널리 사용하게 됐다는, 흥미로운 일화가 전한다.

순천박씨장학회가 2015년 박팽년에 대해 정리한 글 중 '취금헌'이라는 호에 얽힌 이야기를 밝힌 내용이 있다.

"한 가지 밝혀 둘 것은 박팽년이 쓴 이 초서 천자문과 박팽년의 호 취금헌과는 깊은 사연이 있다는 점이다. 즉 천자문에는 '영풍'과 '취금지헌영풍' 두 가지 낙관이 찍혀 있는데, 뒷날 이 '취금'이 박팽년의 호로 잘못 알게 되어, 취금헌이 박팽년의 호라고 알아왔다. 그러나 사실은 취금헌은 사위 영풍군의 호임에도 후세 사람들이 잘못 알아 박팽년의 호라고 써 왔다는 것이다.

선조 때 나주목사 우복룡이 모각한 박팽년의 수사본 천자문 발문에 '취금헌 선생의 별호'라고 하였는데, 사육신의 유고인 '육선생유고'를 편찬 간행한 박팽년의 7대손 박숭고에 의하면 '천자문에 찍힌 인장을 살펴보니 영풍군 전이 자기 인장을 앞뒤에 찍은 것을 우공禹公이 오인한 것 같다'고 하였다. 박숭고는 취금헌이란 글자가 박팽년의 문적에는 보이지 않기 때문에 호로 볼 수 없다는 것이고, 더욱이나 지금 세상에 전하는 선생의 친필 시편에도 모두 낙관이 있는데 단지 성명과 자字와 관향만 써 놓았고, 취금헌이라는 글자 가 없는 것으로 보아서 선생의 헌호軒號가 아닌 듯하다고 하였다.

그리고 순천박씨충정공파보에도 우암 송시열의 취금헌에 관한 사연을 추기하였는데, '취금헌이 박팽년의 호가 아닐지라도 이미 그 후손들이 충정공의 호로 취금헌을 오랫동안 또 널리 써 왔으므로 이제는 어찌할 수 없다'고 하였다."

영풍군永豊君 이전李瑔은 세종대왕의 여덟 번째 왕자이다. 어머니는 세종의 후궁인 혜빈 양씨다. 영풍군은 단종과 동년배로 어릴 적부터 친하게 지냈다고 한다. 태어나자마자 어머니를 잃었던 단종은 비슷한 시기에 영풍군을 출산한 혜빈 양씨의 손에 키워졌기 때문에 당연히 그랬을 것이다. 하지만 이런 인연 때문인지 1456년 단종복위 사건으로 혜빈 양씨의 두 아들 모두 세조에 의해 죽임을 당한다.

그런데 영풍군 이전이 바로 박팽년의 사위가 되었다. 세종대왕과 박팽년이 사돈간이 된 것이다.

박팽년의 친필 유묵遺墨이 몇 점 전하는데, 대표적인 것이 몽유도원도 서문인 '몽도원서夢桃源序'와 그가 사위인 영풍군에게 전한 초서 천자문이다.

초서 천자문은 박팽년이 직접 써서 영풍군에게 전한 것으로 알려져 있다. 이 초서 천자문은 그 후 선조와 숙종 때 두 번에 걸쳐 모각해 목판으로 간행된 적이 있다. 그런데 이 초서 천자문에 찍힌 낙관 하나로 인해 취금헌이라는 호의 주인공이 뒤바뀌는 사태가 벌어진 것이다.

초서 천자문에는 처음과 끝 부분에 각각 두 개씩의 낙관이 찍혀 있다. 서두에는 위쪽에 '영풍永豊'이, 아래쪽에 '취금지헌영풍醉琴之軒永豊'이 찍혀 있다. 그리고 끝부분에는 위쪽에 '취금지헌영풍'이, 아래쪽에 '영풍'이 찍혀 있다. 그런데 이 둘은 모두 영풍군 자신을 지칭한 것이며, 낙관을 찍은 것은 영풍군 자신이었다. 그럼에도 불구하고 사람들은 두 낙관 중 '취금지헌영풍'을 박팽년의 낙관으로 오인했다. 그로 인해 영풍군의 호였던 취금헌이 박팽년의 호가 되어버린 것이다.

2. 육신사 - 사육신 위패를 모신 사당

육신사六臣祠는 한자의 내용이 말해주듯이 여섯 분의 신하를 기리는 사당이다. 여섯 분의 신하는 조선 세조 때 삼촌(세조)에게 왕권을 빼앗긴 어린 왕 단종의 복위를 꾀하려다 숨진 사육신을 말한다. 이 사육신을 기리기 위해 세워진 사당인 육신사는 대구시 달성군 하빈면 묘리(하빈면 육신사길 64)에 있다.

사육신은 하위지河緯地, 박팽년朴彭年, 이개李塏, 성삼문成三問, 유성원柳誠源, 유응부兪應孚이다. 이 육신사가 어떤 이유로 이곳에 있게 되었을까.

사육신 중 박팽년은 조선시대 세종과 문종 때의 집현전 학자로, 임금의 총애를 한 몸에 받았다. 어린 단종의 왕위를 빼앗은 수양대군에 맞서 단종 복위 거사를 일으킨 그가 반역죄로 멸문지화를 당할 때, 그의 둘째 아들 박순의 아내 성주 이씨는 국법에 따라 관비가 되었다.

그런데 당시 성주 이씨는 임신 중이었다. 법률에 따라 아들이 태어나면 죽임을 당하고, 딸이 태어나면 노비가 될 운명이었다. 해산을 하니 아들이었다. 그 무렵 딸을 낳은 여종이 있어서 아기를 바꾸어 키움으로써 그 아이는 목숨을 보존할 수 있었다. 덕분에 박팽년의 핏줄도 이어질 수 있었다.

아이는 외조부에 의해 '박비'라는 이름으로 양육되었다. 성종 때 사육신에 대한 면죄가 이뤄지고 박비도 자수해 사면을 받게 되었다. 사면을 받은 박비는 외가의 재산을 물려받아 달성군 하빈면 묘골(묘리)에 정착해 살아가게 되었다. 이후 박비는 박일산으로 이름을 고치고, 할아버지 박팽년을 기리는 사당을 세운 것이 오늘날 육신사六臣祠의 발단이다.

육신사 사당(숭정사) 출입문인 성인문(成仁門) 주변 모습

　이처럼 육신사는 박팽년의 위패를 봉안하기 위해 건립된 사당이 그 시발이다. 처음에는 박팽년의 위패를 모시고 기려오다가 박팽년의 현손인 박계창이 박팽년의 제삿날에 여섯 어른이 함께 사당문 밖에서 서성거리는 꿈을 꾸게 되었다. 이 일이 있은 후 다른 다섯 분의 위패도 모시고 제사를 지내게 되었다.

　1691년(숙종 17)에는 사당에서 멀지 않은 곳에 별묘別廟와 강당講堂을 건립하여 서원을 창건했다. 3년 후인 1694년 유생들의 소청으로 '낙빈'으로 사액을 받았다.

　이후 1866년 고종의 아버지인 흥선대원군 이하응의 서원철폐령으로 서원이 훼철되었

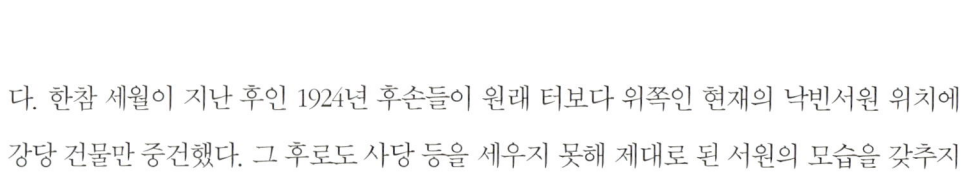

1	
2	

1 **사육신을 기리는 사당인 숭정사 (崇正祠)** 육신사 중심 건물로 가장 위쪽에 있다.
2 **'육신사' 편액** 육신사 입구 문에 걸려 있는데, 글씨는 박정희 대통령이 썼다.

다. 한참 세월이 지난 후인 1924년 후손들이 원래 터보다 위쪽인 현재의 낙빈서원 위치에 강당 건물만 중건했다. 그 후로도 사당 등을 세우지 못해 제대로 된 서원의 모습을 갖추지 못했다.

1971년 육선생 추모사업 추진위원회가 조직되고, 1974년에 '충효위인유적정화사업'의 일환으로 묘리의 마을 뒷산에 육신사六臣祠가 건립되면서 사육신의 위패를 봉안하고 해마다 제사를 지내게 되었다.

사당인 숭정사崇正祠는 정면 5칸 다포식 겹처마 맞배지붕으로 건립되었다. 그 후 1981년에는 외삼문·삼층각·숭절당·관리사·담장 등을 갖추었다.

육신사 경내 건물로는 외삼문과 숭절당崇節堂, 사랑채 2동, 내삼문인 성인문成仁門, 사당인 숭정사崇正祠와 함께 태고정과 태고정 안채 등이 있다.

산비탈인 이곳에 조성된 육신사 경내는 대지를 3단으로 조성했다. 가장 높은 곳에 제사를 지내는 공간인 숭정사가 일곽을 이룬다. 한 단 낮은 공간은 태고정과 안채가 자리잡고 있다.

태고정 전면에 대지를 한 단 낮추어 전사청과 제향 시 필요한 기능을 수행하는 숭절당과 사랑채 2동이 'ㄷ'자형으로 자리하고 있다. 주변에 방형의 토석 담장을 돌려 별도의 권역을 형성하고 있다. 숭절당은 숭정사에서 열리는 제사 때 사용하는 제구祭具를 보관하는 전사청典祀廳의 역할과 제관祭官들의 임시 숙소로 사용된다.

숭정사는 정면 5칸, 측면 3칸 규모의 겹처마 팔작지붕 건물이다. 사육신과 박중림의 위패를 모시고 있어 사당 이름을 숭정사로 하게 되었다고 한다.

이 밖에 사육신 육각비를 비롯해 박정희 대통령, 최규하 대통령, 박준규 국회의장 등의 기념 비석, 헌성방명록비獻誠芳名錄碑, 박준규 생가터 표석 등이 세워져 있다.

육신사 입구 외삼문 처마에 걸린 '육신사' 편액의 글씨는 박정희 대통령의 글씨다.

묘리 마을 입구에는 사육신기념관이 있다. '태고정', '일시루' 편액 원본 등도 이곳에 보관되어 있다.

사육신 이야기

육신사六臣祠 입구를 들어서면 왼쪽으로 연못이 보이고, 계단을 올라서면 홍살문이 서 있다. 좀 더 올라가면 사육신의 사적을 새긴 육선생사적비가 있고, 그 뒤쪽 담장 안에 사육신의 위패를 봉안하고 있는 숭정사崇正祠가 있다.

낙빈서원에서 배향하던, 현재 육신사에 위패를 모시고 있는 사육신 인물에 대해 간단히 살펴본다.

하위지 河緯地(1387~1456)

조선 전기의 문신으로, 호는 단계丹溪, 적촌赤村. 경북 선산 출신이다. 어릴 때부터 남들이 얼굴을 모를 정도로 형 강지綱地와 함께 학문에 정진했다. 1435년 생원시에 합격하고 1438년 식년문과에 장원으로 급제한 뒤, 집현전 부수찬에 임명되었다. 이듬해 병으로 사직하자 세종이 약을 내려 고향에 가서 치료하게 하고, 또 경상감사에게도 그를 보살피도록 전지傳旨를 내렸다.

1444년 집현전 부교리가 되어 '오례의주五禮儀註'의 상정詳定에 참여했다. 1446년 동복현감으로 있던 형 강지가 무고를 당해 전라감옥에 갇혀 병이 심해지자 관직을 사임하고 전라도로 내려가서 형을 간호했다. 1448년 집현전교리로 복직된 뒤 이듬해 춘추관의 사관史官으로 '고려사'의 개찬에 참여했다.

강직한 풍성의 그는 대사간의 직분으로 권세에 굴하지 않고 직언을 서슴지 않았다. 한때 대신들의 실정을 적극적으로 공격하다가 왕과 대신들로부터 반격을 받았으나, 승지 정이한鄭而漢과 정창손鄭昌孫 등의 비호로 무사하게 넘어가기도 했다. 문종이 승하하자 벼슬을 그만두고 낙향했다.

그 뒤 1453년(단종 1) 장령에서 집의로 승진했다. 그 해 '역대병요歷代兵要'와 병서兵書의 편찬에 참여했던 집현전 학사의 품계를 수양대군首陽大君이 앞장서서 올리려 하였다. 그러나 그는 서적의 편찬 사업은 집현전 본래의 업무이므로 품계를 올려야 할 하등의 이유가 없음을 들어 자신의 품계를 올리는 것에 반대했다. 또한, 이 일을 수양대군이 나서서 처리하는데 대해서도 반대했다. 관직을 내리고 상을 주는 것은 국가의 공적인 일이므로 경솔히 시행

숭정사 내부　사육신(박팽년, 성삼문, 이개, 유성원, 하위지, 유응부)의 위패가 봉안돼 있다.

할 수가 없고, 그리고 종신宗臣의 신분으로 사은私恩을 베풀려는 수양대군의 처사는 매우 부당하다는 것이었다. 그 후 사직한 뒤 신병을 치료하기 위해 경상도 영산靈山의 온정溫井으로 내려갔다.

　1454년 집현전부제학으로 복직되자 대궐 옆에 있는 불당佛堂이 왕실에 이롭지 못함을 들어 이를 없앨 것을 주장했다. 그 해 '세종실록'을 편찬하는 데 편수관으로 참여하고, 경연에서 시강관侍講官으로 왕에게 경사를 강론했다. 이듬 해 집현전부제학에서 예조참의로 전임되었고, 수양대군이 김종서를 죽이고 영의정이 되자 조복을 던져버리고 선산으로 돌아갔다.

　수양대군이 왕위에 올라 그를 간곡히 불러 예조참판에 승진되었으며, 곧 이어 세자우부빈객世子右副賓客을 겸하게 되었다.

그러나 그의 본뜻은 단종을 위하는 일에 있었다. 세조의 녹祿을 먹는 것을 부끄럽게 여겨 세조가 즉위한 해부터의 봉록은 따로 한 방에 쌓아두고 먹지 않았다. 그리고 세조의 강권정치에 맞서다가 추국의 명을 받기도 하였다.

세조는 즉위 후 왕권강화책의 하나로 종전부터 시행하던 의정부 본래의 권한인 서사제署事制를 폐지시키고 육조직계제六曹直啓制를 시행해 의정부의 권한을 축소시켰다. 이러한 세조의 조처에 대해 고대 주나라 제도를 들어 의정부서사제의 부활을 강력히 주장했다.

1456년 사예司藝 김질金礩의 고변으로, 단종 복위 운동이 탄로나 국문鞫問을 받게 되었다. 국문을 받으면서도 "이미 나에게 반역의 죄명을 씌웠으니 그 죄는 마땅히 주살誅殺하면 될 텐데, 다시 무엇을 묻겠단 말이오"라며 기개를 굽히지 않았다.

그는 국문 과정에서 성삼문 등이 당한 작형灼刑(불에 달군 쇠로 죄인의 맨살을 지지는 형벌)은 당하지 않았으나, 거열형車裂刑을 당하였다. 그가 처형되자 선산에 있던 두 아들 호珀와 박珀도 연좌連坐되어 사형을 받았다.

아직 어린 나이인 작은아들 박도 죽음 앞에서 조금도 두려워하는 기색이 없었다. 그는 금부도사에게 어머니와 결별하기를 청해 이를 허락하자, 어머니에게 "죽는 것은 두렵지 않습니다. 아버님이 이미 살해되셨으니 제가 홀로 살 수는 없습니다. 다만 시집 갈 누이동생은 비록 천비賤婢가 되더라도 어머님은 부인의 의를 지켜 한 남편만을 섬겨야 될 줄로 압니다"고 말하고 하직한 뒤 죽음을 받자 세상 사람들은 "그 아버지의 그 아들이다"고 하면서 감탄했다.

후일에 남효온南孝溫은 '추강집秋江集'의 '육신전六臣傳'에서 하위지의 인품에 대해 다음과 같이 논평했다.

"그는 사람됨이 침착하고 조용했으며, 말이 적어 하는 말은 버릴 것이 없었다. 그리고 공손하고 예절이 밝아 대궐을 지날 때는 반드시 말에서 내렸고, 비가 와서 길바닥에 비록 물이 고였더라도 그 질펀한 길을 피하기 위해 금지된 길로 다니지 않았다. 또한, 세종이 양성한 인재가 문종 때에 이르러 한창 성했는데, 그 당시의 인물을 논할 때는 그를 높여 우두

머리로 삼게 되었다"고 평하였다.

나중에 이조판서에 추증되었다. 묘는 선산에 있다. 노량진의 민절서원愍節書院, 영월의 창절사彰節祠, 선산의 월암서원月巖書院 등에 제향되었다. 시호는 충렬忠烈이다.

박팽년 朴彭年(1417~1456)

본관은 순천順天이고, 호는 취금헌醉琴軒. 1432년 사마시에 합격해 생원이 되고, 1434년 알성문과謁聖文科에 을과로 급제했다. 1438년 삼각산 진관사津寬寺에서 사가독서賜暇讀書(문흥을 위해 유능한 젊은 관료들에게 독서에 전념케 하던 휴가 제도)를 하였다. 1447년에 문과 중시에 을과로 다시 급제했다. 1453년 우승지를 거쳐 이듬해 형조참판이 되었다. 그 뒤 1455년 충청도관찰사를 거쳐 다음 해에 다시 형조참판이 되었다.

세종 때 신숙주, 최항, 유성원, 이개, 하위지 등 당대의 유망한 젊은 학자들과 함께 집현전의 관원이 되었다. 이들은 모두 당대 이름 높은 선비들이었는데, 그 가운데서도 그는 경술經術과 문장·필법이 뛰어나 '집대성集大成'이라는 칭호를 받았다. 특히 필법에 뛰어나 위진남북조시대의 종요鍾繇와 왕희지王羲之에 버금간다 하였다.

1455년 수양대군이 어린 조카인 단종의 왕위를 빼앗자 울분을 참지 못해 경회루慶會樓 연못에 뛰어들어 자살하려 하였다. 그러나 성삼문成三問이 함께 후일을 도모하자고 만류해 단념했다. 이때부터 죽음을 각오하고 단종 복위 운동을 펴기 시작했다.

이듬해 내직인 형조참판으로 다시 들어온 뒤 성삼문, 하위지, 이개, 유성원, 유응부, 김질 등과 함께 은밀히 단종 복위 운동을 추진했다. 그 해 6월 1일에 세조가 상왕인 단종을 모시고 명나라 사신들을 위한 만찬회를 창덕궁에서 열기로 하자, 이날을 거사일로 정했다. 왕의 호위역인 운검雲劍으로 성승·유응부·박쟁을 세워 일제히 세조와 추종자들을 처치하고 그 자리에서 단종을 복위하기로 한 것이다.

그러나 그 날 아침에 세조는 연회 장소가 좁다는 이유로 갑자기 운검들의 시위를 폐지했다. 이에 유응부 등은 거사를 그대로 밀고 나가자고 했으나, 대부분은 훗날을 기약하며 거사일을 미루자고 해 뒷날 관가觀稼(곡식 씨를 뿌릴 때 왕이 친히 관람하면서 위로하는 권농 의식) 때로 다시 정했다.

이렇게 되자 함께 모의한 김질이 세조에게 밀고해 성삼문 등 다른 모의자들과 함께 체포되어 혹독한 국문을 받았다. 그는 이미 성삼문이 잡혀가 모의 사실이 드러났음을 알고 떳떳하게 시인했다. 그러나 세조가 그의 재주를 사랑해, 자신에게 귀부해 모의 사실을 숨기기만 하면 살려주겠다고 은밀히 통보했다. 그런데도 그는 이미 죽음을 각오한지라 웃음만 지을 뿐 대답을 하지 않았다.

그는 세조를 가리켜 '나으리'라 하고 '상감上監(왕을 높여 부르는 말)'이라 부르지 않았다. 세조가 노해 "그대가 나에게 이미 '신'이라고 칭했는데 지금 와서 비록 그렇게 부르지 않는다고 해서 무슨 소용이 있느냐?"고 하자, 그는 "나는 상왕上王(단종)의 신하이지 나으리의 신하는 아니므로 충청감사로 있을 때에 한번도 '신'자를 쓴 일이 없다"고 대답했다.

세조는 그가 충청감사 때 올린 장계를 실제로 살펴보고 과연 '신'자가 하나도 없자 더욱 노기를 띠어 심한 고문을 가하면서 함께 모의한 자들을 대라고 하였다. 그는 서슴없이 성삼문·하위지·유성원·이개·김문기·성승·박쟁·유응부·권자신·송석동·윤영손·이휘와 자신의 아버지 중림이라 대답했다.

그는 심한 고문으로 그 달 7일에 옥중에서 죽었으며, 다음 날에는 다른 모의자들도 능지처사凌遲處死 당했다. 그의 아버지도 능지처사되고, 동생 대년大年과 아들 헌憲·순珣·분奮이 모두 처형되어 삼대가 참화를 입었다. 이와 함께 그의 어머니, 처, 제수 등도 대역부도大逆不道(도에 어긋나는 큰 역적)의 가족이라 해 공신들의 노비로 끌려갔다.

단종 복위 운동이 있을 당시 나이가 어렸던 남효온南孝溫은 성장한 뒤에 이 사건의 많은 피화자 중 충절과 인품이 뛰어난 성삼문·박팽년·하위지·이개·유성원·유응부 여섯 사람을 골라 행적을 소상히 적어 후세에 남겼다. 이것이 '추강집秋江集'의 '사육신전死六臣傳'이다.

그 뒤 사육신은 조선시대의 대표적인 충신으로 꼽혀왔으며, 그들의 신원伸寃(억울하게 입은 죄를 풀어 줌)을 위해 많은 사람들이 노력해오다가 마침내 1691년(숙종 17) 이들의 관작이 회복되게 되었다.

그 뒤 1758년 자헌대부資憲大夫의 품계를 받아 이조판서에 증직되었으며, 1791년 단종에 대한 충신들의 어정배식록御定配食錄에 올랐다.

그는 집현전 학사로서 세종과 문종의 깊은 총애를 받았을 뿐 아니라, '집대성'이라는 칭호를 받았다는 기록으로 보아 경국제세經國濟世의 명문名文이 많았을 것으로 추측된다. 문집이 전하지 않음은 매우 안타까운 일이다.

그는 단종이 왕위를 잃게 되자, 두 임금을 섬길 수 없다는 대의를 위해 눈앞에 기약된 영화와 세조의 회유책을 거절하고 죽음과 멸문의 길을 서슴없이 걸었다. 묘는 서울 노량진 사육신 묘역에 있다.

그의 묘에는 그저 박씨지묘朴氏之墓라는 글만 표석表石에 새겨져 있다. 그 이유에 대해 허적許積은 "성삼문 등 육신이 죽은 뒤에 한 의사義士가 그들의 시신을 거둬 이곳 강남(노량진) 기슭에 묻었으며, 무덤 앞에 돌을 세우되 감히 이름을 쓰지 못하고 그저 '아무개 성의 묘'라고만 새겨놓았다"라고 설명하고 있다.

이 묘역은 1978년 사육신공원으로 단장되었으며, 장릉莊陵 충신단忠臣壇에 배향되었다. 또한 영월 창절서원彰節書院 등 여러 곳에 제향되었다. 그의 절의를 기려 송시열宋時烈이 지은 '회덕박선생유허비懷德朴先生遺墟碑'가 있다. 시호는 충정忠正이다.

이개李塏(1417~1456)

본관은 한산韓山이며, 호는 백옥헌白玉軒. 이색李穡의 증손이다. 1441년에 집현전저작랑으로서 당나라 명황明皇의 사적을 적은 '명황계감明皇誡鑑'의 편찬과 훈민정음의 제정에도 참여했다. 1444년 집현전부수찬으로서 의사청議事廳에 나가 언문諺文으로 '운회韻會'를 번역하는 일에 참여해 세종으로부터 후한 상을 받았다.

1447년 중시 문과에 을과 1등으로 급제하고, 이 해에 '동국정운'의 편찬에 참여했다. 1450년(문종 즉위년) 문종이 어린 왕세자를 위해 서연書筵을 열어 사師·빈賓의 상견례를 행할 때에 좌문학左文學의 직책으로서 '소학'을 강의했다. 당시 문종으로부터 세자를 잘 지도해달라는 간곡한 부탁을 받았다.

1453년 10월에 수양대군이 단종을 보좌하던 대신 황보인, 김종서 등을 살해하고 정권을 쥔 계유정난을 일으켜 이 거사에 참여한 공신을 책정할 때, 환관 엄자치嚴自治와 전균田畇이 공로가 있다는 이유로 공신에 기록하고 봉군封君까지 하려고 했다. 집의로서 좌사간인 성삼문과 함께 환관의 폐해가 망국에 이르게 한 옛날의 예를 들어서 이들에게는 재백財帛으로 상만 내리고 공신과 봉군은 절대로 해서는 안 된다는 점을 힘써 아뢰었다.

1456년 2월 집현전부제학에 임명되었다. 이 해 6월에 성균관사예 김질의 고변으로 성삼문 등 육신六臣이 주동이 된 상왕의 복위 계획이 발각되었다. 박팽년·하위지·유응부·유성원과 함께 국문을 당했는데, 이 때 그는 작형灼刑을 당하면서도 태연했다고 한다.

성삼문 등과 함께 같은 날 거열형車裂刑을 당했다. 수레에 실려 형장으로 갈 때 다음과 같은 시를 지었다.

'우정禹鼎(夏나라 우왕이 9주의 쇠를 거두어 9주를 상징해 만든 아홉 개의 솥)처럼 중하게 여길 때에는 사는 것도 또한 소중하지만 / 홍모鴻毛(기러기의 털, 즉 아주 가벼운 물건의 비유)처럼 가벼이 여겨지는 곳에는 죽는 것도 오히려 영광이네 / 새벽녘까지 잠자지 못하다가 중문 밖을 나서니 / 현릉顯陵(문종의 능)의 송백이 꿈속에 푸르구나.'

그의 작품으로는 몇 편의 시가 전하는데 대표적인 것으로, '까마귀 눈비 맞아 희난 듯 검노매라 / 야광명월이 밤인들 어두우랴 / 임 향한 일편단심이야 변할 줄이 있으랴'라는 단가短歌가 있다.

1758년(영조 24) 이조판서에 추증되고 노량진의 민절서원愍節書院, 홍주의 노운서원魯雲書院 등에 제향되었다. 시호는 충간忠簡이다.

성삼문成三問(1418~1456)

본관은 창녕昌寧, 호는 매죽헌梅竹軒. 충남 홍성 출신. 1435년 생원시에 합격하고, 1438년에는 식년문과에 정과로 급제했으며, 1447년에 문과중시에서 장원으로 다시 급제했다. 집현전학사로 뽑혀 세종의 지극한 총애를 받았다.

1442년에 사가독서賜暇讀書를 했고, 세종의 명에 따라 '예기대문언두禮記大文諺讀'를 펴냈다. 세종이 훈민정음 28자를 만들 때 정인지, 최항, 박팽년, 신숙주, 이개 등과 함께 이를 도왔다. 특히 신숙주와 같이 명나라 요동을 여러 번 왕래하면서, 그 곳에 유배 중인 명나라의 한림학사 황찬黃瓚을 만나 음운音韻을 질문하였다. 또한, 명나라 사신을 따라 명나라에 가서 음운과 교장敎場 제도를 연구해와 1446년 9월 29일 역사적인 훈민정음을 반포하는 데 큰 공헌을 하였다.

1453년 좌사간으로 있을 때, 수양대군이 계유정난을 일으켜 황보인, 김종서 등을 죽이고 스스로 정권과 병권을 잡고는 그에게 정난공신靖難功臣 3등의 칭호를 내리자 이를 사양하는 소를 올렸다. 1454년에 집현전부제학이 되고 예조참의를 거쳐, 1455년에 예방승지가 되었다.

그 해 수양대군이 어린 조카인 단종을 위협해 선위禪位를 강요할 때, 그가 국새國璽를 끌어안고 통곡을 하니 수양대군이 차갑게 노려보았다. 이후 아버지의 은밀한 지시에 따라, 박중림, 박팽년, 유응부, 권자신, 이개, 유성원 등을 포섭해 단종 복위 운동을 계획했다.

그러던 중 1456년(세조 2) 6월 1일에 세조가 상왕인 단종과 함께 창덕궁에서 명나라 사신을 위한 잔치를 열기로 하자, 그 날을 거사일로 정하였다. 그는 거사일 전날에 집현전에서 비밀회의를 열고 그의 아버지 승과 유응부, 박쟁 등 무신들에게는 세조와 윤사로·권람·한명회를, 병조정랑 윤영손에게는 신숙주를 각각 제거하도록 분담시켰다. 그리고 나머지 중신들은 여러 무사들이 나누어 제거하기로 정했다.

그리고 김질에게는 그의 장인인 정창손으로 하여금 상왕 복위를 주장하도록 설득하라 하였다. 그러나 당일 아침에 갑자기 연회 장소가 좁다는 이유로 별운검의 시립이 폐지되어 거사는 일단 중지되었다. 이에 거사는 세조가 친히 거동하는 관가觀稼 때로 미루어졌다.

거사에 차질이 생기자 함께 모의했던 김질이 그의 장인 정창손과 함께 세조에게 밀고

하여 모의자들이 모두 잡혀갔다. 그는 세조를 가리켜 '나으리'라 호칭하고 떳떳하게 모의 사실을 시인하면서 세조가 준 녹祿은 창고에 쌓아두었으니 모두 가져가라 하였다. 그는 모진 고문을 당했으나 조금도 굴하지 않으면서 세조의 불의를 나무라고, 또한 신숙주에게는 세종과 문종의 당부를 배신한 불충을 크게 꾸짖었다.

격노한 세조가 무사를 시켜 불에 달군 쇠로 그의 다리를 태우고 팔을 잘라내게 했으나 그는 안색도 변하지 않았다. 그러면서도 그 사건에 연루되어 문초를 받고 있던 강희안을 변호해주어 죽음을 면하게 하였다.

그 달 8일 아버지 승과 이개, 하위지, 박중림, 김문기, 유응부, 박쟁 등과 함께 군기감 앞에서 능지처사凌遲處死를 당하였다. 그 때 동생 삼빙三聘·삼고三顧·삼성三省과 아들 맹첨孟瞻·맹년孟年·맹종孟終 및 갓난아이까지 모두 죽음을 당해 혈손이 끊겼다. 그가 형을 당한 뒤 그의 집을 살펴보니 세조가 준 녹이 고스란히 쌓여 있었을 뿐, 가재라고는 아무것도 없었다. 방바닥에 거적자리만 깔려 있을 뿐이었다.

이처럼 그는 조선시대 대표적인 절신節臣(절개를 지킨 신하)으로서 오늘에 이르기까지 국민들의 숭앙의 대상이 되고 있는 사육신의 한 사람으로, 타고난 자질이 준수하고 문명이 높았다. 특히 세종의 훈민정음 창제에 크게 공헌한 것은 그의 높은 절의에 뒤지지 않는 큰 업적이다.

1691년에 신원伸寃되고, 1758년 이조판서에 추증되었다. 1791년 단종충신어정배식록端宗忠臣御定配食錄에 올랐다. 묘는 서울 동작구 노량진동 사육신 묘역에 있으나, 그의 일지一肢를 묻었다는 묘가 충청남도 은진에 있다. 장릉莊陵(단종의 능) 충신단忠臣壇에 배향되었으며, 영월의 창절사彰節祠, 서울 노량진의 의절사義節祠, 공주 동학사東鶴寺의 숙모전肅慕殿에 제향되었다. 송시열이 쓴 '홍주성선생유허비洪州成先生遺墟碑'와 '연산성선생유허비連山成先生遺墟碑'가 있다. 시호는 충문忠文이다. 저서로 '매죽헌집'이 있다.

유성원柳誠源(?~1456)

본관은 문화文化이며, 호는 낭간琅玕. 1444년 식년 문과에 병과로 급제했다. 이듬해 집현전저작랑으로 당시의 의학총서醫學叢書인 '의방유취' 편찬에 참여했다.

1447년 문과 중시에 을과로 급제했으며, 춘추관 사관史官의 자격으로 '고려사'의 개찬改撰에 참여했다. 1450년 문종이 어린 왕세자를 위해 서연書筵을 열어 사師·빈賓의 상견례를 행할 적에 좌사경左司經으로 선발되어, 세자를 잘 지도해달라는 간곡한 부탁을 받았다.

1452년 임금이 김종서, 정인지 등에게 명해 '고려사'를 개찬할 때 여러 사람이 과별로 분담해 찬술했는데, 최항·박팽년·신숙주와 함께 열전을 담당했다. 이 해 3월에는 춘추관 기주관으로서 '세종실록'의 편찬에도 참여했다.

1453년 10월 수양대군이 단종을 보좌하는 영의정 황보인, 좌의정 김종서 등 대신을 살해하고 스스로 영의정부사·이조판서·내외병마도통사를 겸해 정권을 잡은 뒤 백관들을 시켜 자기의 공을 옛날 주나라 주공周公에 비견해 임금에게 포상하기를 청했다. 그리고 집현전에 명해 정난녹훈靖難錄勳의 교서를 기초起草하도록 하자 집현전의 학사들이 모두 도망하였다. 그러나 집현전교리였던 유성원만이 혼자 남아 있다가 협박을 당해 기초를 하고는 집에 돌아와서 통곡했다고 한다.

11월에 장령이 되어 정난공신靖難功臣의 책정이 공정하지 못함을 들어 개정을 청했으나 허락을 받지 못했다. 1454년 경복궁 안의 불당을 없앨 것을 소를 올려 주장했으며, 이 해 4월 춘추관기주관에 임명되었고 '문종실록'의 찬술에 참여했다.

1456년 성균관사예 김질의 고변으로 성삼문, 박팽년 등 사육신이 주동이 된 단종 복위 계획이 사전에 발각되었다. 그도 이 모의에 참여했다. 일이 발각되어 성삼문, 박팽년 등이 차례로 잡혀 와서 모진 고문을 당할 때, 그는 성균관에 있다가 여러 유생들에게서 이 일의 내용을 듣고 관대도 벗지 않고서 패도佩刀를 뽑아 자기의 목을 찔러 자결했다.

뒤에 남효온이 당시 공론에 의거해 단종 복위 사건의 주동 인물인 성삼문·박팽년·하위지·이개·유성원·유응부를 선정해 '육신전六臣傳'을 지었다. '육신전'이 세상에 공포된 뒤 국가에서 육신의 절의를 공인, 1691년에 사육신의 관작을 회복시켰다.

유성원은 나중에 이조판서에 추증되었다. 노량진의 민절서원愍節書院, 홍주의 노운서원魯雲書院, 영월의 창절사彰節祠 등에 제향되었다. 시호는 충경忠景이다.

유응부俞應孚(?~1456)

호는 벽량碧梁, 경기도 포천 출신. 키가 남보다 크고 얼굴 모양은 엄숙했으며, 씩씩하고 용감해 활을 잘 쏘아 세종과 문종이 모두 사랑하고 소중히 여겼다. 일찍이 무과에 올라 1448년 첨지중추원사僉知中樞院事, 1449년 경원도호부사·경원절제사, 1452년 의주목사를 거쳐 1453년 평안좌도도절제사에 임명되었다.

1455년 4월에 판강계도호부사를 거쳐, 이 해 윤6월에 세조가 즉위한 뒤 동지중추원사同知中樞院事에 임명되었다. 1456년 성삼문, 박팽년 등이 창덕궁에서 명나라 사신을 초청 연회하는 날에 유응부와 성승(성삼문의 아버지) 등을 별운검別雲劒(2품 이상의 무관武官이 칼을 차고서 임금 옆에서 호위하던 임시 벼슬)으로 선정해 그 자리에서 세조를 살해하고 단종을 다시 세우기로 계획을 세웠다.

때마침 왕이 운검雲劒을 세우지 말도록 명령했고, 세자도 질병 때문에 왕을 따라 연회장에 나오지 않았다. 유응부는 그래도 거사하려고 했으나 성삼문과 박팽년이 굳이 말리기를 "지금 세자가 경복궁에 있고, 공公의 운검을 쓰지 못하게 한 것은 하늘의 뜻입니다. 만약 이곳 창덕궁에서 거사하더라도, 혹시 세자가 변고를 듣고서 경복궁에서 군사를 동원해 온다면 일의 성패를 알 수가 없으니 뒷날을 기다리는 것만 못합니다"라고 하였다.

그러자 그는 "이런 일은 빨리 할수록 좋은데 만약 늦춘다면 누설될까 염려가 되오. 지금 세자가 비록 이곳에 오지 않았지만, 왕의 우익羽翼(보좌하는 신하)이 모두 이곳에 있으니 오늘 이들을 모두 죽이고 단종을 호위하고서 호령한다면 천재일시千載一時의 좋은 기회가 될 것이니 이런 기회를 놓쳐서는 안 될 것이오"라고 했다. 그러나 성삼문과 박팽년은 만전의 계책이 아니라고 하면서 굳이 말려서 일이 마침내 중지되었다.

이 때 동모자同謀者의 한 사람인 김질이 일이 성공되지 못함을 알고서 급히 달려가 장인

인 정창손에게 알리고 함께 반역을 고발해 성삼문 이하 주모자 6인이 모두 죄인으로 끌려와서 국문을 받았다.

"너는 무슨 일을 하려고 하였느냐?"는 세조의 국문에 그는 "명나라 사신을 초청 연회하는 날에 내가 한 자루 칼로써 족하足下(대등한 사람에 대한 경칭으로 세조를 가리켜 부른 말)를 죽여 폐위시키고 옛 임금을 복위시키려고 했으나, 불행히 간사한 놈에게 고발당했으니 응부는 다시 무슨 일을 하겠소. 족하는 빨리 나를 죽여주오" 하니 세조가 노해 꾸짖었다.

"너는 상왕(단종)을 복위시킨다는 명분을 핑계로 사직社稷을 도모하려고 한 짓이지" 라며 즉시 무사를 시켜 살가죽을 벗기게 하며 신문했으나 자복하지 않았다. 그는 성삼문 등을 돌아보면서 "사람들이 서생과는 함께 일을 모의할 수 없다고 하더니 과연 그렇구나. 지난번 사신을 초청 연회하던 날 내가 칼을 사용하려고 했는데, 그대들이 굳이 말리면서 '만전의 계책이 아니오' 하더니, 오늘의 화를 초래하고야 말았구나. 그대들처럼 꾀와 수단이 없으면 무엇에 쓰겠는가" 하였다. 그리고 다시 세조에게 "만약 이 사실 밖의 일을 묻고자 한다면 저 쓸모없는 선비에게 물어보라" 하고는 입을 닫고 대답하지 않았다.

세조는 더욱 성이 나서 달군 쇠를 가져와서 배 밑을 지지게 하니 기름과 불이 함께 이글이글 타올랐으나 얼굴빛 하나 변하지 않았다. 그리고 달군 쇠가 식자 그 쇠를 집어 땅에 던지면서 "이 쇠가 식었으니 다시 달구어 오라" 하고는 끝내 굴복하지 않고 죽었다.

집이 가난했으나 효성이 지극해 어머니를 봉양하는 준비는 부족함이 없었다. 사생활은 지극히 청렴해 벼슬이 재상급宰相級의 2품 관직에 있으면서도 거적자리로 방문을 가리웠고 고기반찬 없는 밥을 먹었다. 또 때로는 양식이 떨어지기도 하니 처자가 이를 원망했는데, 그가 죽던 날 그 아내가 울면서 길가는 사람에게 말하기를 "살아서도 남에게 의지함이 없었는데 죽을 때는 큰 화를 입었구나"고 하였다.

남효온이 '추강집'의 '육신전六臣傳'을 지으면서 단종 복위의 거사 주모 역할은 성삼문·박팽년이고, 행동책은 유응부로 꼽으면서 이 세 사람을 삼주역三主役으로 부각시켰다. 사육신이라는 명칭은 남효온의 '육신전'이 세상에 공포된 뒤 그대로 확정되었다. 1691년에 사육신의 절의를 국가에서 공인해 성삼문·박팽년·하위지·이개·유성원·유응부 6인의 관작을 추복追復시켰다.

노량진의 민절서원, 홍주의 노운서원, 연산의 충곡서원, 영월의 창절사, 대구의 낙빈서원, 의성의 충렬사, 강령의 충렬사 등에 제향되었다. 병조판서에 추증되었고, 시호는 충목忠穆이다.

사육신과 남효온 · 박숭고

대역죄인으로 몰려 멸족을 당한 사육신이 세상에 이름이 드러날 수 있었던 것은 추강秋江 남효온(1454~1492)이라는 인물 덕택이었다. 그는 본인도 생육신의 한 명이기도 했다. 생육신은 조선 세조가 단종으로부터 왕위를 탈취하자 세상에 뜻이 없어 벼슬을 버리고 절개를 지킨 여섯 사람을 말한다.

생육신은 단종의 복위를 꾀하다가 죽은 사육신과 비교, 목숨을 잃지 않고 살았지만 평생 벼슬길에 나아가지 않고 초야에 묻혀 살았던 사람을 이른다. 김시습金時習 · 원호元昊 · 이맹전李孟專 · 조려趙旅 · 성담수成聃壽 · 남효온南孝溫이 그 주인공이다. 이들은 살아 있으면서 귀머거리나 소경인 체하고 방성통곡하거나 두문불출하며 단종을 추모했다.

남효온은 당시 세상에서 비밀리에 전해지던 사육신의 이야기를 한 데 묶어 '육신전'이라는 전기를 펴냈다. 육신전의 파급력은 대단했다. 지금까지 전해오는 사육신과 관련된 거의 모든 이야기는 이 육신전에서 나온 것이다. 물론 조선 왕조 500년 동안 그 누구도 들춰볼 수 없었던 '조선왕조실록'이 세상에 공개되면서부터는 새로운 이야기가 좀 더 추가되기는 했다. 어떻든 금기시하던 사육신 이야기를 말이 아닌 글로써 남겼다는 것은 보통 일이 아니었다.

그런데 남효온 만큼이나 사육신을 현창하는데 큰 공로를 세운 인물이 또 있다. 박숭고(1615~1671)이다. 박팽년의 7세 종손으로, 인조 때 세자 익찬翊贊(경호원)을 거쳐 4개군 수령을 역임했다. 그는 자신의 이름처럼 옛 것을 숭상하는 일에 평생을 바쳤다.

서울시 동작구 노량진의 사육신역사공원에는 사육신묘가 있다. '사칠신'으로 불릴 때 포함되는 백촌 김문기의 묘까지 합쳐 모두 7기의 묘가 있다. 하지만 1636년 이곳에서 사육신의 것으로 추정되는 묘가 처음 발견되었을 때만 해도 묘는 모두 4기였다. 작은 비석에 '박씨지묘', '성씨지묘', '이씨지묘', '유씨지묘'라 새겨져 있었다.

당시 4기의 묘가 사육신의 묘임을 공인하는 데는 미수 허목, 택당 이식, 청음 김상헌 등 당대 최고 학자들의 도움이 컸다.

이들을 일일이 찾아다니며 의견을 물어 지금의 사육신묘 기틀을 처음 마련한 인물이 바로 박숭고였다.

대전시 동구 가양동에 대전시 기념물 제1호인 박팽년선생 유허지遺墟址와 대전시 문화재자료 제8호인 박팽년선생 유허비가 있다. 이곳에도 박숭고의 이야기가 서려 있다. 1668년 지역 유림에서 박팽년선생 유허지에 유허비를 세우려했다. 하지만 유허지 일대는 다른 사람의 땅이었고, 당연히 유허비 건립에 장애가 되었다. 이때 박숭고가 사재를 털어 그 땅을 매입해준 덕에 유허비를 세울 수 있었다.

3. 낙빈서원 - 사육신의 혼이 깃들어 있던 곳

대구시 달성군 하빈면 묘리에 있는 낙빈서원洛濱書院은 조선 단종 때의 사육신死六臣을 기리던 곳이다. 이곳에서 기리던 사육신 위패를 1974년 낙빈서원 근처의 육신사六臣祠에 봉안하게 되면서, 현재 낙빈서원은 제 역할을 하지 못하는 서원이 되어 버렸다.

수양대군이 왕위를 찬탈하여 왕위에 오르자 하위지河緯地, 박팽년朴彭年, 이개李塏, 성삼문成三問, 유성원柳誠源, 유응부兪應孚 등은 절개를 지켜 단종 복위 운동을 도모했다. 하지만 김

낙빈서원 전경 사육신을 기리는 사당인 육신사가 근처에 생기면서 이 낙빈서원은 별 용도 없이 숲 속에 방치되고 있다.

질의 고발로 사전에 발각되어 본인들의 참형과 함께 3족을 멸하는 가혹한 형벌을 당하면서 혈손마저 끊어지게 되었다.

이들 사육신 중 박팽년이 희한한 인연으로 유일하게 혈손을 남기게 된다. 그 후손이 모계의 향리인 하빈에 살게 되었고, 그 종택이 있던 이곳에 박팽년의 신위를 모신 사당을 세우고 제사를 지내왔다.

그런데 박팽년의 현손玄孫인 박계창이 박팽년의 기일에 이상한 꿈을 꾼다. 자신의 집 사당 앞을 어슬렁거리고 있는 사육신 여섯 어른을 본 것이다. 그래서 그는 사당에 나머지 5분의 신위를 함께 설치하고 제사를 모셨다.

낙빈서원

당시 인근 성주의 한강寒岡 정구가 개인 가묘家廟에 사육신 모두를 제향하는 것은 도리에 맞지 않으니 별도의 사당別廟를 따로 세워 사육신을 모시는 것이 옳다고 조언함에 따라 별묘를 새로 세웠다. 이것이 바로 '하빈사洛濱祠'이다.

'하빈사河濱祠'에서 출발

하빈사가 처음 창건된 것은 1674년의 일이었다. 이후 1679년에 사육신의 신위를 봉안하였고, 1691년에는 강당을 완공했다. 1694년 도내 사림들의 청원에 의해 '낙빈'이라고 사액 받으면서 사액서원으로 승격되었다.

낙빈서원 강당 건물(달성군 하빈면 묘리) 1866년 서원철폐령으로 철거되었다가 1924년에 복원했으며, 현재의 이 건물은 1982년에 다시 보수한 것이다. 이 강당 건물만 있다.

'낙빈서원' 편액

    이후 흥선대원군의 서원철폐령에 의해 1866년 낙빈서원도 훼철된다. 이때 사육신 여섯 분의 위패를 서원 뒷산에 묻었다. 이 매판소埋板所를 한동안 가묘假廟로 삼았다고 한다.

    그 뒤 일제강점기 시절이었던 1924년 박씨 문중에 의해 현재의 위치에 낙빈서원이 복원되었다. 그러나 사당은 물론이거니와 동·서재도 없이 강당 한 동만 복원되면서 미완의 복원에 그쳤다. 그 위치도 본래와는 조금 다르다.

현재 건물은 정면 4칸, 측면 1칸의 팔작지붕 토기와 집으로 1982년에 다시 지은 것이다. 육신사가 만들어지면서 향사도 지내지 않는 말뿐인 서원으로 방치되고 있다.

사육신을 기리는 제사는 1974년 국가의 충효위인 유적정화사업에 따라 건립된 육신사에서 지내고 있다.

'하빈사河濱祠' 창건 일화

낙빈서원은 본래 같은 지역에 있었던 '하빈사河濱祠'라는 사우祠宇(사당)에서 출발했다. 이 하빈사의 창건과 관련해 흥미로운 이야기가 전해온다.

1456년(세조2) 단종복위 운동의 실패로 사육신 6명은 모두 참형에 처해졌다. 박팽년 역시 자신을 물론, 아버지와 형제, 아들까지 모두 3대에 걸쳐 9명의 남자들이 죽임을 당함으로써 멸족의 위기에 처했다. 여자들은 모두 노비가 되었다.

그런데 마침 둘째 며느리가 당시 임신 중에 있었다. 죽임을 당해야 할 아들을 출산했지만 여종의 딸과 바꾸어 '박비'라는 이름으로 17년간 비밀리에 길러짐으로써 사육신 중 유일하게 혈육을 남길 수 있었던 것이다.

이 박비가 성종으로부터 사면을 받으면서 박일산이라는 이름으로 고치고, 후손이 없는 외가의 재산을 물려받아 종택을 짓고 묘골에 정착해 살게 되었다. 박일산은 종택에 '절의묘節義廟'라는 사당을 짓고 박팽년의 신위를 모셨다. 세월이 흘러 선조 때에 이르러 박팽년의 현손인 박계창이 고조부인 박팽년의 제삿날에 꿈을 꾸었다. 꿈에서 자신의 집 사당 앞을 어슬렁거리고 있는 사육신 여섯 어른을 보게 된 것이다. 꿈을 꾼 후 사당에 나머지 5분의 신위를 모시고 제사를 모셨다.

당시 예학에 조예가 깊은 대학자인 한강 정구가 이 이야기를 듣고 "개인 살림집 가묘에서 사육신 모두를 제향하는 것은 예에 맞지 않고 미안한 것이다. 꼭 뜻이 그러하다면 가묘는 그대로 두고 별도의 사당을 세워 사육신을 따로 제향하는 것이 옳을 듯하다"고 말했다.

이 조언에 따라 사육신을 제향하기 위해 1674년 별도의 사당을 새로 세웠으니 바로 이것이 '하빈사'이다.

하빈사는 사액 '낙빈서원'으로 승격되었으나, 흥선대원군의 서원철폐령에 의해 훼철되고 후일 복원된다.

4. 용호서원 - 도성유 등을 기리는 성주 도씨 성소

용호서원龍湖書院은 도성유都聖兪, 도여유都汝兪, 도신수都信修를 기리는 서원이다. 처음에는 도성유와 도여유만 배향하다가 1708년에 도신수를 함께 모시게 되었다.

1984년에 중수한 용호서원

용호서원은 대시 달성군 다사읍 서재본4길 18-27(서재리 693)에 있다. 경사가 급한 편인 산비탈에 위치하고 있다.

1704년 사당인 세덕사世德祠로 건립되었다가 1708년에 서원으로 인정을 받아 용호서원으로 승격되었다. 이 때 도성유都聖兪, 도여유都汝兪, 도신수都愼修 세분을 배향配享했다. 1868년 흥선대원군의 서원철폐령 이후에는 용호서당龍湖書堂으로 사용되었다. 1984년 중수했다.

경내는 크게 두 개의 영역으로 구분되어 있다. 서원의 강당인 용호서당龍湖書堂이 경사면의 위쪽에 위치하고, 그 아래에 최근에 건축된 치경당致敬堂이 자리하고 있다. 서원 경내에 용호서원유적비가 있다.

강당인 용호서당은 정면 6칸, 측면 2칸의 규모이다. 중앙의 2칸 마루를 중심으로 동쪽에는 안인재安仁齋가, 서쪽에는 정의재正義齋가 있다.

도순, 도유도, 도유덕 3위를 추모하는 재실인 치경당   용호서원 바로 아래에 있다.

용호서원 아래에 있는 정렬각(貞烈閣) 성주도씨 가문의 세 부인을 기리고 있다.

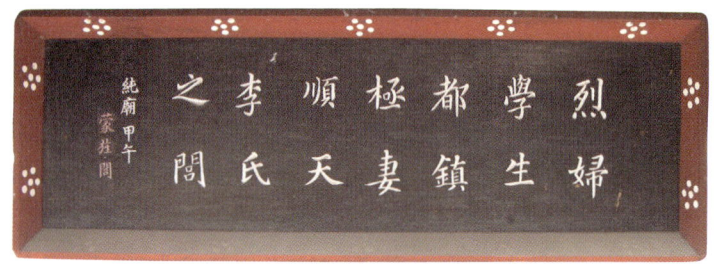

정렬각 안의 정려(旌閭) 중 하나

　　서당 건물 바로 아래에 있는 치경당致敬堂은 정면 5칸, 측면 2칸 반의 구조이다. 치경당은 성주 도씨 기세시조起世始祖 도순都順과 성주 도씨 대구파조인 3세 도유도都有道, 성주파조인 3세 도유덕都有德 3위를 추모하는 재실이다. 치경당의 동쪽 방은 돈목재敦睦齋, 서쪽 방은 재숙사齋宿舍이다.

용호서원 입구에는 조선 정조·순조·헌종 때 내려진 정려를 모아 봉안하고 있는 정렬각貞烈閣이 있다. 효부이자 열부의 절의행節義行을 보인 성주 도씨 가문의 세 부인(아주 신씨, 월성 최씨, 순천 이씨)의 정려가 모셔져 있다.

용호서원 배향인물

도성유都聖俞(1571~1649)

조선 중기 학자로, 호는 양직養直. 한강 정구와 낙재 서사원의 문인이다. 문장과 행실이 출중하였다. 1592년 임진왜란이 일어나자 서사원을 따라 의병을 일으켜 군량을 조달했고, 광해군 때 정인홍이 이언적과 이황을 비난하자 그들의 무죄를 변호했다.

병자호란 때 인조가 청나라에 항복했다는 소식을 듣고는 세상을 등지고 지내다가 생을 마쳤다. 저서로 '성리정학집性理正學集'이 있으며, '체용각분도體用各分圖'와 '오경체용합일도五經體用合一圖' 등을 남겼다.

도여유都汝愈(1574~1640)

호는 서재鋤齋. 한강 정구와 낙재 서사원의 문하에 드나들며 학문을 배웠다. 정구는 그에 대해 '후생後生 중에 뜻을 가진 이는 도여유 뿐'이라고 했다. 이괄의 난이 일어났을 때는 모당 손처눌과 함께 향병鄕兵을 모집해 난을 평정하는데 공을 세웠다. 병자호란 이후에는 세상과 단절한 채 산림에 묻혀 오로지 후학 양성에 힘을 쏟았다.

도신수都愼修(1598~1651)

문신으로 호는 지암止巖. 도여유의 아들이다. 1627년 식년문과에 급제한 후 성균관 박사, 형조좌랑, 호조정랑, 울산부사, 영해부사 등을 역임했다. 역학易學을 서사원徐思遠으로부터 배웠으며, 한강 정구의 문하에서 수학하기도 했다.

선정을 베풀었으며, 1650년 지방으로 나가기를 청하여 영해부사로 부임했다. 병을 얻어 관사에서 별세했다.

5. 이강서원 - 의병대장 낙재 서사원 기리는 서원

이강서원伊江書院은 대구시 달성군 다사읍 이천리에 있다. 산골짜기에 서원만 홀로 외롭게 서 있다. 초봄에 가면 황량한 분위기 속에 근처의 매화가 흰 꽃을 피워 반기는 곳이다. 조선 중기의 학자로 임진왜란 때 의병대장을 지낸 낙재樂齋 서사원(1550~1615)의 위패를 봉안해 기리는 서원이다.

1639년에 창건하고 19세기 중엽에 중건했다. 산기슭 경사진 곳에 남향으로 세워져 있다. 지금은 강당 건물인 완락당玩樂堂을 중심으로 이락루二樂樓 편액이 걸린 대문 및 담장으로 이뤄져 있다. 완락당은 가운데 대청과 좌우 방 세 개로 된 건물이고, 이락루는 3칸의 솟을대문이다.

이강서원 터는 신라의 고운 최치원 선생이 학문을 가르치던 터로 알려져 있기도 하다.

의병대장을 지낸 서사원

서사원은 팔거八莒(지금의 칠곡) 외가에서 태어났다. 호는 낙재樂齋. 17세에 송담 채응린의 문하에서 공부했으며, 후에 한강 정구 문하에서도 공부했다. 26세에 향시에 장원하였으며 30세에 이천정사伊川精舍를 지었다. 41세에 존재 곽준과 더불어 안동의 도산으로 가서 퇴계의 사당에 참배했다.

43세에 임진왜란이 일어나자 팔공산에서 창의하였다. 부인사에서 대구지역 의병을 결성했는데, 처음에는 정사철을 의병대장으로 추대했다. 정사철이 중환으로 대장 임무를 수행할 수 없게 되자 서사원이 승계했다.

이강서원 강당 건물인 완락당

    46세에 청안淸安현감에 임명되어 부임, 전쟁으로 폐허가 된 학교를 다시 세우고 강학을 열어 민심을 안정시키고, 백성들이 돌아와 생업에 종사하게 했다.

    임진왜란이 종결된 후 50세 때인 1599년에 고향으로 돌아와 하빈의 이천에 집을 짓고 '미락재彌樂齋'라 하였다. 미락재는 '주자가 동안同安에서 돌아와 그 도를 더욱 즐겼다'고 한 데서 취한 것이다. 나중에 '미'자를 버리고 '낙재'라 하고 자신의 호로 삼았다. 52세에 선사재를 중건하여 강학의 장소로 삼았다. 그는 '주자서'와 '퇴계집'을 즐겨 읽었다.

    1615년에 별세했다. '낙재집'과 '낙재일기'가 전한다.

서사원 묘갈명 : 도승지 이민구가 지었다

영남은 곧 신라의 옛 봉지封地로서 전한前漢 때부터 이미 군자국君子國이라고 일컬어져 왔다. 그곳 사람들은 예양禮讓을 즐기어 남들과 시비하기를 어려워하였고, 그 자제들은 시서詩書를 익히며 서로 좇아 문학問學하였다. 대개 그 풍속과 기질이 그러했기 때문이다. 그들 중에 떨쳐 일어나서 세상에 이름을 드러내어 뛰어나게 오도吾道(유학의 도)의 높이 받들어지는 학자宗師가 되어 국가로부터 존숭받게 됨이 지극했다. 근세에는 대구의 낙재樂齋 서공徐公(서사원)이 또한 숨어서 착한 도를 닦은 선비이다. 달성 서씨達城徐氏는 고려 시대에 벼슬자리가 끊이지 않았으나 공의 증조曾祖 휘諱 필미彌, 조祖 휘 응기應期, 고考 훈도공訓導公 휘 흡洽에 이르러 3대는 드러나게 빛나지 못했다.

공의 휘는 사원思遠이고 자字는 행보行甫로, 가정嘉靖 경술년庚戌年(1550)에 태어났다. 7세 때에 백부伯父인 진사공進士公 서형徐泂이 데려다가 아들을 삼았다. 그 배配는 이씨李氏로 성품이 엄격하였으므로 공이 비록 어리나 벌써 그 뜻을 따르고 맞출 수 있었다. 자라나서는 어버이를 섬기기에 효도를 다하여, 얼굴빛을 살펴가며 봉양하는 데에 어그러짐이 없었다. 어버이가 세상을 떠나자 시묘侍墓살이를 하였고, 일생 동안 슬퍼하며 사모했다. 새벽에 일어나서 반드시 가묘에 배알하고 나가 서실에 꿇어앉아 해가 저물도록 독서했다. 또한 남녀 비복婢僕을 대함은 물론, 안팎으로 생부生父·양부養父를 섬김과 형제 사이에 처우함과 향당鄕黨에서 벗을 사귀는 데에 모두 그 윤리를 다하여 힘쓰지 않아도 지극하였다.

처음에 어버이 명령으로 성률聲律을 다스려 문장을 이루었는데, 일찍이 향시鄕試에 제일로 붙었으나 좋아하지 않았다. 입양한 부모의 상을 당하고 나서는 다시 과거에 응하지 않고 매일 성현의 글을 읽으며 개연히 도를 구하려 하다가, 한강寒岡 정공鄭公(정구)이 일찍이 퇴계 선생 문하에 유학游學하여 학문에 연원이 있다는 것을 듣고서 이에 뜻을 오로지하여 나아가 질정質正하였는데, '성현의 도는 높고 먼 데 있는 것이 아니고 내가 힘써 행하기를 어떻게 함에 달려 있는 것'이라고 여겼다. 그래서 부지런히 알고 행하기를 스스로 힘써 의관을 정제하고 서책을 대하여 항상 친히 교화하는 음성을 받드는 듯하였다.

이강서원 대문 이락루

　일찍이 "공맹孔孟을 배우고자 하면 마땅히 정주程朱로 준적準的을 삼아야 한다"고 말하고, 주서朱書와 퇴계문집을 가장 즐기면서 "그 글을 읽고 그 사람을 알지 못하면 옳겠는가? 주부자朱夫子(주희)는 진실로 공맹 이후의 유일한 사람이고, 퇴계 선생은 또 우리 동방의 주부자이신데, 경의를 표하며 퇴계 선생에게 나아가서 그분의 나머지를 얻어듣는 데 미치지 못한 것이 한恨이다" 하였다. 이에 동지도우同志道友와 더불어 청량산에 들어가서 퇴계 선생이 남긴 자취를 우러러 살펴보고, 몸소 지팡이와 신을 받드는 것과 비슷하게 수석水石 사이를 두루 돌아다니면서, 가슴속의 찌꺼기를 깨끗이 씻고 호연지기를 기르고 돌아왔다.

　공이 살고 있던 이천伊川은 금호 하류에 있어서, 산이 서려 있고 물이 고여 있어 어진 이가 숨어 살기에 적당한 곳이다. 푸른 솔이 집을 둘러싸고 집안에는 정결한 대나무와 향기 높은 매화가 가득하였다. 왔다갔다 거닐며 해를 보내고 도서圖書와 선사仙槎로 즐거움을 삼았다. 서재가 병란을 겪으면서 불타 버렸으므로 공이 거듭 수리해 놓고는 자양서원紫陽書院의 옛 제도를 취하여 '경의완락敬義翫樂'으로 그 재우齋宇에 이름을 붙이고, 선유先儒의 격언을 모아서 정사의 학규學規를 만들었다. 개강하는 처음에 학도를 깨우치기로 시작하여 이치의 뜻을 논란論難하고 게으르지 않도록 도와 이끌면서 "뜻은 하루라도 게을리 할 수 없고 마음은 잠시라도 놓아두어서는 안 된다. 군자가 '장경莊敬하면 날로 강해지고 안일 방자하면 날로 게을러진다'는 이 두 구절은 마땅히 체득해야 한다"고 강조했다.

여가가 있으면 한 두 문생을 데리고 작은 배로 강을 거슬러 올라가며 풍월을 읊었다. 이때에 사수泗水에는 한강공寒岡公이 있고, 일선一善에는 여헌旅軒 장공張公(장현광)이 있어 공과 더불어 솥발처럼 세 곳에 나누어 살았다. 그래서 따라 배우는 선비들이 모두 왕래하며 고증하고 질문했다. 그래서 동서로 가는 진신縉紳과 남쪽으로 오는 관리들이 모두 그 집에 예를 갖추었다. 비로소 조정에서 공의 명성을 듣고 감역監役과 찰방察訪을 제수하였는데, 공은 한 번 나아가 명을 받들고는 곧 돌아왔다.

만력萬曆 을미년(1595)에 공에게 청안현감淸安縣監을 제수하였는데, 속국으로부터 침략을 당해 어려운 것이 많으므로 뜻을 굽히고 굳세게 일어나서 정무를 행함에 있어 떠돌아다니는 백성을 편안하도록 모으고 성묘聖廟를 가장 먼저 수리하여 봄가을의 제향祭享을 예에 따라 하였다. 또한 성황城隍·여단厲壇의 제사 등 관에서 행하는 여러 가지 일에 이르기까지 모두 갖추어 대비하지 않는 것이 없었다. 매월 일정한 날에 학사學舍에 나아가서 스스로 구두句讀를 강해講解하고 시문을 겸하여 익히게 하였으므로, 근방의 뛰어난 수재들이 다투어 와서 학업을 닦아 문채와 바탕이 함께 갖추어졌다.

무술년(1598)에 벼슬을 그만두고 돌아오다가 길이 막혀 돌아올 수 없으므로 서원西原의 산 아래에 흙을 쌓아 집을 만들고 그곳에서 글을 읽으며 스스로 즐기자, 그를 따르는 무리들이 서로 인솔하여 배우러 왔다. 고을 사람들이 이 일을 돌에 새기어 추모하고 있다.

살던 곳으로 돌아와서는 고상함이 더욱 확실하였으므로 조정에서 개령開寧·옥과玉果·연기燕岐의 현감을 임명하는 명령이 연이어 있었다. 또 호조정랑戶曹正郎·익위사어翊衛司禦·역학교정易學校正으로 불렀으나 공은 모두 응하지 않았다. 을묘년(1615) 여름 4월에 졸卒하여 하빈현河濱縣 파산巴山 기슭에 예장禮葬하였다.

공은 고故 재상宰相 박원형朴元亨의 후손인 죽산 박씨竹山朴氏에게 장가들어 아들 서항徐恒을 낳았다. 서항은 무과에 합격하였고 사도첨사蛇渡僉使를 지냈다. 서출庶出은 서구徐懼이다.

영남에 퇴계선생이 세상을 떠난 뒤로부터 선비가 된 자들의 부류에 대해 그 대소를 기록할 수 있었는데, 공 같은 이는 '퇴계 선생의 문하에 미치지 못한 것이 한恨이 된다'고 하였으니, 대개 이는 유풍遺風을 듣고서 사사로이 사모하여 수신을 잘 한 것이 아니겠는가? 진실로 그 조예造詣의 얕고 깊은 것을 평하고자 한다면 지나친 일이다. 그러나 옛것을 좋아하고 향방을 알아 유속流俗에서 초탈하여 몸가짐을 착하게 하면서 그 향당鄕黨에까지 미치어, 말학末學에게 모범이 되었음은 또한 속일 수 없을 것이다.

대현大賢을 떠나보낸 세월이 더욱 멀어져서 유풍流風은 더욱 가라앉아 도의는 퇴폐해지고 마음이 사욕에 막히어 세상이 긴 밤으로 들어갔다. 항심恒心이 있는 자를 볼 수 있는 것은 예로부터 어려웠던 바인데, 후학들로 하여금 사문斯文(유학)에 뜻을 두도록 하여 그 흐름을 따라 그 근원으로 거슬러 올라가 백대의 아래에서 진작하도록 한다면, 도와서 세우고 호위하여 인도한 공을 또한 어찌 다 헤아릴 수 있겠는가? 다음과 같이 명銘을 지었다.

닭이 울면 일어나서 이익을 추구함이 없이 부지런히 힘써 선한 일 하였으니 성인의 무리로다. 숨어 살며 뜻을 구하고 밖으로 달리는 데 마음 빼앗기지 않았으니 속으로 만족하여 즐기었도다. 글은 살찌고 도는 기름져서 좋은 음식을 생각하지 않았으며, 순하게 살다가 편안하게 돌아가셨으니 그 지조의 곧음 생각하게 되도다. 문인들로 하여금 옛일을 원용하여 사시私諡를 올리게 되었으니, 또한 문강선생文康先生이라 이르지 않았던가?

6. 금암서당 - 임란 의병 정사철 부자 제향

대구시 달성군 다사읍 매곡리에 있는 금암서당琴巖書堂. 조선 중기의 성리학자 임하林下 정사철(1530~1593)과 임진왜란 때 의병을 일으켜 공을 세운 낙애洛涯 정광천(1553~1594) 부자를 기리는 서당이다.

1764년에 연화산 북서쪽에 금암사琴巖祠를 지어 정사철을 제향하면서 시작되었다. 1779년에 정사철의 아들 정광천을 함께 배향했다. 이후 1786년에 금암서원으로 승격되었으나, 홍선대원군의 서원철폐령에 따라 1868년에 헐리게 되었다. 같은 해에 유허비가 세워졌다. 이후 서원 옛터에 정사철의 유허비만 남아 있다가, 1958년에 서원의 옛터 아래 서편에 금암서당을 다시 건립해 향사를 하는 제사祭舍로 활용하고 있다.

금암서당은 임하 정사철이 생전인 1586년에 아금암에 지은 금암초당의 맥을 잇고 있다. 임하는 39세 때 다사읍 연화리 연화산 아래 임하초당을 짓고 이곳에서 56세까지 살았다. 임하라는 호도 그래서 사용하게 되었다. 57세 때인 1586년 봄에는 임하초당 남쪽 낙동강 강변 아금암牙琴巖에 금암초당을 지어 살게 된다.

송계 권응인은 '금암초당기'에서 '선생이 어릴 적부터 이곳의 경치를 사랑했는데 이때에 이르러 이곳에 초당을 짓게 되었다'고 적고 있다. 금암초당은 아금정으로도 불리었다.

'아금牙琴'은 '백아伯牙의 거문고'라는 말이다. 그래서 아금암은 '백아가 거문고를 타고 그의 벗 종자기가 감상하던 바위'라는 의미라 할 수 있다.

대구읍지는 아금정에 대하 다음과 같이 설명하고 있다.

'부府의 서쪽으로 30리 되는 하남면 죽곡리竹谷里에 있었다. 임하 정사철이 은거한 곳이다. 공의 아들 낙애 광천이 한강 정구와 여헌 장현광, 낙재 서사원이 임하 선생께서 종유從遊한 뜻을 취해 정자를 건립하고 이름을 지었다. 함께 노닐며 강학한 인사와 더불어 의리를 밝혔다. 효도와 우애가 천성에서 나왔다. 부자가 도덕과 문장으로 세상에서 추앙하는 바가 되었다. 사당을 건립하자는 논의가 있었으나 이루어지지 않았다. 지금 정자는 없어졌다.'

임하 정사철과 낙애 정광천을 기리는 서당인 금암서당

임하는 아금초당을 지어 살면서 유유자적하는 생활을 했던 것으로 보인다. 1586년 초당을 마련한 뒤 임하가 지은 시 '초당사시草堂四時'이다.

〈봄〉

매화꽃 차가운 눈 속에서 피니 빼어나고

파릇한 버드나무 가지 바람에 가지런히 흩날리네

고요히 살아가니 적막한데 찾는 이 없고

휘파람 불며 홀로 숲속을 거니네

〈여름〉

꾀꼬리 새끼 버드나무 가지 위에서 노래하고

어린 제비 둥지 찾아 처마 끝에서 춤을 추네

해는 긴데 숲속 집에는 사람 이르지 않고

그늘 따라 자리 옮기며 시원스레 노니네

〈가을〉

벼 익는 향기 좋고 언덕 위에는 아지랑이 피어나며

술 익는 잔잔한 물결 술단지 위에 어리네

공손히 햇곡식으로 제사를 올린 후

손자 아이로부터 장수 기원하는 술잔 받는다네

〈겨울〉

대나무 숲 서리 바람 섬돌 위에 불어대고

솔에 앉은 눈 위에 비친 달 봉우리 위에 빼어나네

유인幽人이 한가롭게 일 없다고 말하지 마라

따뜻한 방안에서 책 보는 것이 가장 좋은 일이로다

금암초당을 지은 지 3년 지난 1589년 10월에 대구부사 초간 권문해가 초당을 방문한 뒤 남긴 글이 '초간일기'에 전한다.

'부강정浮江亭으로 향했다. 〈중략〉 정자의 주인 윤대승尹大承이 와서 만나보았다. 날이 어두워지는 것을 무릅쓰고 정생원 사철의 집으로 갔다. 밤이 깊도록 대화한 후 정생원과 더불어 낙동강의 아금암으로 향했다. 정군이 바위 위에 작은 집을 짓고 지붕은 모초茅草로 덮었다. 고요하고 그윽하여 좋았다. 관란대觀瀾臺, 세심대洗心臺와 크고 작은 낚시터가 있었다. 송계거사 권응인이 아금대기를 지었다. 정상사鄭上舍와 그 아들 광천, 그리고 근처에 거주하는 윤인협尹仁浹과 더불어 세심대 위에서 술을 마시며 대화를 나눴다. 달빛이 낮과 같고 백사장이 비단을 펼쳐놓은 것 같았다. 물가에서 물오리와 기러기가 위아래에서 울었다. 깨닫지 못하는 사이에 밤의 찬 기운이 옷에 엄습해왔다. 삼경이 다 지나 정생원과 더불어 부강정으로 돌아왔다.'

대구에 퇴계 성리학을 전파한 정사철

정사철은 대구에 퇴계의 성리학을 전파하는데 큰 역할을 한 인물이다. 1530년 대구시 달성군 하빈면 동곡에서 태어났다. 5세 때 부친이 사망하고 모친의 엄한 가르침을 받으며 자랐다. 7세에 처음으로 '효경'을 읽고, 8세에 '십구사十九史'를 배웠으며, 10세에 '소학'을 공부했다. 23세에 초시에 합격하고, 41세(1570)에 생원시에 합격했다.

42세가 되던 해 가을에 한강 정구가 임하초당을 방문했다. 임하는 한강이 13세 아래임에도 도의로 사귀었다. 정사철은 정구와 교유하고 난 후 과거공부를 그만두고 위기지학에 전념하게 되었다. 57세에 임하초당에서 금암초당으로 이거하고, 그 다음해 1587년에 하빈의 마천산 선사仙査에서 서당을 지어 강학했다. 선사서당에는 인근의 양직당 도성유, 취애 도응유, 서재 도여유, 귀정 류사온 등이 찾아와 정사철의 가르침을 받으며 공부했다.

63세 때인 1592년 봄에 왜란이 일어나고 7월에 팔공산 부인사에서 대구지역 의병, 즉 공산의진군公山義陣軍이 결성되었다. 이때 정사철은 의병대장으로 추대되었으며, 아들 광천은 하빈 남면장南面將이 되었다. 64세 3월에 돌림병으로 사망했다.

정사철은 20대 후반부터 성리학 공부를 시작했으며, 정구를 만나고 난 후부터는 성리학 연구에 더욱 매진했다고 한다.

그는 평소 퇴계 이황을 깊이 사모했다. 41세 때 퇴계가 별세하자 그 소식을 듣고는 설위設位(신위를 모심)를 하고 곡을 하며 크게 슬퍼했다. 그는 만사輓詞를 통해 '우리 동방의 도가 끊어짐을 탄식하노라'고 읊었다. 이듬해 3월에는 도산으로 가서 퇴계의 장례에 참석했다.

문집 '임하집'이 있다.

정사철 아들 정광천

낙애 정광천(1553~1594)은 하빈 동곡에서 정사철의 아들로 태어났다. 그는 부친의 가학을 계승하고, 계동 전경창을 사숙私淑했다. 그리고 한강 정구를 찾아 그 문인이 되었다. 37세 때 부친을 모시고 정구의 회연서당을 찾아 다음과 같은 시를 지었다.

하늘이 감추어둔 곳을 선생이 찾아내시어
푸른 시냇가에 초가집 두어 칸을 지으셨네
맑은 기수沂水의 모임을 오래도록 거듭하니
득의得意하고 득의하여 달밤에 시를 읊조리며 돌아오네

40세에 팔공산 부인사에서 대구지역 의병이 결성되었는데, 그는 하빈현 남면 의병장이 되었다. 왜적이 낙동강에 이르자 부친을 모시고 피난했다. 부친은 이듬해 피난지 거창에서 돌림병으로 별세했다. 그는 고향으로 돌아와 다시 군무에 종사하는 등 활동을 하였으나 1594년 3월에 병으로 별세했다. '낙애집'과 '낙애일기'가 전한다.

7. 하엽정과 삼가헌 - 박성수의 살림집과 별당 정자

하엽정荷葉亭은 박팽년의 7대손이며 이조참판을 지낸 박성수(1735~1810)가 처음 초가로 지은 살림집인 삼가헌에 딸린 별당의 정자다. 삼가헌三可軒은 박성수의 호이자 당호이다. 삼가헌은 묘골 마을에서 67번 국도를 따라 조금 가다 오르막길을 오르다 보면 안내표지가 나온다. 도로를 벗어나 오른쪽 좁은 길로 100m쯤 들어가면 된다.

하엽정의 여름 풍경 마당의 연못에 늦여름 연잎이 가득하다.

2016년 9월 초, 태고정을 들렀다가 이 하엽정을 찾았다. 이곳에 도착하니 박성수가 심었다는 굴참나무가 입구에 우뚝 솟아 있었다.

누마루 정자 하엽정

삼가헌 대문을 들어서니 사랑채가 눈앞에 보이고 왼쪽 담장으로 눈길을 돌리니 담장 너머로 하엽정 건물이 눈에 들어왔다. 정자로 출입하는 문을 들어서니 아름다운 하엽정 풍광이 펼쳐졌다.

정자 앞에는 연못이 있었다. 연못에는 연잎이 무성하게 우거져 있었으나 연꽃은 철이 지났는지 보기가 어려웠다. 연못 주위에는 한 그루 배롱나무 고목이 막바지 꽃을 피워 붉게

1 옆에서 본 하엽정 건물
2 하엽정 편액 창건 당시에 제작한 것이라고 한다

물들이고 있고, 큼직한 돌배나무 한 그루가 배를 주렁주렁 달고 있었다.

 하엽정 건물은 가운데 한 칸의 마루를 두고 양편으로 방을 두었는데 이 방들은 뒷마루를 통해 출입토록 되어 있으며, 서쪽 끝방 남쪽으로 연지를 향해 돌출된 누마루를 두었다.

 하엽정은 일렬 4칸 방에 한 칸 누마루를 내어 만든 정자로, 1874년에 삼가헌을 처음 지은 박성수의 증손 박규헌이 원래 이곳에 있던 파산서당巴山書堂을 개조한 것이다. 서당으로 사용하던 별당에 누마루를 붙여 지금의 하엽정으로 고쳐지었다.

일렬로 방 네 칸에 누마루 한 칸을 내었는데, 누마루는 바닥과 천장의 높이가 2m 남짓밖에 되지 않고, 너비도 한 칸에 불과하지만, 앞에 펼쳐진 연당蓮塘의 정서를 즐기기엔 모자람이 없는 공간이다.

그리고 마당에 내려서지 않고, 방 앞에 낸 툇마루를 통해 정자를 오갈 수 있도록 되어 있다.

연못 쪽으로 돌출된 정자의 마루는 본체의 마루보다 약간 높은데, 이 누마루는 세 면에 난간을 둘렀다. 연꽃이 만개하는 계절이면 이 누마루는 연향으로 휩싸인다.

하엽정 앞 연못

조선시대 정원의 구성을 보면, 천원지방天圓地方이라 하여 못은 사각형으로 만들고, 그 안에 원형의 섬을 만들어 봉래산이라고 불렀다. 이 때 원형의 섬은 하늘을 상징하고 사각형의 못은 대지를 상징한다. 이는 사랑채 누마루 기둥의 초석을 팔각으로 하고 기둥을 두리(원형)로 하여 자연의 진리를 표현한 것과 비교되는 개념이다.

정자 앞 연당은 본채를 지을 때 필요했던 많은 흙을 파낸 자리를 손질하여 만든 것이라 한다. 세로로 긴 장방형의 못 가운데는 섬이 있고 주위에는 연이 가득하다.

연못에 연을 심는 것도 조선조 사대부들 사이에는 흔한 일이었다. 중국의 주돈이周敦頤는 그의 글 '애련설愛蓮說'에서 연에 대해 이렇게 찬미했다.

"물과 육지에서 피는 초목의 꽃 가운데에는 사랑스러운 것들이 매우 많으나, 진晉나라의 도연명陶淵明은 유독 국화를 사랑하였고, 당나라 이래로는 세상 사람들이 모란을 매우 사랑하였다. 나는 유독 연꽃이 진흙에서 나왔으나 더럽혀지지 않고 맑은 물결에 씻겼으나 요염하지 않으며, 속은 비어 있고 밖은 곧으며, 덩굴지지 않고 가지를 치지도 않으며, 향기는 멀어질수록 더욱 맑고 우뚝한 모습으로 깨끗하게 서 있어, 멀리서 바라볼 수는 있지만 함부로 하거나 가지고 놀 수 없음을 사랑한다.[水陸草木之花 可愛者 甚蕃 晉陶淵明 獨愛菊 自李唐來 世人甚愛牧丹. 予獨愛蓮之出於淤泥而不染 濯淸漣而不夭 中通外直 不蔓不枝 香遠益淸 亭亭淨植 可遠觀而不可褻翫焉]

내가 생각하건대, 국화는 꽃 가운데 은자隱者이고 모란은 꽃 가운데 부귀한 자이며, 연꽃은 꽃 가운데 군자라고 하겠다. 아! 국화를 사랑하는 것은 도연명 이후에는 들은 바가 드물고, 연꽃을 사랑하는 것을 나와 함께 할 이가 어떤 사람일까? 모란을 사랑하는 이들은 마땅히 많을 것이다.[予謂菊 花之隱逸者也 牧丹花之富貴者也 蓮花之君子者也. 噫. 菊之愛 陶後 鮮有聞 蓮之愛 同予者 何人. 牧丹之愛 宜乎衆矣]"

송대 성리학의 개조開祖로 불리는 주돈이가 군자에 비유한 꽃이 연이다. 성리학을 신봉하던 조선의 사대부가 연을 가까이 하며 그 성품을 닮고자 하는 것은 당연한 일이었을 것이다.

주인에게 언제 하엽정의 풍광이 제일 좋으냐고 물었더니 역시 연꽃이 만발하는 한여름이 가장 아름답다고 대답했다.

그는 또한 박성수가 처음 삼가헌을 지을 때 굴참나무와 탱자나무, 매화나무를 심었는데, 당시의 굴참나무와 탱자나무는 지금까지 살고 있지만 매화나무는 10여년 전에 고사해 버렸다고 한다. 그러면서 삼가헌 뜰에 있는, 고사한 매화나무를 베고 남겨놓은 그 그루터기를 보여주었다.

탱자나무는 삼가헌 대문 근처 담벼락 앞에 있다.

그리고 하엽정은 근래까지 시집오는 며느리가 처음 신혼 올 때 삼가헌 안채로 들어오기 전에 며칠 머물던 공간으로 사용되기도 했다고 설명했다.

하엽정에는 '하엽정' 편액이 달려있는데 하엽정을 지을 당시에 건 것이라고 했다. 누구의 글씨인지는 모른다고 하면서 떼어보면 편액 뒷면에 그 주인공이 이름이 쓰여 있을지도 모른다고 말했다.

1 하엽정 앞 돌배나무
2 박성수가 처음 삼가헌과 하엽정을 지을 때 심은 굴참나무와 탱자나무

1747년에 창건된 삼가헌

삼가헌은 1747년 처음 세워졌다. 박팽년의 11대손 박성수朴聖洙가 이 해에 이곳에 초가를 짓고 자신의 호를 따 삼가헌이라 했다. 그 뒤 그의 아들 광석光錫이 1783년 묘골에서 이곳 파회로 분가한 다음 1809년 초가를 헐고 정침을 지었으며, 18년 뒤인 1826년 사랑채를 지었다.

삼가헌은 크게 보아 살림채 영역과 별당채 영역으로 나뉜다. 살림채 영역은 문간채, 사랑채, 중문채, 안채, 곳간으로 이루어져 있다. 별당채는 하엽정과 인공 연못으로 이루어져 있다. 살림채와 별당채는 담장을 가로질러 나누고, 담장 중간에 일각문을 두어 두 영역을 연결했다.

중요민속문화재 104호로 지정되어 있는 삼가헌의 대문채는 솟을대문이 아닌 평대문으로 지어졌다. 대문간을 들어서면 사랑채 마당 건너에 안채로 출입하는 중문이 보인다.

사랑채는 사랑방 두 칸과 대청 두 칸이 연이어져 있으며, 중문과 이어진 곳에는 곁방을 꾸몄다. 막돌쌓기로 조성한 기단 위에 대충 다듬은 초석을 놓고 그 위에 둥근 두리기둥을 세웠다. 창방과 평방 사이에는 작은 굽을 끼워 넣어 나름대로의 멋을 살렸다. 지붕은 팔작지붕이다.

삼가헌의 사랑채 마루 위에 편안하면서도 기품이 있는 글씨의 '삼가헌三可軒'이라는 편액이 걸려있다. 창암 이삼만의 글씨인 이 편액이 건물의 품격을 훨씬 더 높여주고 있다.

삼가헌의 '삼가'는 공자 말씀에서 따온 것이다.

공자가 이르기를 '천하의 국가도 고루 다스릴 수 있고天下國家均也, 관직과 녹봉도 사양할 수 있으며爵祿可辭也, 시퍼런 칼날을 밟을 수도 있지만白刃可蹈也, 중용은 불가능하다中庸不可能也'고 하였다.

여기에서 유래한 삼가는 선비가 갖추어야 할 세 가지 덕목 '천하를 다스리는 지知, 작록을 거부하는 인仁, 칼날을 밟는 용勇'을 뜻한다.

이 집을 지은 박성수는 자신의 호 삼가헌을 여기에서 취했으며, 자신의 호로 당호를 삼은 것이다.

김경집金景集이라는 사람이 쓴 '삼가헌기三可軒記'에도 집 이름에 담긴 뜻이 드러난다.

"어느 날 공(박성수)의 집에 와서 문미門楣를 쳐다보니 삼가헌三可軒이라는 편액이 걸려 있었다. 그 뜻을 물으니 말없이 웃기만 하고 거듭 물어도 대답이 없었다. 마음에 짚이는 바는 있었지만 한동안 그 뜻을 알 수 없었다.

때마침 공의 곁에서 미목이 그린 듯 참한 아이가 중용中庸을 읽고 있었는데, 제3장 '천하국가를 바르게 할 수 있고, 벼슬과 녹봉을 사양할 수 있으며, 날카로운 칼날을 밟을 수 있다[天下國家可均也 爵祿可辭也 白刃可蹈也]'는 구절에 이르더니 읽기를 그치고 엷게 미소를 짓는 것이었다. 내가 비로소 깨닫고 탄식하며 말했다.

'삼가三可의 뜻이 여기에 있구나! 공이 뜻하는 바가 바르게 할 수 있고, 사양할 수 있으며, 밟을 수 있다는 데 있는가요?'

공이 말했다.

1 삼가헌 사랑채 전경
2 삼가헌 사랑채 마루에 걸린 '삼가헌' 편액 창암 이삼만 글씨다.

'어린아이가 어찌 무엇을 알겠는가. 그리할 수 있다고 말할 수 있는 일이 아니나, 다만 이 세 가지를 배우기 바랄 따름일세.'"

삼가헌 사랑채 기둥에 걸린 주련 두 개의 글씨도 창암 이삼만의 것이다.
창암의 글씨 편액이 이곳에 걸린 연유가 무엇일까. 삼가헌 박성수가 서울에서 벼슬을 할 때 당시 명필로 알려진 창암의 글씨를 좋아해 지인을 통해 글씨를 청탁해 받았을 수도 있을 것이다. 또한 박성수가 삼가헌에 머물 때 많은 선비와 서예가들이 오고갔을 것이고, 창암도 삼가헌에 한 번 들렀다가 휘호했을 지도 모른다. 삼가헌에 살고 있는, 박팽년 후손 박도덕씨와 나눈 이야기다.

창암의 생몰 연대로 보아 박광석이 사랑채를 새로 지은 후 창암 글씨를 받아 편액을 달 았을 지도 모르겠다.

삼가헌 대청 마루에는 또 미수 허목의 글씨로 알려진 전서체 글씨 편액이 하나 걸려 있다. '예의염치효제충신禮義廉恥孝弟忠信'이다.

박도덕씨는 이 글씨는 허목의 글씨가 아니고 허목의 제자 글씨로 알고 있는데, 어느 때 부터인가 허목의 글씨로 알려지면서 지금은 대부분 사람들이 그의 글씨로 알고 있고 그렇 게 통하고 있는데, 그냥 둔다고 토로했다.

안채는 사랑채 옆 중문을 통해서만 드나들 수 있는데, 중문채의 지붕이 초가인 점이 눈 길을 끈다. 사대부가에서 중문채를 초가로 꾸미는 예는 종종 볼 수 있다.

이 중문채는 안채로 들어가는 출입문이자 디딜방앗간을 겸하고 있다. 대개 사대부가에 서는 방아를 두는 건물은 초가로 짓는 예가 많다.

안채로 향하는 출입 동선에도 꺾음을 두어 의도적인 거리감을 두고 있다. 여인들의 공 간인 안채에 대한 프라이버시 보호 차원의 배려가 깔려 있다.

안채의 북쪽으로는 바라지창을 꾸몄다. 바라지창 너머에는 툇마루를 두어 뒤뜰과 연결 되도록 하였다. 옆의 협문을 통하면 중문을 지나지 않고 하엽정으로 갈 수도 있다.

안채 후원은 별도의 담장을 만들어 안주인만 사용하는 공간을 배려하고 있다. 드문 예 라고 한다. 또한 여러 단의 층을 만들어 여러 종류의 화초나 수목을 계절에 맞추어 심고, 이 를 보며 즐길 수 있도록 했다.

안방 앞에 부엌 위 다락으로 올라가는 계단을 재치 있게 꾸며, 안방 앞이 방해받지 않도 록 효과적으로 공간을 확보하고 있다.

'삼가헌' 글씨 쓴 창암 이삼만

창암蒼巖 이삼만(1770~1845)은 생존 당시 추사 김정희(1786~1856), 눌인 조광진(1771~1840)과 함께 19세기 조선의 대표적 명필로 손꼽혔다. 이들보다 두 세대쯤 전에는 원교 이광사(1705~1777)가 최고 명필로 통했다. 원교의 동국진체東國眞體를 이은 창암은 가난한 집안에서 어릴 때부터 오로지 글씨에 뜻을 두고 수련을 거듭, 마침내 일가를 이룬 서예가다.

그는 벼루 세 개가 닳아 없어질 정도로 먹을 갈아 하루에 1천자씩 쓰고, 베를 빨아 글씨 쓰기를 반복했다. 이런 혹독한 수련 끝에 필력을 얻고, 인생 후반에는 그 필력으로 생계를 꾸려나가는 직업 서예가로 살았다. 그는 자신이 남긴 글에서 신라의 명필 김생과 조선 중기의 원교 이광사를 사숙했다고 밝히고 있다.

추사가 청나라 선진 문물을 수용하고 우리나라에 뿌리내리고자 했던 개혁적인 유학파였다면, 창암은 혹독한 자기수련과 공부로 조선의 고유색을 풀어낸 국내파였다. 그는 동국진체를 완성하고 창암체를 개발, 자신만의 필법을 구축했다. 50세쯤에 '규환'이라는 이름을 스스로 '삼만'으로 바꾸었다 한다. '삼만三晚'은 '집이 가난해 글공부를 늦게 하고, 벗을 사귀는 것이 늦어 사회진출이 늦었고, 장가를 늦게 들어 자손이 늦었다'라는, 인생에서 중요한 세 가지가 늦었다는 의미다. 그의 글씨체는 '유수체流水體'로도 불린다.

1840년 가을, 55세인 추사가 제주도 귀양길에 전주를 지나게 되면서 한벽루에서 창암과 만나게 된다. 창암에 대한 소문을 들은 추사가 정중히 예를 갖춰 하필下筆을 청하니 "붓을 잡은 지 30년이 되었으나 자획을 알지 못한다操筆三十年 不知字劃"며 겸손하게 사양했다. 추사가 다시 간곡히 청하자 '강물이 푸르니 새 더욱 희고 / 산이 푸르니 꽃은 더욱 붉어라 / 이 봄 또 객지에서 보내니 / 어느 날에나 고향에 돌아가리[江碧鳥愈白/山靑花欲燃/今春看又過/何日是歸年]'라는 시 구절을 일필휘지했다. 추사는 이를 보자 "과연 소문대로이십니다名不虛傳"라며 감탄했다.

이 이야기와 달리 창암의 글씨를 얕보며 면박을 주었다는 설도 있고, 이 때 만나지 않았다는 설도 있다.

삼가헌 사랑채 마루 모습   기둥에 걸린 주련은 창암 이삼만 글씨이다.

　어떻든 추사는 9년간의 제주도 귀양을 마치고 서울로 가던 길에 전주에 들러 창암을 찾아보고자 했으나 이미 고인이 된 뒤였다. 그래서 그 애석함을 달래며 '명필창암완산이공삼만지묘名筆蒼巖完山李公三晩之墓'라는 묘비 글씨를 써주었다고 한다. 이 비석은 완주군 구이면 창암 묘소 앞에 지금도 서 있다.

　창암은 전북 정읍 출신으로 정읍과 전주를 주 무대로 활동했던 서예가였던 만큼, 그의 글씨 편액도 주로 전라도 지역에 많이 남아있다. 그의 대표적 편액 글씨로 구례 천은사에 남긴 '보제루普濟樓'와 '승회당會僧堂', 해남 대흥사의 '가허루駕虛樓', 승주 선암사의 '임지관월臨池觀月', 구례 화엄사 '삼전三殿', 곡성 태안사 '배알문拜謁門', 밀양 표충사 '법해당法海堂', 강화 전등사 '원통각圓通閣', 공주 동학사 '동학사東鶴寺', 금산 보석사 '대웅전大雄殿', 순천 송광사 '육감정六鑑亭' 등을 꼽을 수 있다.

이와 함께 대구(동구 미대동)에 있는, 조선 인조 때 선비 양전헌兩傳軒 채명보(1574~1644)의 덕행을 기려 후손들이 그가 정자를 지어 학문을 닦던 곳에 건립한 성재서당 강당 마루에도 창암의 글씨 편액 '성재서숙盛才書塾'이 걸려 있다.

8. 하목정 - 왕자가 반했던 정자

하목정霞鶩亭은 낙동강변에 있다. 대구에서 성주로 가다 만나는 성주대교 입구의 오른쪽인 달성군 하빈면 하산리에 있다. 전의全義 이씨가 살던 곳이다.

이 하목정은 임진왜란 때 의병장으로 활약한 낙포洛浦 이종문李宗文(1566~1638)이 1604년경에 창건한 건물이다. 선비인 이종문이 임진왜란이 일어나자 의병장으로 활약하다가 왜란이 끝난 후 이곳에 정자를 짓고 강산의 풍경에 묻혀 지냈다. 창건 연대를 1599년경으로 보는 이도 있다.

지금은 도시화와 난개발로 옛 모습을 찾기가 어렵다. 하지만 당시에는 앞으로는 명사십리가 펼쳐지고 멀리 가야산과 비슬산이 둘러싸고 있는 지세로, 저녁노을이 낀 명사십리에 하늘을 나는 따오기의 모습들이 장관을 이루었다.

T자형의 이 정자는 보기 드물게 규모가 크다. 특히 정자 마루가 누각처럼 넓고 천장이 높다. 이 건물은 나중에 왕명으로 부연附椽(처마 서까래 끝에 덧얹는 네모지고 짧은 서까래)을 달게 되어 더욱 유명해지게 된 정자이다.

하목정과 인조

인조가 왕자인 능양군綾陽君 시절에 근처를 지나다가 경치가 아름다워 하목정을 방문한 적이 있다. 이때 능양군은 제주도에 유배를 가 있던 아우를 만나고 한양으로 올라가는 도중이었다.

능양군이 정자를 방문했을 때 이종문은 군위현감으로 나가 있었고, 하목정에는 그의 장남 수월당水月堂 이지영이 머물고 있었다. 그래서 이지영·이지화 형제가 능양군을 맞이하고 접대했다.

이 두 형제는 조정이 혼란하자 1621년에 벼슬을 버리고 함께 고향으로 돌아와 있었다. 능양군이 이 정자를 방문한 시기는 이지영이 낙향해 있던 1621년에서 인조반정이 일어난 1623년 3월 사이의 일이었다.

능양군은 인조반정으로 인조 임금이 된 후 이지영에게 북청판관을 제수했다. 그 후 이지영이 어전에 입시했을 때 인조는 그를 일부러 불러 "그대 집의 정자가 참 경치가 좋더라"고 말한 후 정자에 왜 부연을 달지 않았느냐고 물었다. 이지영은 "사서인士庶人의 사실私室은 부연을 달 수 없는 것이 나라의 제도입니다"고 대답했다.

그러자 인조는 "정자는 사가와 다르니 고쳐서 부연을 달도록 하라"고 한 후 내탕금으로 은 200냥을 하사해 비용으로 쓰도록 했다.

이에 이지영은 "하명을 하시니 부연을 달고 자물쇠로 봉한 후 사사로이 거처하지 않도록 하겠습니다"고 말했다. 인조는 "거처하기를 폐하지 말고 다만 내가 머문 자취만 남기면 되지 않겠느냐"고 말하면서 '하목당' 세 글자를 크게 써서 내리면서 정자에 걸도록 했다.

지금도 정자 처마에 하목당 편액이 걸려 있는데, 인조의 글씨인지는 모르겠다. 하목정을 관리하는 외손은 정자 마루에 달린 '하목정' 편액 글씨가 인조 글씨로 전한다고 설명했다. 사실을 확인하기 어려웠다.

'낙포집'에 실려 있는 '하목정창수전말'에는 부연과 관련한 당시 상황을 다음과 같이 설명하고 있다.

"삼가 살펴보면, 하목정은 공(이종문)이 창건했는데 인조대왕이 잠저潛邸 시에 미행을 하다가 들린 적이 있었다. 그 후에 공의 장자 지영이 산관散官으로 입시할 때 임금께서 그를 알아보시고 가까이 오라고 하시고 말씀하시기를 '너의 집 하목정의 강산이 빼어나고 위치

입구 쪽에서 바라본 하목정 전경

도 매우 좋더라' 하셨다. 또 말씀하시기를 '정자에 부연婦椽을 하지 않은 것은 무슨 까닭인가'라고 하셨다. 지영이 말씀하시기를 '사서인의 사실에는 감히 할 수가 없습니다'라고 하였다. 임금께서 말씀하시기를 '정자는 사가私家의 집과 다르니 수리하여 부연을 다는 것이 가할 것이다'라고 하시고, 내탕금 은 200냥을 내려 고쳐 달도록 하셨다. 지영이 계啓를 올려 말씀드리기를 '임금님의 말씀이 여기에 이르시니 이후에는 삼가 마땅히 달아놓고 다시는 사사로이 거주하지 않겠습니다'라고 했다. 임금께서 말씀하시기를 '거처하는 것을 폐하지는 말라. 다만 그 행적을 표시해 놓으면 될 것이다'라고 하시고 하목당 세 글자를 크게 써서 내리시고 문미門楣(처마)에 달도록 하였다."

1 **하목정 마루** 하목정은 보기 드물게 규모가 큰 별당형 정자이다.
2 하목정에 걸린 '하목정' 편액
2 하목정에 걸린 '하목당' 편액

하목정의 본래 이름은 '하목당'이었던 모양이다. 1530년(중종25)에 나온 '신증동국여지승람'의 '경상도 대구도호부 누정' 조에도 '하목당'으로 소개되어 있고, 하목정의 대청마루에 걸려 있는 여러 시판에서도 모두 '하목당'으로 표기되어 있다.

하목정 이름 유래

하목정霞鶩亭의 '하목'은 왕발이 지은 '등왕각서騰王閣序'에 나오는 '지는 노을은 외로운 따오기와 가지런히 날아가고, 가을 물은 먼 하늘색과 같은 색이네[落霞與孤鶩齊飛 秋水共長天一色]'라는 구절에서 가져 온 것이다. 저녁노을이 지는 아름다운 강가의 풍경을 담은 이름으로, 등왕각의 정경을 낙동강가에 있는 하목정 풍경에다 비유한 것이다.

위 글귀는 등왕각을 중수한 기념으로 중양절(9월 9일)에 연회를 베푼 홍주태수 염백서閻伯嶼가 보고 무릎을 치며 감탄했다는 글귀라고 한다.

하목정은 건물 자체가 크고 멋져 언제 찾아가도 볼 만하지만, 배롱나무 고목들이 붉은 꽃을 피우는 여름철이 특히 인상적이다.

하목정 주위에는 배롱나무들이 둘러싸고 있는데, 그 중에서도 정자 뒤편 위에 자리한 사당 담장 안의 배롱나무가 가장 오래된 고목이다.

여름 막바지 어느 날 하목정을 찾아갔다. 넓은 정자 마루에서 어른 남자 두 사람이 이야기를 나누고 있었는데, 그 모습도 정자와 잘 어울렸다. 정자 주위를 둘러싼 배롱나무들이, 색깔이 더욱 짙어진 붉은 꽃을 여전히 피우고 있어 눈길을 사로잡았다. 정자 마루에 앉아 뒷문을 열어 제친 후 눈길을 보내니 더욱 멋진 배롱나무 풍경이 눈을 즐겁게 했다.

하목정 마루에 앉아 배롱나무 꽃들이 빚어내는 풍광을 즐기면서, 하목정을 관리하며 머물고 있는 분과 이야기를 나눌 수 있었다.

정자의 기둥은 다른 정자와 달리 둥근 기둥을 사용하고 있는데 싸리나무라고 했다. 그러면서 관목 싸리나무가 아니라 단단한 나무를 이야기하는 것이라고 설명했다.

1	
	2

1 뒤편에서 본 하목정
2 하목정에서 바라본 뒤뜰의 배롱나무

하목정을 읊은 시들

하목정은 보기 드물게 크고 아름다운 건물에다 멋진 주변 풍광을 자랑한다. 뿐만 아니라 인조 임금과 관련된 부연 이야기로 널리 알려진 후 수많은 시인과 묵객, 명사들이 다녀가면서 많은 시들을 남겼다. 하지만 제대로 관리가 되지 못하면서 적지 않은 시판들이 분실되기도 했다. 분실된 시판 중 명작으로 회자된 작품으로 조문명, 박문수, 이태영, 이헌영 등의 것이 있다.

그럼에도 불구하고 아직도 정자 대청 벽에는 많은 시판들이 남아있다. 이 시판들은 하목정이 한 집안의 별당 겸 사랑채로서의 범위를 넘어 대구를 중심으로 한 많은 선비들이 학문과 풍류를 나누며 교류를 한 중요한 공간이었음을 잘 보여준다. 한 학자(구본욱)가 수집한 자료를 보면 하목정을 방문해 시를 지은 인물이 40명에 이른다.

한편 구본욱씨는 이종문이 임진란 전에 건립한 서재에서 하목정이 비롯됐다고 보고 있다. 이 서실이 임진란으로 소실되자 이종문은 임진란이 끝난 다음해인 1599년에 서실을 중건하고 하목정이라는 이름을 단 것으로 주장했다. 그 이유로 한음漢陰 이덕형(1561~1613)이 1601년에 체찰사로 이 정자를 방문해 시를 남겼는데, 시 제목을 '하목정에 적다題霞鶩亭'이라고 한 것으로 들고 있다. 이덕형은 당시 대구에 도착해 하목정을 방문하고 이천으로 가서 서사원의 미락재彌樂齋를 찾아 시를 남기기도 했다. 대구향교를 방문해 손처눌과 강학을 하기도 했다.

이덕형이 하목정에 남긴 시다. '한음문고漢陰文稿'에 전하는데, 하목정에 처음으로 남긴 시다.

호수가 거듭 띠처럼 두르고 두 산줄기 길게 뻗어있는데	重湖鋪帶兩龍橫
멀리 펼쳐 있는 들판의 아름다움 그림으로 그리기 어려워라	遙野羅鬢畵不成
새벽안개는 연기와 섞여 물가에 잠겨 있고	曉霧雜煙沈渚濕
저녁 석양빛은 물결과 어울려 강물 위에 출렁이네	落暉和浪盪江平

서산에 가랑비 내리니 주렴 안도 시원하고	西山細雨簾心爽
남포의 노을은 새 등에 반짝이네	南浦殘霞鳥背明
애석하구나 자안(왕필의 자)이 남긴 말이 없으니	可惜子安留語少
좋은 경치 완상하며 국선생(술)과 함께 하네	賞奇輸與麴先生

이덕형이 하목정을 방문한 이후 지퇴당 이정형(1549~1607), 서경 유근(1549~1627), 만취 오억령(1552~1618)이 이 정자를 방문해 이덕형의 시에 차운次韻하여 시를 남겼다.

그런데 이정형은 시에서 '떠로 이은 지붕과 잘 생긴 용마루 경치가 평평하네'라고 하고, 서경의 시에서는 '내가 그대를 쫓아 띠집을 짓고자 하는데'라고 한 것으로 보아 이때 지어진 하목정은 초가지붕이었던 것임을 알 수 있다. 후에 다시 기와로 지붕을 얹은 것으로 보인다.

정자를 지은 이종문의 현손인 하옹霞翁 이익필(1674-1751)은 하목정 주변의 아름다운 풍광을 소재로 16편의 칠언절구 한시 '하목당 16경'을 읊었다. 16경 제목은 다음과 같다.

제1경 낙하고목洛霞孤鶩, 제2경 청풍명월淸風明月, 제3경 원포귀범遠浦歸帆, 제4경 장교목적長郊牧笛, 제5경 가야청풍伽倻晴風, 제6경 금오취잠金鰲翠岑, 제7경 비슬효운琵瑟曉雲, 제8경 구봉석조九峰夕照, 제9경 십리명사十里明沙, 제10경 일선창파一仙滄波, 제11경 동호채연東湖採蓮, 제12경 형암조어兄岩釣魚, 제13경 풍림어화楓林漁火, 제14경 유주막연柳洲幕煙, 제15경 관진도객官津渡客, 제16경 소촌세우小村細雨.

하목정 건축적 측면

하목정은 전면 네 칸, 측면 두 칸의 규모이다. 지붕은 겹처마 팔작지붕이다. 건물의 모양은 낙동강을 바라보는 T자형 구조로 되어 있다. 전체적인 건물이 높아 마루에 올라가려면 두 개의 섬돌을 거쳐야 한다. 일반적인 가옥의 대청마루보다 높아 시원스러운 맛이 있다.

기와지붕을 한 하목정 처마 끝은 초가집에서나 봄직한 방구매기한 모양으로, 처마 끝

1 하목정 부연
2 하목정에 걸린 시판들

하빈·다사 지역

을 부채 모양으로 곡선 처리함으로써 귀솟음의 날카로움을 없앤 것이 이 정자의 멋 가운데 하나다.

특히 기둥은 관아 건물이나 사찰 건물에서 사용하던 굵은 원기둥으로 되어 있다. 나뭇결이 잘 표현되고 튼튼한 느티나무 기둥을 전면에 세워 그 아름다움을 잘 드러내고 있다. 또 팔작지붕에서 천장가구 구조로 많이 사용하는 가구법인 눈썹반자를 아름답게 표현해 선자연 서까래와 종도리가 만나는 부분을 슬기롭게 표현했다. 게다가 건물의 전체 기둥이 한 아름 크기의 원주로 되어 있어 튼튼하고 우람한 동시에 천장을 높게 해 날렵한 느낌이 나게 했다.

하목정의 배치는 동편에 생활공간인 주택을 두고, 서편에 손님 접대 공간인 하목정을 배치한 형태였다. 전양군 이익필 사당과 하목정이 위치하는 영역은 별 변경 없이 그대로 유지되어 왔으나 안채와 사랑채, 광채 등이 있던 살림채 영역의 건물은 대부분 사라졌는데, 최근 一자형 안채만 복원해 놓았다. 제대로 복원한다면 조선 중기 지방 반가의 생활양식을 살피는데 좋은 자료가 될 것이다.

하목정은 조선 중기에 건립돼 현존하는 조선시대 반가에 속한 객청으로, 유례가 드문 건물이다. T자형 평면을 가진 것도 독특하고, 건물의 용도를 주인과 하인이 같은 건물에 거주하도록 한 구조도 매우 이례적이다. 또한 공적 목적의 넓은 사랑 대청을 가지면서도 사랑 윗방 앞에 따로 개인적인 누마루를 마련한 것은 조선 중후기 객청 건축의 한 예를 보여주고 있다.

정자의 상부 구조는 5량과 3량의 두 가지로 이루어져 있다. 전체적인 가구의 구성은 굵은 부재를 사용하면서도 건물 높이를 높게 하여, 둔중해 보이지 않으면서 당당한 기품을 가지고 있고 시원한 공간감을 느끼게 하고 있다.

'부연附椽'에 얽힌 이야기

전통한옥의 서까래는 지붕을 건물 바깥쪽으로 길게 빼내어 건물을 웅장하게 하거나 또는 햇볕이나 비바람 등을 막는 용도로 쓰이는 부재이다. 이러한 전통 건축물들의 서까래를 잘 살펴보면 두 가지의 형태가 있음을 알 수 있다.

하나는 원형 서까래 위에 바로 지붕이 놓인 형태로, 가장 일반적인 형태의 처마이다. 그리고 다른 하나는 이 원형 서까래 위층에 단면이 사각형인 또 다른 서까래가 놓여 있는 형태이다. 이 경우 아래쪽의 원형 서까래에 비해 위층의 방형 서까래가 건물 바깥쪽 방향으로 좀 더 길게 나와 있다. 전자는 처마가 하나라고 해서 '홑처마' 양식, 후자는 처마가 2층으로 되어 있다 해서 '겹처마' 양식이라고 한다.

홑처마에 비해 겹처마는 그 처마의 깊이와 길이가 훨씬 깊고 또 길다. 이는 겹처마의 지붕선이 홑처마의 지붕선 보다 건물 바깥쪽으로 더 많이 나가 있음을 의미한다. 쉽게 말해 하나의 서까래 위에 또 하나의 서까래를 덧대어 서까래의 전체 길이를 길게 만든 것이다. 따라서 이러한 겹처마양식은 지붕을 크고 웅장하게 하여 건축물의 외형을 훨씬 더 돋보이게 하기 위한 건축기법이다.

겹처마에 사용된 서까래는 아래쪽 원형 서까래 위에 방형 서까래를 덧붙였다하여 그 이름도 '붙일 부附'에 '서까래 연椽'을 써서 '부연附椽'이라고 한다. 이 '부연附椽' 외에 '부연婦椽'이라는 또 다른 한자 명칭으로도 불린다. '부연婦椽'은 '며느리 부'에 '서까래 연'이다. 왜 이런 이름이 붙었을까.

옛날에 손재주가 아주 좋은 목수가 있었다. 한 번은 임금의 부탁으로 크고 웅장한 건물을 짓게 되었다. 목수는 평소처럼 서까래로 쓸 나무들을 미리 다 다듬어 놓았다. 그리고 지붕을 올리기로 한 날, 그만 사단이 나고 말았다.

참을 챙겨 작업장으로 들어서던 목수의 며느리는 땅에 주저앉아 실성한 사람처럼 울고 있는 자신의 시아버지를 발견했다.

"아버님, 도대체 이 무슨 일입니까?"

"애야! 이제 나는 죽었구나. 미리 다듬어 두었던 서까래의 길이가 어찌된 영문인지 하나같이 다 짧구나. 도무지 서까래로 쓸 수가 없어. 이제 나는 어찌하면 좋겠느냐!"

이에 현명한 며느리는 다음과 같이 대답했다.

"아버님, 아버님의 손재주는 나라 안이 다 아는 사실 아닙니까? 서까래가 짧으면 다른 서까래를 하나 더 덧대어 길게 만들면 되지 않습니까?"

"옳구나!"

이렇게 하여 탄생한 것이 바로 '며느리 서까래', 곧 '부연婦椽'이다.

조선시대에는 일반 사가私家에서는 이 부연을 달지 못했다. 국법으로 금지를 시켰기 때문이다. 하지만 하목정은 위와 같은 연유로 이 '부연 금지법'이 엄정하게 살아 있었던 조선중기의 건물임에도 부연이 달려있다. 후대에 와서는 집짓는 기강이 문란해져 재력만 있으면 누구나 부연을 달아내기도 했다.

낙포 이종문

낙포 이종문은 대구 하빈의 하산리에서 태어났다. 이종문의 조부 이필李佖이 대구 입향조이다. 이필은 한양에 거주했으나 처음에는 성주로 내려와 살다가 하빈으로 옮겨 정착했다. 이필이 영남으로 이주하게 된 것은 사돈가인 파평 윤씨 덕분인 것으로 보인다. 파평 윤씨는 당시 낙동강을 중심으로 하빈과 고령 등지에 많은 토지를 소유하고 있던 사족이었다.

이종문은 그의 장인인 계동溪東 전경창(1532~1585)의 가르침을 받으며 공부했던 것 같다. 이종문은 16세(1581)에 옥산 전씨와 결혼했다. 옥산 전씨는 퇴계 이황의 문인으로 대구지역에서 성리학을 연 전경창의 셋째 딸이다.

1588년에 이언영, 이윤우와 더불어 칠곡의 녹봉정사鹿峯精舍에서 '춘추春秋'를 공부했다. 이 해에 생원시에 합격했다.

27세 때 임진왜란이 일어나자 그는 하빈 4면 대장 겸 서면장西面將으로 활약했다. 36세 때인 1601년 3월 23일에는 사우師友들과 금호강 하류에 있는 선사仙査에서 낙동강까지 선유船遊하였다. 이 선유는 후에 '금호선사선유도琴湖仙査船遊圖'가 그려짐으로써 조선 후기에 이르기까지 금호강 선유로는 가장 널리 알려지게 되었다. 이때 함께 한 사람은 서사원, 장현광, 이종문, 이홍우, 도성유, 도여유, 김극명 등 23인이다.

이종문은 비교적 이른 나이에 생원시에 합격했지만, 그 후 20여년 동안 과거시험에 합격하지 못했다. 이에 그의 재능을 아깝게 여기던 시관試官의 천거로 1606년 금화사禁火司 별좌別坐에 임명되었다.

1609년 제용감濟用監 직장直長을 거쳐 사헌부 감찰로 승진되었다. 1612년 경상도 비안현감에 임명되고, 임기를 마친 후에는 양성현감으로 부임했다. 1620년에는 군위현감에 부임했고, 1623년에 정치적 이유로 파직된 후에는 고향에 머물면서 지역 유림들과 교유하고 후학을 가르치며 여생을 보냈다.

하옹霞翁 이익필 불천위 사당

하목정 일원은 크게 세 개 권역으로 나눠볼 수 있다. 제일 서쪽에 정자인 하목정이 있고, 하목정의 동쪽에 살림집이 있으며, 살림집의 북쪽에 전양군 불천위 사당이 있다.

이중에서 전양군全揚君 이익필(1674~1751)의 불천위 사당은 하목정 만큼이나 중요한 유적이다. 이 불천위 사당은 250여년 전 창건 당시의 모습 그대로 유지되고 있다. 사당 경내에 있는 배롱나무 노거수가 특히 눈길을 끈다.

하목정의 북동쪽 높은 곳에 위치한 전양군 불천위 사당은 하빈·다사 일원의 벌족인 전의 이씨 문중이 자랑하는 문중 유적 중 한 곳이다.

산자락 제법 높은 곳에 위치한 사당은 돌담장 안에 남향으로 앉아 있다. 사당은 단청이 칠해져 있으며, 그 규모도 제법 크다. 정면 3칸·측면 1칸 반에 겹처마 맞배지붕 건물이다. 전면으로 제법 넓은 기단부 봉당과 함께, 사당으로서는 독특한 양

하목정 뒤쪽에 있는 불천위 사당 전양군(全陽君) 이익필(1674~1751)의 신주가 봉안돼 있다. 앞의 배롱나무는 사당 창건 당시에 심은 것으로 보고 있다.

식인 '1고주 5량집'으로 마루가 놓인 전퇴구조가 시선을 끈다.

한편 사당 앞뜰에는 사단 건립 당시에 심은, 수령 300년 가까이 되어 보이는 배롱나무가 몇 그루 서 있다.

사당에는 이종문의 현손인 이익필李益馝의 위패와 초상이 봉안되어 있다. 이익필은 영조 4년(1728) 이인좌의 난 때 공을 세워 공신에 올랐다. 별세 후 나라로부터 그 제사를 폐하지 말고 자손 대대로 모시라는 불천위不遷位의 영예을 받은 인물이다.

이익필

하목정 가문의 불천위 사당 주인공인 이익필은 호가 하옹霞翁이고, 시호는 양무襄武이다. 어려서부터 기골이 장대하여 대장부의 기질이 있었다고 하는데, 귀신의 실상을 알기 위해 늦은 밤 사당을 지켜보기도 했다고 한다.

1703년 무과에 급제하고, 1728년 충청도에서 '이인좌의 난'이 일어나자 금위우별장禁衛右別將으로 도순무사 오명항吳命恒, 좌별장 이수량李遂良 등과 함께 난의 진압에 앞장섰다. 특히 안성과 죽산 등지에서 큰 공을 세웠다. 난을 평정하고 개선하자 영조 임금이 남대문까지 나와 손수 술잔을 건넸다고 한다. 이때의 공으로 '수충갈성양무공신輸忠竭誠揚武功臣 3등'에 오르고, '전양군全揚君'에 봉군되었다.

이후 전라병사, 평안병사 등을 역임하고 고향의 하목정으로 돌아와 만년을 보냈다. 향년 78세로 별세했다. 사후에 병조판서에 추증되고, 양무襄武라는 시호가 내렸다. 특히 그는 영조로부터 각별한 총애를 받았는데 '조선왕조실록'에 그에 대한 기사가 많이 등재되어 있다.

불천위는 4대 봉제사가 끝난 후에도 신위를 없애지 않고 영원히 제사를 지내며 기리도록 인정한 훌륭한 인물의 신위를 말한다. 불천위로 인정받기란 쉽지 않다. 국가에 큰 공훈을 세우거나 학덕이 높은 사람으로 대개 한 문중의 시조나 중시조가 되는 경우가 많다. 불천위는 국가에서 인정한 '국불천위', 유림에서 인정한 '유불천위(또는 향불천위)', 개인 문중에서 인정한 '사불천위' 등이 있다.

9. 영벽정 - 아암 윤인협이 낙동강변에 건립

'낙동제일강산洛東第一江山'이라는 편액을 내걸고 있는 영벽정暎碧亭은 대구의 서쪽 끝자락인 달성군 다사읍 문산리 낙동강변에 있다. 이 정자는 아암牙巖 윤인협尹仁浹(1541~1597)이 1585에 건립했다. 영벽정은 정면 4칸의 겹처마 팔작지붕의 집이다. 가운데 2칸은 대청이고 좌우 각

1칸씩은 방이다.

윤인협은 파평 윤씨坡平尹氏로 문산 마을에 맨 처음 터를 잡은 인물이다. 그는 한성(서울)에서 태어났다. 그가 문산리에 살게 된 배경에는 할아버지의 관직과 관계가 있다. 조부는 이름이 탕宕인데, 문과에 급제한 후 시강원侍講院 벼슬을 거쳐 상주목사로 재직했다. 젊어서 할아버지를 따라 상주에 내려와서 빼어난 영남의 경치를 두루 살피다가 터를 잡은 곳이 문산이다.

영벽정이 건립된 시기의 문산은 행정구역상으로 대구부大丘府 하빈현河濱縣 하남면河南面 지리늪里에 해당된다. 당시에는 정자문화가 성행하여 이곳 낙동강 변에 많은 정자들이 지어졌다. 영벽정 상류에는 낙애洛涯 정광천鄭光天이 지은 아금정牙琴亭이 있었고, 하류에는 생원生員 윤대승尹大承이 건립한 부강정浮江亭이 있었다.

영벽정에는 많은 현판들이 걸려 있다. 정자의 벽면에는 상량문上樑文, 기문記文, 시판詩板

가운데 2칸은 대청이고 좌우 1칸씩은 방인 영벽정

강변에 자리한 영벽정 전경

영벽정에서 강쪽으로 바라보는 풍광

영벽정

등이 걸려있다. 정자를 방문하고 글을 남긴 인물들로는 임하林下 정사철(1530~1593), 낙애洛涯 정광천(1553~1592), 백포栢浦 채무(1588~1670), 전양군全陽君 이익필, 면암勉菴 최익현(1833~1906) 등이다.

특히 정자 주변의 아름다움을 노래한 '영벽정팔경暎碧亭八景'이 전하고 있다. 팔경은 윤종대尹鍾大(1763~?)가 지었는데, 그는 성주에 거주한 선비로 영벽정을 자주 방문한 인물이다. 그가 쓴 팔경은 제1경 행탄풍범杏灘風帆, 제2경 다림연류茶林烟柳, 제3경 연포호월蓮浦皓月, 제4경 운정취벽雲亭翠壁, 제5경 비슬선하琵瑟仙霞, 제6경 아금어화牙琴漁花, 제7경 마천조람馬川朝嵐, 제8경은 봉산석조鳳山夕照이다.

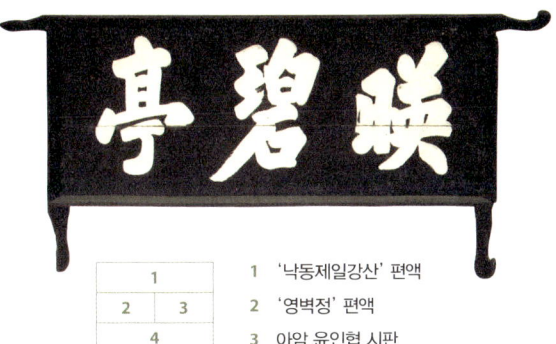
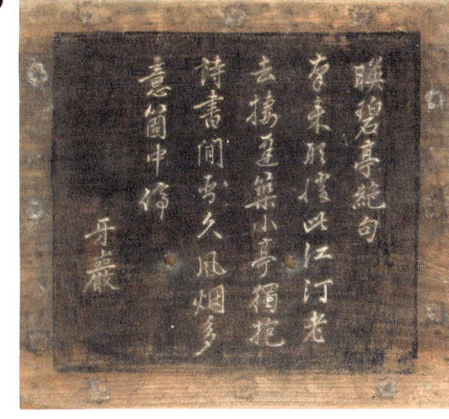

1	
2	3
4	

1 '낙동제일강산' 편액
2 '영벽정' 편액
3 아암 윤인협 시판
4 영벽정에 걸린 시판들

현재 정자 앞으로는 잘 다듬어진 강변과 더불어 풍부한 강물이 흐르고, 밤이면 강정고령보의 야경이 조망되어 정자의 새로운 볼거리를 선사하고 있다.

강가의 벼랑 위에 세워져 있는 영벽정 경내에는 수령 300년 정도 됐다는 회화나무 4그루와 향나무가 눈길을 끈다.

영벽정은 '문산월주汶山月柱'로 유명했다고 한다. 음력 7월 17일 밤에 떠오른 달이 낙동강의 물 위에 비치면서 하늘의 달과 물에 비친 달 사이에 은은한 달빛이 마치 기둥처럼 보였는데, 이를 보러 예전에는 많은 시인묵객들이 이 문산월주를 즐기기 위해 영벽정을 찾았다고 한다.

파평 윤씨와 잉어

파평 윤씨의 시조는 고려 태사공 윤신달尹莘達(893~973)이다. 그의 탄생과 관련해 흥미로운 이야기가 전한다.

태조 왕건을 도와 후삼국을 통일하고 고려 창업에 공을 세워 공신에 올랐다. '조선씨족통보'와 '용연보감' 등의 문헌에 따르면, 윤신달은 파주 파평산 기슭에 있는 용연지라는 연못 가운데에 있던 옥함 속에서 출생했다. 그가 태어날 때 겨드랑이에 81개의 비늘이, 발에는 7개의 검은 점이 있었다. 그리고 손바닥에는 윤尹이라는 글자가 새겨져 있어서 성을 윤尹으로 하게 되었다고 한다.

그는 왕건을 도와 후삼국 통일에 기여하였으며, 그 공으로 벽상삼한익찬이등공신으로 삼중대광태사의 관작을 받았다. 태조 왕건 사후 즉위한 혜종은 윤신달의 아들 윤선지를 개경에서 봉직하게 하고, 윤신달은 경주대도독으로 내보냈다. 그는 경주에서 30년 재임기간 동안 한 번도 개경을 찾지 않고 선정을 베풀다 81세의 나이로 별세했다. 주민들이 그의 덕을 흠모해 장사를 지냈다고 한다. 그래서 그의 묘는 경상북도 포항시 기계면 봉계리에 있다.

파평 윤씨 문중에는 잉어와 관련된 또 다른 전설이 있다. 윤신달의 5세손인 윤관 장군과 관련된 이야기다. 그가 함흥에 있던 선덕진 광포廣浦에서 거란군의 포위망을 뚫고 탈출해 강가에 이르자 수많은 잉어떼가 몰려들었고, 이 잉어떼를 다리 삼아 무사히 강을 탈출할 수 있었다고 한다. 적병들이 뒤쫓아와 강가에 이르자 잉어떼가 어느 틈에 흩어져 사라졌다고 한다.

10. 원모재 - 하빈 이씨 이거 재실

대구시 달성군 하빈면 무등2리 낫골 마을은 하빈 이씨河濱李氏 집성촌이다. 이 마을 인근의 달성군 하빈면 현내 1리 새터 마을도 하빈이씨 집성촌이다. 지명 유래와 마을에 남아 있는 유적들로 보아 하빈이씨들은 무등2리에 먼저 입향했고, 여기에서 새터 마을에 분가하여 또 다른 집성촌이 형성된 것으로 추측된다. 두 마을 모두 하빈 이씨가 이 마을을 개척한 이후 세거 집성촌을 이루었다는 이야기만 전할 뿐 입향 경위에 대한 기록은 없다. 지금도 두 마을에는 하빈 이씨들이 집단으로 거주하고 있지만, 근대화 이후 많은 가구가 도시로 이주했다.

마을에는 하빈 이씨 시조 이거李琚를 추모하는 재실인 원모재遠慕齋와 시조 이거의 묘가 있다. 그래서 시조 이거가 마을의 입향조라 믿고 있다.

시조 이거는 자가 거옥居玉이고, 시호는 문정文貞이며, 고려 명종明宗 때 예부 상서를 지냈다. 1174년 정중부鄭仲夫와 이의방李義方 등을 평정할 때 참전하여 토평한 공이 있어 하빈군河濱君에 봉해졌다. 이로써 후손들은 하빈河濱을 본관으로 삼아 가문의 역사를 이어 왔다.

하빈 이씨들이 집성촌을 형성한 낫골 마을은 무등리의 자연 부락 중 하나로, 마을의 모양이 낫처럼 구부러져 있는 골짜기라 하여 붙여진 이름이다.

원모재 전경

원모재 솟을대문인 비룡문

마을이 형성된 지형은 전체적으로 낮은 산이 많고 들이 넓은 지역이다. 마을은 뒤는 용재산이 북쪽에서 남쪽으로 둘러싸고 있고, 앞은 성산이 동서쪽 방향으로 펼쳐져 있어 전체적으로는 두 산의 골짜기에 위치한다.

1966년에 현재의 모습 갖춰

원모재는 인근에 있는 이거의 묘소 수호 재실로 세워졌다. 1941년에 낫골(겸동)의 현령공파에서 성금을 모아서 옛 가옥을 하나 매입해 이건한 것이 원모재의 출발이었다. 이후 세월이 흘러 퇴락하자 1년여의 대대적인 증개축 공사를 거쳐 1996년 현재와 같은 모습을 갖추게 되었다.

원모재는 강당, 동·서재, 문루로 구성되어 있다. 원모재라 편액이 달려 있는 강당은 높

원모재 강당 건물 가운데 3칸의 대청과 좌우 한 칸의 방으로 되어있다.

은 기단 위에 정면 5칸, 측면 3칸의 팔작지붕 겹처마 건물로 건립되었다. 전면 1칸은 퇴칸이다. 정면에서 마주 보았을 때 가운데 3칸은 대청, 나머지 좌우 각 1칸씩은 방이다.

한편 강당 아래는 넓은 뜰을 가운데 두고 좌우로 동·서재가 놓여 있다. 동재 북쪽 앞뜰에는 하빈이씨유허비河濱李氏遺墟碑가 있으며, 남쪽에는 '송덕비'가 있다. 서재 남쪽에는 '헌성비'가 있다. 외삼문 이름은 '비룡문飛龍門'이다.

원모재 강당과 동·서재 기둥에는 모두 주련이 걸려 있다. 강당의 주련 내용이다.

하늘이 문정공을 내리니 그 기상이 웅혼하네	天降文貞氣象雄
충성을 다하며 나라를 위해 신이한 공을 세웠도다	盡忠憂國樹神功
비룡산 위에 천추의 달 빛나고	飛龍山上千秋月

원모재 문 앞에는 만리청풍 불어오네	遠慕門前萬里風
재실을 세워 조상을 숭상하고 떳떳한 인품 우러르니	設齋崇祖仰彛格
조상의 은혜와 광명 영원하리	獨有恩光長不窮

달성의
유교
문화재

―――

화원·옥포·가창
지역

화원·옥포·가창 지역

1. 녹동서원 - 귀화인 사야가 김충선을 기려 유림이 건립

모하당慕夏堂 김충선(1571~1642) 장군을 기리는 녹동서원鹿洞書院은 대구시 달성군 가창면 우록리에 있다. 삼정산三頂山 아래에 자리하고 있다.

김충선은 임진왜란 때 왜군의 선봉장으로 참전했다가 조선에 귀화한 후 임진왜란과 병자호란, 이괄의 난에서 큰 공을 세웠다. 그리고 선조 임금이 성과 이름을 내려 사성賜姓 김해 김씨의 시조가 된 인물이다. 일본 이름은 사야가沙也可이다.

서원은 유림의 공의公議로 나라에 상소, 1791년에 건립하게 되었다. 김충선의 위패를 모시는 사당인 녹동사鹿洞祠는 1794년에 건립됐다. 영조 말부터 유림이 김충선을 기리고자 하는 뜻을 모아 상소하고, 정조 13년인 1789년에 다시 유림이 뜻을 모아 상소해 건립하게 된 것이다.

그 후 1871년 흥선대원군의 서원철폐령으로 훼철되었다가 1914년에 복원했으나, 후손이 늘어나면서 규모가 협소한 상황이 되자 국고의 지원을 받아 1972년 근처인 지금의 장소로 이전 증축했다.

서원은 강당인 숭의당崇義堂, 사당인 녹동사를 비롯해 유적비와 신도비, 향양문向陽門 등으로 이뤄져 있다.

서원 양 옆에는 임진왜란 때 사용되었던 조총을 비롯해 김충선의 유품 유물 등을 전시하는 충절관忠節館, 사성김해 김씨 종회 사무실 겸 김충선 관련 역사문화 관련 자료실로 활용되는 고첨당顧瞻堂이 있다. 그리고 김충선의 귀화 및 귀화 후의 활약상을 내용으로 하는 역사관, 영상관, 충효교육관, 기획전시관, 전통놀이마당(활터), 한일 전통정원 등을 마련해 한일 문화교류 및 화합의 장으로 활용되고 있는 달성한일우호관達城韓日友好館이 자리하고 있다. 우호관은 2012년에 준공됐다.

그리고 서원 뒷산 중턱에 김충선의 묘가 있다.

조선을 동경한 일본 장수 사야가 김충선

사야가沙也可는 1571년 일본에서 태어났다. 일본에서 어린 시절을 보냈던 그는 임진왜란이 일어나는 1592년에 처음으로 조선의 땅을 밟게 되었다. 당시, 사야가는 가토 기요마사加藤淸正 휘하의 선봉장으로, 3천명의 병사를 거느리고 조선에 왔다. 그런데 그는 불과 며칠 만에 조국 일본을 향해 돌진하는 조선의 장수로 변했다. 그는 더 이상 일본인이 아니라, 조선에 귀화한 조선인이 되어 있었던 것이다.

이처럼 당시 왜군 중에는 조선에 투항해 왜군과 맞서 싸운 이들이 있었다. 조선에 투항한 일본인을 '항복한 왜군'이라 하여 '항왜降倭'라 칭했다. 항왜는 적의 사정을 정확히 파악하는 데 도움을 주고, 조총을 비롯한 일본의 무기 관련 기술을 전수해주는 등의 역할을 했다. 보통 항왜는 전황이 좋지 못해 투항한 이들이 대부분이었다. 그런데 사야가는 그들과 달랐다. 그는 조선을 동경하여 처음부터 투항을 결심하였다고 술회하고 있다.

사야가는 1592년 임진왜란 때 가토 휘하의 선봉장으로 왔다가 경상도 병마절도사 박진朴晉에게 귀순했다. 귀순한 후, 순찰사巡察使 김수金睟 등을 따라서 경주, 울산 등지에서 일본군의 침공을 막아내는 데 큰 공을 세웠다. 적진의 선봉장으로 활약했던 만큼 적의 동향을

모하당 김충선을 기리는 녹동서원 전경

누구보다도 잘 알고 있었기 때문에 가능했던 일이다. 그는 이러한 전공을 가상히 여긴 조정 으로부터 가선대부嘉善大夫를 제수 받았다.

　이듬해인 1593년에는 사야가의 뛰어난 전공을 인정한 도원수 권율權慄, 어사 한준겸韓浚謙 등의 주청으로 성명姓名을 하사받았으며, 자헌대부資憲大夫에 올랐다.

　선조는 "바다를 건너온 모래沙를 걸러 금金을 얻었다"며 김해 김씨로 사성賜姓하였다. 이름은 충성스럽고 착하다는 '충선忠善'으로 지어졌다.

　이처럼 임진왜란 기간 동안 조선에서는 일본 출신 귀화인들에게 벼슬을 내리기도 하고, 성씨와 이름을 부여해 조선에 정착하는 것을 적극 권했다. 당시 이름은 충선 이외에 향의向義(의를 향함), 귀순歸順(순하게 돌아옴) 등으로 정해졌다.

김충선은 왕명으로 벼슬과 성명이 내려지게 되자, 그 기쁨을 '모하당술회가'에서 다음과 같이 읊었다.

"자헌계資憲階 사성명賜姓名이 일시에 특강特降ᄒ니
어와 성은聖恩니야 갑기도 망극ᄒ다
이 닉 몸 가리된들 이 은혜 갑플소냐"

성은이 망극하여 자신의 몸이 가루가 되더라도 은혜를 갚겠다는 의지가 드러나 있다.

김충선은 전쟁에서 이기려면, 무엇보다도 무기가 좋아야 한다고 주장했다. 그런데 조선의 무기를 돌아보니 정밀함이 적어, 이 병기를 가지고서 적을 격파하는 것은 불가능에 가깝다고 판단했다. 그래서 그는 자신이 알고 있던 조총과 화포 등 일본의 무기제조 기술을 널리 전수하여 전투에 활용코자 했다.

그가 임진왜란 당시 이덕형, 정철, 권율, 김성일, 곽재우, 이순신 등과 주고받은 편지에는 조총 등의 보급에 관한 내용이 실려 있다. 통제사 이순신에게 보낸 답서를 예로 들어본다.

'하문하신 조총과 화포에 화약을 섞는 법은 지난번 비국備局의 관문關文에 따라 이미 각 진영에 가르쳤습니다. 이제 또 김계수金繼守를 올려 보내라는 명령이 있사오니, 어찌 감히 따르지 않겠사옵니까.'

이순신이 조총과 화포 및 화약 제조법을 물은 데 대해서 김충선이 쓴 답서이다. 이후에도 김충선은 화포와 조총을 만들어 시험한 후 각처에 보급하여 전력을 강화할 것을 청하는 상소를 올리기도 했다.

1
2

1 녹동서원 강당 건물의 2017년 이후 모습
2 녹동서원의 옛 모습

강당 처마에 걸린 '녹동서원' 편액

66세까지 전쟁터를 누비다

김충선은 임진왜란 이후에도 한결같이 조선에 충성하는 모습을 보였다. 전쟁 후에 그는 우록동友鹿洞에 터를 잡고 생활했지만, 조정에 변고가 생기면 자원하여 전쟁터로 나와 싸웠던 것이다. 정유재란과 이괄의 난 및 두 차례의 호란胡亂 등에서 활약했다.

1597년 정유재란 시기에 김충선은 손시로孫時老 등 항복한 왜장과 함께 의령 전투에 참가하여 공을 세웠다. 당시에 왜적 1만여 명은 산음山陰에서 곧바로 의령으로 내려가 정진鼎津을 반쯤 건너고 있었다. 당시 김충선은 명나라 병사 등과 합세해 왜적에게 맞섰다. 조선의 군병은 기세를 떨치며 싸웠으나, 곧 왜적의 습격을 당하고 말았다.

항왜는 조선 군병과 명나라 병사가 왜군으로 포위된 위기 속에서 포위를 무너뜨리는데 큰 도움을 주었다. 당시 전투에서 김충선도 적의 수급首級을 베었던 것이 확인된다.

이 시기에 김충선은 김응서金應瑞의 휘하에 있었다. 명나라 제독 마귀麻貴는 왜적의 꾀에 넘어가 명나라 병사를 위험에 처하게 한 김응서를 엄격하게 군율로 다스리려 했다. 그러자 김충선은 자신이 전공을 세우면 김응서의 죄를 용서해 줄 것을 청하는 군령장軍令狀을 보냈다. 그리고 실제로 3개월 후인 1598년 1월 울산 증성甑城에서 왜적을 대파하여 일을 무마시켰다.

1624년 이괄의 난의 주동자 이괄(1587~1624)은 임진왜란 때 전투 경험이 있는 항왜 출신들을 선동하여 동원했다. 당시 이괄의 부장副將은 항왜 서아지徐牙之였다. 54세의 김충선은 서아지를 김해에서 참수斬首하는 전공을 세웠다. 이때, 조정에서는 공을 인정하여 사패지賜牌地를 하사했다. 그러나 김충선은 이를 극구 사양하고 수어청守禦廳의 둔전屯田으로 사용케 하였다. '승정원일기'는 당시 상황을 다음과 같이 기록하고 있다.

'영장領將 김충선金忠善이라는 자는 사람됨이 용맹이 출중할 뿐만 아니라 성품 또한 매우 공손하고 조심성이 있습니다. 그래서 이괄의 난 때에 도망친 항왜들을 추포追捕하는 일을 그 당시 본도의 감사로 있던 자가 모두 이 사람에게 맡겨서 힘들지 않고 해결할 수 있었으니, 진실로 가상합니다.'〈1628년(인조 6) 4월 23일〉

1627년 정묘호란 때도 김충선은 토병 한응변韓應卞 등과 함께 자원군으로 나와 전투에 임하였고, 이로 인해 상당직相當職에 제수되었다. 1636년 병자호란 때에는 66세의 노구를 이끌고 전투장에 나와 광주廣州 쌍령雙嶺에서 청나라 병사를 무찔렀다. 22세에 조선에 귀화해 온 이후부터 66세에 이르기까지 줄기차게 전쟁터에 나가 자신의 목숨을 걸고 싸웠던 것이다.

김충선은 나라에 대한 충심을 자손들에게도 강조했다. 그는 1600년 인동仁同 장씨 진주 목사 장춘점張春點의 딸과 혼인하여 여러 자식들을 두었다. 그는 자손에게 영달을 탐하지 말고 효제孝悌·충신忠信·예의禮義·염치廉恥를 가풍으로 삼아 자자손손에게 계속 전할 것을 당부했다.

김충선은 1642년 9월 30일, 72세의 나이로 경상도 달성군 가창면 우록友鹿 마을에서 별세하였고, 삼정산三頂山에 묻혔다.

석재 서병오 글씨 주련

서원에는 보통 강당 등의 건물에 주련이 걸려있는데, 녹동서원 강당 건물에도 안팎 기둥에 주련이 걸려있다. 이 주련 글씨는 대구가 낳은 걸출한 서화가 석재 서병오의 작품이다.

강당 건물에 걸린 주련들 안쪽에 4개, 바깥쪽에 6개 주련이 있는데 모두 대구의 걸출한 서화가 석재 서병오(1862~1936)의 글씨다.

안쪽 기둥에 걸린 네 개의 주련 글은 다음과 같다.

구름을 쫓아 살고픈 마음 일어나는 신선마을이 왼편 깊숙이 자리하고	雲情留駐僊洞左邃
세속의 티끌 씻어낼 수 있는 한천이 오른편으로 흐르네	塵心洗却寒泉右流
형제바위 늘어선 곳은 살아갈 터전 길이 닦을 만하니	兄巖列立基業長修
삼정산 밝은 자락에 몸소 열 곳을 점지했네	三頂明山親占十地

바깥쪽 기둥 여섯 개에 걸린 주련 내용이다.

봉황바위 동쪽에 서서 공손하게 나래를 펼친 듯하고	鳳巖東立謹奉羽儀

황학봉은 서쪽에 자리하여 황학이 깃들 곳을 얻은 듯하네	鶴麓西臨點得棲息
자양산은 남쪽에 우뚝하여 선현이 남긴 법도를 전하는 듯하고	紫陽南屹先賢遺規
백록동은 북쪽 깊이 들어가 많은 선비들 모여 들었다네	白鹿北深多士來集
삼성산은 정면으로 우뚝하여 세교를 공경하고 흠모하는 듯하니	聖山中屹世敎欽慕
한 조각 짧은 묘갈이지만 영원토록 지워지지 않으리	一片短碣不泐千秋

석재 서병오

석재石齋 서병오徐丙五(1862~1936)는 대구 출신의 걸출한 서화가이다.

당대에 그와 필적할 상대를 찾을 수 없을 정도로 시詩·서書·화畵에 뛰어난 삼절三絶의 인물이었던 그는 당시 대구·경북은 물론 전국적으로도 유명한 문인이자 예술인이며, 중국과 일본의 최고 지식인·예술인들도 탄복한 서화가였다.

석재는 타고난 재능이 너무나 뛰어난 데다 만석꾼 집안에서 태어나 자란 덕분에 부족함이 없는 환경 아래서 어릴 적부터 학문과 예술을 두루 섭렵, 일찍부터 두각을 드러냈다.

10대 후반의 석재를 처음 본 흥선대원군 석파 이하응(1820~1898)은 그 재능에 경탄을 아끼지 않았고, 자신의 호인 '석파石坡'에서 '석'자를 떼어 석재石齋라는 호를 지어줄 정도로 석재를 아꼈다. 석재의 교남시서화연구회嶠南詩書畵硏究會에 왕래하던 문인 중 한 사람이었던 춘원 이광수는 석재를 '희대의 천재'라며 찬탄했다.

석재는 시詩·글씨書·그림畵은 물론이고 거문고琴, 바둑棋, 장기博, 의술醫, 구변辯에도 뛰어나 '팔능거사八能居士'라 불렀다. 이 모든 분야에서 출중한 재능을 보였고, 당할 자가 없었다.

팔능 중에서도 특히 한시에 제일 능하다는 이야기를 들었고, '이조 500년을 통해 유례를 찾기 어려울 정도의 시재詩才'라는 평을 듣기도 했다.

서화가 구룡산인 김용진(1878~1968)은 "역대 사군자를 논하는데 석재의 사군자는 추사나 석파에 비할 바가 아니다"며 "우리나라 사군자라면 운미芸楣(민영익)와 석재 두 사람이 제일"이라고 평했다. 문인화가 천석千石 박근술(1937~1993)은 "우리나라 묵란사에서 삼전三轉의 묘를 새롭게 받아들여 깨달은 작가는 운미와 석재 두 사람"이라고 평가했다.

석재의 사군자화 중 특히 대나무 그림은 그 이전의 묵죽과는 확연히 다른, 거침없고 호방한 자신만의 경지를 개척해 일가를 이룸으로서 '석재죽石齋竹'이라 불리었다.

바둑이나 장기 실력도 탁월해 당시 대원군도 두 손을 들 정도였고, 의술에 대한 조예 또한 깊어 중국에서까지 '조선의 명의'라는 소리를 들을 정도였다.

석재는 이처럼 다방면에서 워낙 뛰어나 살아서 전설이 된 인물이다.

이런 석재는 당대 중국과 일본의 최고 지식인들도 놀라게 하고, 그들은 다투어 석재와 사귀려고 했다. 그는 1898년과 1908년 두 차례 중국으로 건너가 수년 동안 상해, 소주, 남경 등 곳곳을 주유하며 제백석齊白石, 오창석吳昌碩, 포화蒲華, 손문孫文 등 유명 서화가와 정치인 등을 만나 교유하게 된다. 중국에서도 석재의 재능은 낭주지추囊中之錐처럼 저절로 드러날 수밖에 없었다.

그들은 풍류를 좋아하던 석재가 술을 마신 후 흥취가 올라 즉흥 자작시를 지어 화제로 쓰곤 할 때마다, 석재가 쓴 시를 보고 탄복하며 '한국의 두보요 이백'이라 평가했다. 중국 대가들의 서화를 바로 자신의 색깔로 소화해 내는 것을 보고는 '여시필적汝是筆賊'이라며 부러워했다.

그들은 이런 석재를 '화국지재華國之才' '해동제일海東第一'이라고 표현했다.

손문은 석재와 바둑, 필담, 술을 나누며 교류했는데, 헤어질 때 석재는 손문에게 '동쪽 아세아 오천년 역사 다시 여시오重開東亞五千年'라는 시구가 있는 시를 지어 선물하기도 했다.

또한 일본의 전 총리 이누카이 츠요시犬養毅(1855~1932), 정계 거물 도야마 미쓰루

頭山滿(1855~1944) 등의 초청으로 3차례 일본으로 건너가 일본의 석학·예술인들과 문묵文墨을 통해 그들을 감탄시킴으로써 '세기의 위재偉材'라는 격찬을 받으며 일대 바람을 일으켰다.

석재가 우리나라 문인화 발전에 끼친 공로는 조선 전기의 탄은灘隱 이정, 후기의 추사秋史 김정희에 뒤지지 않는다는 평가도 있다.

모하당기

김충선이 남긴 글 '모하당기慕夏堂記'를 소개한다. '모하당문집'에 나온다.

'천하에는 수많은 나라가 있으니 동이東夷, 서융西戎, 남만南蠻, 북적北狄이 각각 그 나라의 풍속을 가진다. 옷깃을 왼쪽으로 하는 이가 있고, 천박한 말을 쓰는 이가 있다. 그리고 머리를 풀어 흩뜨린 이가 있고, 왜가리 소리하는 이가 있다. 이륜彛倫의 차례가 없고 예의禮義의 풍속이 없으니 짐승과의 거리가 멀지 않다. 저 중하中夏의 나라 같은 경우에는 위로 당우唐虞 삼대三代의 시대부터 한당漢唐 송명宋明의 시대에 이르기까지 삼달덕三達德, 오달도五達道, 삼강오상三綱五常, 천서천질天敍天秩의 빛남이 있다. 아! 도道에 맞는 의관, 문물, 예악, 형정이 진실로 천하에 최고이고 천하 사방 오랑캐 나라의 종주宗主가 된다.

생각하건데 이 청구靑丘의 한 지역이 바닷가에 외따로 있지만 문질文質이 마땅함을 얻고 예교禮敎가 법도에 맞아서 부자父子, 군신君臣, 부부夫婦, 장유長幼, 붕우朋友의 인륜이 있고, 인의예지仁義禮智와 효제충신孝悌忠信의 행실이 있어 당우唐虞와 어깨를 나란히 할 수 있고, 삼대三代를 이을 수 있으니, 의관과 문물이 대중하大中夏에 견주어 소중하小中夏가 된다.

내가 섬 오랑캐로서 옷깃을 왼쪽으로 하는 나라에 태어나 어린 나이에 옳지 못한 일에 의분을 느끼고 저버릴 마음을 두어서, 중하中夏의 예악과 문물의 성대함을 사모함이 한 마음에 절실하여 먹어도 맛을 잊고 잠자리에서 잠을 잊은 지가 이에 20년이었다.

　선조 임진년(1592) 4월에 가등청정이 원수元帥가 되어서 군사를 일으켜 동쪽을 정벌하며 나로써 선봉을 삼았다. 그러므로 바다를 건너는 날에 이르러 비로소 동토東土의 민물民物을 보았다. 비록 전쟁 중이라 하더라도 오히려 예양禮讓의 풍속이 있었고, 매우 바쁜 가운데 또한 문물의 성대함이 있으니 진실로 삼대三代의 예의禮義가 모두 여기에 있다고 말하는 것이다. 내가 어찌 차마 창과 방패로 인의仁義의 나라를 해치며, 또한 어찌 활과 칼로 의관衣冠의 백성을 상하게 하리오. 일본을 떠나기 전부터 이미 예의의 나라를 정벌할 뜻이 없었으니, 바다를 건너서 동토에 이르는 날에 어찌 문물의 고을을 침략할 수 있겠는가.

　이런 생각으로 백성을 깨우치고 일본과 강화해 여러 차례 천은天恩을 입어서 성명을 하사받고 품계가 높아지니 앞으로 충성을 다해야 하거늘, 어찌 섬나라 오랑캐의 천한 포로 신분으로 외람되이 세 조정의 은총을 받겠는가?

　이에 한 집을 빌려 성인聖人의 조정 백성이 되고, 또 한 농장을 차지해 자손의 거처로 삼고 모하慕夏 두 글자로 당명堂名을 건다. 모하慕夏에 담긴 뜻은 다만 당명堂名으로 거는 것에 있지 아니하니, 평소의 강개한 의지를 드러내고 마음속에 중하中夏를 사모하는 뜻을 쏟아낸다. 대체로 모慕 한 글자 안에 절로 무한한 뜻이 있으니 모慕에 담긴 뜻은 중하의 예의를 사모하고, 중하의 문물을 사모하고, 그 의관을 사모하고, 그 민속을 사모한다는 의미이다. 삼강오상三綱五常을 사모하고 효제충신孝悌忠信을 흠모하며 사모하면 언어와 행동의 사이에 중하를 사모하지 아니함이 없고, 살아가며 말하고 행하는 즈음에 중하를 사모하지 아니함이 없다.

　그리고 이 몸이 중하를 사모할 뿐만 아니라 또한 우리 자손으로 하여금 중하를 사모하게 한다. 그러니 집을 모하慕夏라고 이름하여 이 마음을 새기고 모하의 편액을 걸어서 나의 뜻을 드러내니, 오직 너희 자손들은 내가 중하를 사모하는 마음을 체득하고 내가 중하를 사모하는 뜻을 인식하여 충효忠孝로써 집안에 전하고 예양禮讓으로써 몸을 닦는다면 내가 중하를 사모함을 저버리지 않는데 가깝다. '모하慕夏' 두 글자는 진실로 내가 평소에 지극히 원함인지라 마침내 모하로 나의 집을 이름하고 이에 기록한다.'

'모하당기'에서 김충선은 당호에 대한 의미를 설명하면서 자신의 후손들에 대한 경계를 함께 밝히고 있다. 그는 후손들에게 중하(조선)의 백성으로서 '충효'와 '예양'의 삶을 살 것을 강조하고 있다. 평생 자신이 꿈꿔왔던 모하를 자신은 물론 후손들에게까지 전하고자 한 것이다.

김충선유적비
녹동서원 내 '모하당김공유적비'의 비문 내용이다.

'춘추春秋의 대의가 중국과 오랑캐를 엄하게 구별했고, 오랑캐로서 중국에 귀화한 사람은 중국 사람으로 기록했으니, 성인이 중국을 귀하게 여김에 따라 중국에 귀화해 오는 것도 역시 귀하게 여긴 까닭이다.

모하당 김공은 춘추의 대의에 밝아서 능히 잘 변화한 분이다. 공은 본래 일본 사람으로 오랑캐의 풍속에서 자랐으나, 어려서부터 강개한 뜻이 있어서 이를 벗어나고자 했다. 우리 선조대왕 임진년에 풍신수길이 난을 일으켰을 때 공은 20세의 젊은 나이였다. 지혜와 용맹이 뛰어났으므로 가등청정의 부하로 뽑히어서 선봉장이 되었다.

이유 없이 군사를 일으킴을 마음속으로 그르게 생각했으나 오랑캐에서 벗어나 중하를 따를 수 있는 좋은 기회라 생각하고 군사 3천명을 거느리고 바다를 건넜던 것이다. 상륙하던 그날 우리나라의 예의와 문물을 보고 심히 기뻐해 곧 방을 부치

1	
2	3

1 녹동서원 사당인 녹동사(鹿洞祠) 사당 앞에는 김충선 유적비가 서 있다.
2 녹동서원 뒷산에 있는 김충선 묘
3 김충선 묘비

어 백성들에게 안심하라 하고, 또 경상도 좌우병사와 절도사 김응서, 박진 등에게 글을 보내 귀화하겠다고 청했다.

이후 적을 치는데 힘을 합해 많은 공을 이루었다. 절도사가 장계를 올려 조정에 알리니 임금이 불러 만나본 뒤 크게 기뻐하시고 가선대부 벼슬을 내리고, 그가 거느린 군사로 한 부대를 삼아 남쪽 방면을 방어하게 했다. 그때 우리나라에는 조총과 화약을 쓸 줄 몰랐기 때문에 처음부터 많은 패전을 당했다. 공이 조정에 청해 총을 만들고 화약 굽는 법을 각 진중에 가르쳐 큰 성과를 거두었다.

공이 남방의 방어를 맡은 후 모든 장수들과 힘을 합해 경주, 울산 등지의 전투에서 여러 번 큰 공을 세웠다. 그래서 선조는 특히 성명을 내리고 자헌대부로 벼슬을 올렸으며, 상으로 우리 조정의 조복과 청포 3천 필을 내렸다.

인조 갑자년에 역적 이괄이 난을 일으켰을 때, 공에게 사자를 보내 전하며 협력하라 요구하자 공이 그 자리에서 사자를 죽이고, 적을 멸하여 달라고 하늘에 빌었다. 이괄이 잡혀 죽게 된 후, 이괄의 부장이었던 서아지는 본래 일본 사람으로 사납고 용감하기가 비할 데가 없는 자로서 도망하며 날뛰는데 관군이 감히 잡을 자가 없었다. 공이 교묘한 계책으로 잡아서 조정에 바치니 조정에서 서아지가 가졌던 토지를 상으로 내렸으나 공은 사양하고 받지 않았다.

북에서 여진족이 자주 침노하자 10년 동안 계속 방어할 것을 자원해 결국 물리치니 임금이 그 공을 높이 사서 정헌대부로 승진시켰다.

병자호란 때에는 오랑캐가 서울에 핍박했다는 말을 듣고는 밤낮으로 달려 광주 쌍령진에 이르러 군사 150명으로 적과 맞싸워서 수많은 적병을 무찔렀다. 화의가 이루어졌다는 소식을 듣고는 칼을 던지고 통곡하며 "명나라가 우리를 도운 은혜를 어찌 잊을 수 있으며, 금수와 같은 오랑캐를 어찌 섬길 수 있으랴. 춘추의 대의가 이제는 끊어졌구나"고 말한 뒤 대구 우록산 중에서 숨어 살다가 일생을 마쳤다.

공의 귀순한 정성과 힘을 다한 충성이 처음부터 끝까지 뚜렷한 것은 공이 올린

다섯 차례의 상소문과 당시 저명한 국내 인사들과 왕래한 편지로 넉넉히 알 수 있다. 또 가훈과 향약은 옛날 안씨가훈이나 여씨향약과 같으니, 평소 수양의 정도를 넉넉히 짐작할 수 있다. 어찌 맹자의 이른 바 호걸스런 선비가 아니리오. 그 기이한 공로와 위대한 업적이 마땅히 공신록에 오르고 높은 증직이 있을 일이지만, 지금까지 그렇지 못한 것은 공이 이국 사람으로 너무 겸허하게 자신을 낮춘 까닭이었다.

영조 병신년에 삼남 유생들이 글을 올려 표창을 청했으나 마침 국상으로 인해 중지되고, 그 후 임진년에 경상도 유생들이 다시 예조에 청해 비로소 특전을 받아 병조판서 벼슬에 증직되고, 정조 기유년에 사람들이 녹동사를 세워서 제향하게 되었는데, 고종 갑신년에 훼철령에 의해 중지되었다가 그 후 갑인년에 선비들의 뜻으로 복향했다.

지금 후손들이 공의 유적비를 세우고자 하며 나에게 글을 청하니, 나 역시 공에 대해 감명이 깊은 사람이라 그 사적을 조사해 삼가 기록하는 바이다. 공의 이름은 충선이요, 자는 선지善之이며, 성은 김이고, 관향은 김해이니 임금이 하사한 것이다. 본성은 사沙씨요, 이름은 야가也可이다. 인조 임오년에 별세하니 수는 72세이다. 이어 읊는다.

중하와 오랑캐는 문화의 거리가 너무도 멀다. 옛날 성인은 엄격하게 구별하여 언제나 중하는 높이고 오랑캐를 물리친 것이니, 오랑캐로서 중하에 돌아온 것은 새가 유곡에서 교목으로 옮긴 것이나 다를 바가 없다. 거룩하구나. 김공은 성인의 무리이시라. 어둠을 등지고 밝음을 향했으니 누가 그 지혜와 같으리오. 이속을 바꾸어 예의를 따랐으니 의를 취함이라 어찌 땅을 가리리오. 세 번 전란의 위대한 공로는 나라가 힘입은 바라, 성과 이름을 내렸으니 영광과 은총이 빛나는 구나. 그러나 벼슬이 공에 맞지 않은 것이 애석했다. 우록 이 마을이 산 높고 물 맑아 백세에 끊임없을 것이 오직 공의 보람이리라. 저 이속으로 돌아가는 자들 어찌 부끄럽지 않으랴. 세상 사람들이여 이 빛나는 기록을 보라. 1905년 2월 화산花山 권삼현 지음'

녹촌지

김충선이 남긴 글로, 그가 어떤 인물이고 왜 귀화했는지 등에 대해 자세한 내용을 담고 있다.

나는 섬나라 오랑캐 사람이다. 임진년(1592)에 가등청정加藤淸正이 의롭지 않게 군사를 일으켜 동토東土를 정벌하려고 나를 선봉에 세웠다. 나는 가등청정이 명분 없이 군사를 일으킨 일에 대해 그르다고 여겨서 옳지 못한 일에 의분을 느끼고 저버릴 마음을 두었다. 나이 겨우 두세 살이 된 이후에 오랑캐의 풍속에는 뜻이 없고 중하中夏의 예의가 찬란함에 뜻을 두었다.

가등청정이 선발해 선봉을 삼으니 거짓으로 기쁜 척하면서 선봉에서 앞장설 것을 허락했다. 바다를 건너 처음 동래부東萊府를 보니 의관衣冠과 문장文章에 당우唐虞의 풍속이 있었고, 예의禮義와 민물民物이 삼대三代의 풍속과 같았다. 비록 전쟁이 한창인 때라도 풍속이 변하는 법도가 없었기 때문에 마음으로 매우 기뻐하여 중하를 사모하는 뜻이 마음속에 더욱 간절하기에 정벌할 마음이 없다는 뜻으로 동토의 백성을 깨우치고 타일렀다. 마침내 거느린 삼천의 병사를 데리고 경상도절도사 진영에 귀부歸附하고 한 차례 강화한 뒤로부터 성주聖主에게 충성을 바치려는 마음이 간절하였다. 한 번 싸워 남쪽 지방에서 승리하고 두 번 싸워 남쪽 지방에서 승리하여 연이어 승전보를 올리니 임금께서 역마를 타고 상경하도록 하고는 불러서 보시고 성명姓名을 하사하시었다. 이로 말미암아 감격하여 일편단심을 정성스레 가졌고 다른 것은 없었다.

대체로 동토東土의 군기軍器에서 가장 정예로운 병기는 일본에 많이 미치지 못하니 조총鳥銃과 화포火砲의 종류에 대하여 전혀 어떤 물건인지 알지 못하였다. 그러므로 내가 이에 염초焰硝에 불붙이고 조총을 사용하는 방법을 가르치니 동토의 사람이 재예才藝가 많아서 몇 달 사이에 모두 정묘한 방법을 터득하였다. 이로써 조총이 향하는 곳에는 앞에 있는 것이 없었고 싸우면 반드시 승리하였다. 그러므로 국가가 별도로 훈국도감訓局都監을 설치하여 조총을 주조하고 화약을 만드는 방법을 가르쳐 군기에서 가장 정예로운 병기를 만드니 임진년에 공을 세운 것은 조총과 훈련을 마련했기 때문이다. 비록 조총이 없더라도 동토의 성군聖軍이 일어나면 반드시 승하지 못할 이유가 없지만, 또한 어찌 과연 온전한 공훈을 획득할 방도를 알리오? 비록 그러하나 내가 동토에 자취를 의탁한 것은 영달榮達을 구함이 아니고 거짓된 이름을 위함이 아니다. 그 강화講和 초에 마음에는 두 가지 계책이 있었다. 하나는 중하中夏 예의禮義의 풍속을 사모하고 요순堯舜 삼대三代의 풍속을 즐기며 하나의 전답을 받아서 동방 성인의 백성이 되기를 원하고, 예의禮義의 나라에 자손을 남겨서 대대로 계승하여 반드시 예의의 사람이 되게 하고 현달을 구하지 않음이다. 나의 뜻을 삼가 지킨다면 나의 눈은 구원九原에서 감을 수 있고, 나의 마음은 천대泉臺에서 스스로 즐기리라. 그러므로 친히 달성達城 남쪽 삼성산三聖山 아래 우록동友鹿洞에 한 농장을 정하니 생각하건대, 이곳은 반곡盤谷이 아니지만 반곡으로 여겼고 율리栗里가 아니지만 율리로 여겼다. 그 농장은 산이 높지 않지만 수려하고 물이 깊지 않지만 청정하다. 봉암鳳巖이 그 동쪽에 자리하고 황학봉黃鶴峯이 그 서쪽에 마주하며, 남쪽에는 자양紫陽이 있고 북쪽에는 백록白鹿이 있다. 한천寒泉의 물이 그 우측을 가로질러 흐르고 선유仙遊의 마을이 그 좌측에 깊숙이 자리한다. 대체로 봉鳳은 문명의 상징인데 순문舜文의 시절에 나왔으니 바위를 봉으로 이름 붙인 것은 그 문명의 조짐을 볼 수 있다. 학鶴은 신선의 새인데 이백李白이 '옛 사람이 이미 황학을 타고 갔다'는 시구를 두었으니 봉우리를 학으로 정한 것은 그 신선이 깃든 곳을 뜻한다. 게다가 또 자양紫陽과 백록白鹿은 주부자朱夫子가 도학을 강의하던 땅이니 우리 자손 중에 혹 도道를 강의하고 의義를 토의하는 사람이 있기를 바란다.

　내가 마을을 우록友鹿이라 이름함은 드러나지 않게 취한 뜻이 있다. 산사람 중에 산중에 은거하는 사람은 사슴과 벗하며 한가롭게 살아가니, 사슴과 벗하는 뜻은 내가 평소 산중에 은거하는 뜻에 과연 부합하여 한천寒泉의 물에서 때 묻은 마음을 씻고, 선유仙遊의 마을에서 흰 구름과 함께 노닌다. 그러므로 풀을 베어내고 살 곳을 정하여 자손에게 물려주니 이곳은 곧 내가 소원을 이룰 땅이고, 이것은 한 몸의 사사로운 다행에 지나지 않는다. 그런데 8년이 지나서 남쪽의 우환이 끝나는 즈음에 북쪽에 전쟁의 조짐이 이어서 일어나 해마다 없는 적이 없었다. 그러므로 내가 이에 나라를 지키는 일을 자원하여 10년 동안 변방에서 밤낮으로 창을 베고 지내며 험난한 일들을 겪었고, 겨우 잠잠하게 되자 돌아 올 수 있었다. 광해군 때에 후원後苑에 들어오게 하여 친히 음식을 베풀어 위로하고 특별히 정헌대부正憲大夫를 더해 주시면서 교지 중에 '나라를 지키는 일을 자원하니 그 마음이 가상하다'라고 친히 적어 주셨다.

그러나 성내고 노여워할 만한 일은 인조 갑자년(1624)에 반역자 이괄李适이 난리를 일으켜 죽임을 당한 뒤에 그의 부장副將 서아지徐牙之가 비왜飛倭라고 일컬으며 동서로 치달리니 그와 대적할 이가 없었다. 그러므로 내가 이에 추격하여 그의 머리를 베어 궁궐에 그 머리를 바치니 조정이 서아지의 속공전贖公田과 속공민贖公民으로 토지를 내리며 공로에 보답하려 하였지만, 나는 굳게 사양하고 받지 않았으며 수어청守禦廳에 납부하여 둔전屯田을 삼도록 하였다. 그런데 애통할 만한 일은 하늘의 운수가 쉬지 않아 나라의 위험이 다하지 않으니 또 병자년(1636)에 북방 오랑캐가 자신의 존재를 헤아리지 아니하고 우리 땅을 침략하였다. 내가 곧바로 변란의 소식을 듣고서 밤낮으로 말을 달려 경성京城에 이르니 임금의 수레가 남한산성으로 옮겨가고 적들의 기세가 하늘에 닿았다. 마침내 거느린 병사 150명을 데리고 곧바로 쌍령雙嶺의 진영에 이르러 추악한 오랑캐를 섬멸하고 거의 승리하여 적의 목을 바치려 할 즈음에 화약고가 갑자기 불이 났다. 이것은 이른바 영웅이 무기를 쓸 수 없는 처지였다. 병사가 빈손으로 활을 당겨야 하니 활쏘기가 이미 불가능하였기 때문에 남한산성 행재소에 나아가 임금을 호종하려고 몇 만 개가 되는지 알 수 없는, 벤 적의 코를 전대戰帒에 채워서 길을 달려 산을 넘고 물을 건너 남한산성에 이르고자 하였지만 강화조약이 이미 맺어져 계책을 낼 곳이 없었다.

깨닫지 못하는 사이에 목을 놓아 크게 우니 분한 기운이 하늘에 닿았다. 적의 코를 땅에다 던지니 간담이 찢어지려 하고 마음이 부러지려 하였다. 흐느끼며 눈물을 흘리고 말하기를 '어찌하여 동방예의지국이 차마 개와 양과 같은 오랑캐 무리의 아래에 무릎을 꿇었는가? 곧 존주양이尊周攘夷의 도로써 헤아린다면 어떻게 천지의 사이에 설 수 있겠는가? 나에게 칼이 하나 있으니 백만의 군사를 충분히 감당할 수 있는데 지금의 형세가 이와 같은지라 어찌 이 칼을 쓸 수 있겠는가' 하고 칼을 던지고 눈물을 흘리니 분노에 솟구친 머리털이 쓴 갓을 찔렀다. 아, 마음이 아프도다. 만약 동토의 신하와 백성에게 춘추春秋 의리義理 하나를 두게 하였다면 어찌 부끄러워하지 않으리오? 어찌 부끄러워하지 않으리오? 차라리 오랑캐의 칼날 아래에서 죽을지언정 오랑캐 앞에서 강화조약 맺기를 원하지 않으리라. 말과 생각이 여기에 미치니 장사壯士와 영웅英雄의 마음이 어찌 꺾어지고 찢어지지 않으리오? 선조宣祖께서 김金자를 성으로 내린 것은 본래 성이 사씨沙氏에서 나왔기 때문에 모래 속의 금이라는 의미를 취하였고, 김해金海로 관향을 삼은 것은 내가 바다로부터 왔기 때문에 바다의 금이라는 뜻에서 의미를 취하였다. 전후 세 조정에서 거듭 나라의 은혜를 입음이 한 두 차례 그치지 않으니 조정의 은혜에 보답하고자 진실로 뼈가 부수어지고 살이 짓물러도 한결같이 마음에 달게 여기는 바이다. 아, 자손들은 세 조정에서 총애를 받았던 은전을 몸속에 새기고 내가 의탁하려 했던 뜻을 거슬러 생각해 대대로 전하고, 삼가 녹촌鹿村을 지키며 영달에 뜻을 두지 말고 힘써 밭을 갈고 부지런히 공부하며, 칠실漆室의 가운데서 다만 나라에 충성하는 마음을 가지고 봉필蓬蓽의 아래에서 임금을 그리는 마음을 잊지 않아 여기에 의탁한 뜻에 부합하여 구원에서 눈을 감지 못한 나의 영혼을 위로해야 한다.

2. 인흥서원 - 명심보감 판각의 산실

대구시 달성군 화원읍 본리리 730번지에 있는 인흥서원仁興書院. 추계 추씨 3세조이며 고려 말기의 문신인 노당露堂 추적(1246~1317)을 기리기 위해 건립한 서원이다. 1866년에 창건됐다. 추적은 고려 말 명신이자, 안향과 함께 우리나라 성리학의 기초를 놓은 유학자이다.

후에 추적의 부친인 회암悔庵 추황, 추적의 손자 운심재雲心齋 추유, 추적의 7대손 세심당洗心堂 추수경의 위패를 추가로 봉안해 함께 기리고 있다.

1861년 10월 팔도 유림과 노당 추적의 20대손인 추세문이 터를 잡고, 1866년 9월에 강당을 완공해 문을 열었다. 그러나 준공한 지 얼마 지나지 않은 1869년을 전후해 흥선대원군의 서원철폐령에 의해 강당 뒤의 사당을 제외하고는 모든 건물이 헐리면서 폐허가 되었다.

인흥서원이 흥선대원군의 서원철폐령 때 훼철당하지 않았다는 이야기도 있으나, 훼철당한 사실을 1877년 대구도호부판관 김유현金有鉉이 쓴 '인흥서원 부조묘개건기'를 통해 확인할 수 있다. 여기에 보면 '1875년 가을 외람되게 이 고을 군수로 부임하게 되어 하차한 즉시 찾아 방문했더니, 서원은 이미 훼철되어 버린 후였다. 묘소와 부조묘不祧廟만이 아직 그대로 있었다'고 기록하고 있다.

그 후 1933년부터 서원 복원을 꾸준히 추진하여 1938년 3월에 복원사업을 완료, 300여 명의 유림과 후손이 참석한 가운데 낙성식을 했다. 세월이 흘러 건물이 노후되자 2007년 대대적인 보수를 거쳐 오늘에 이르고 있다.

서원 구성과 편액

서원은 정면 3칸 측면 2칸 맞배지붕으로 된 외삼문인 '숭봉문崇奉門' 안으로 들어서면 강당 건물을 마주하게 된다. 강당의 동쪽 방은 모학당慕學堂이라 하고, 서쪽 방은 존학당尊學堂이라 했다. 강당 앞 오른쪽 요산료樂山寮가, 왼쪽에 관수란觀水欄이 동재東齋와 서재西齋로 자리하고 있다.

인흥서원 강당 건물 처마에 걸린 '인흥서원(仁興書院)' 편액의 글씨는 응와 이원조(1792~1872)가 썼다.

'숭봉문' 편액은 문신이자 서화가인 석촌石邨 윤용구(1853~1939) 글씨 작품이다.

동재인 요산료는 창건당시에는 그 당호가 요산재樂山齋였고, 서재인 관수란도 원래는 관란재觀瀾齋였다. 이는 강당 건물에 걸린 '명당재기名堂齋記' 현판 내용을 통해 확인할 수 있다.

현재의 '요산료', '관수란' 편액 글씨는 이조판서와 탁지부대신 등을 지낸 당대의 대표적 서예가 해사海士 김성근(1835~1919)의 작품이다. '요산료' 편액을 보면 '추교석秋敎晳이 조상을 추모하는 그 효성에 감동해 81세 늙은이가 쓴 것'이라고 적고 있다.

'요산'은 '논어'의 '지자요수 인자요산知者樂水仁者樂山(지혜로운 자는 물을 좋아하고 어진 자는 산을 좋아

서원 강당 건물에 걸린 '인흥서원상량문'(위)과 '인흥서원창건기' 현판 창건 당시에 제작한 편액이다.

한다)'라는 구절에서, '관란'은 '맹자'의 '관수유술 필관기란觀水有術 必觀其瀾(물을 보는 데는 방법이 있으니 반드시 그 물결을 보아야 한다)'라는 구절에서 유래한 것이다.

강당은 정면 5칸 측면 2칸의 팔작지붕 건물이다. 강당에 걸린 '인흥서원' 편액 글씨는 응와凝窩 이원조(1792~1872)가 썼다. 이원조는 1867년 노당 추적의 불천위 사당을 건립해 신주를 봉안하고 고유할 때 제문을 지은 당사자이기도 하다. 그리고 명심보감(기사인흥재사본) 서문을 지은 인물 중 한 사람이기도 하다.

강당 대청에는 창건 당시에 제작한 '인흥서원창건기', '인흥서원상량문' 현판이 걸려 있다.

강당 뒤편에는 별도의 담장을 갖춘 사당 문현사文顯祠가 있다. 사당의 내삼문 이름은 추모문追慕門이다. 강당보다 먼저 건립된 이 사당은 원래는 단청이 없었는데 2007년 중수를 하면서 내삼문을 포함해 단청이 입혀졌다.

현재 문현사에는 추계 추씨 사현四賢의 위패를 봉안하고 있다. 추황, 추적, 추유, 추수경 중 추적은 위패와 함께 그 영정도 함께 봉안되어 있다.

사당의 당호는 처음에는 존친사尊親祠라 했다.

문현사 오른편에는 '기사인흥재사본 명심보감목판己巳仁興齋舍本 明心寶鑑木板'을 소장하고 있는 장판각이 있다. 대구광역시유형문화재 제37호로 지정된 이 '명심보감판본明心寶鑑板本'은 31매로, 1869년에 제작한 것이다. 명심보감 목판으로는 국내 유일본으로 알려져 있다.

한편 서원 입구 우측에 비각이 하나 있다. 노당 추적의 신도비 비각이다. '고려평장사노당추적선생신도비명高麗平章事露堂秋適先生神道碑銘'이라 명명된 이 신도비는 1864년에 세워진 것으로, 예조판서를 역임한 신석우申錫愚가 그 비문을 지었다. 신도비 돌은 충남 서산 지역에서 해로를 통해 가져왔다고 한다.

그리고 본래 서원의 서편에는 노당 추적과 세심당 추수경의 부조묘不祧廟(불천위 사당)가 있었다. 1877년에 다시 세웠다는 기록이 있으나 지금은 사라지고 없다.

추적의 묘는 인흥서원에서 남쪽으로 700m 정도 떨어진 산기슭에 있다.

인흥서원이 현재의 위치에 건립된 사연

노당 추적을 제향하는 국내 유일의 서원이고, 국내 유일의 명심보감 목판을 소장한 서

동재인 '요산료(樂山寮)'(위)와 서재인 '관수란(觀水欄)' 편액   편액 글씨는 해사(海士) 김성근(1835~1919)의 작품이다. '요산료' 편액을 보면 추교석(秋敎晳)이 조상을 추모하는 그 효성에 감동해 81세 늙은이가 쓴 것이라고 적고 있다.

원인 인흥서원仁興書院은 조선후기인 1866년에 처음 건립됐다. 창건당시 서원에 배향된 인물은 노당露堂 추적秋適 한 사람이었다.

그는 고려 말 안향安珦과 더불어 우리나라에 처음 성리학의 씨를 뿌린 대학자이자 문신이다. 그럼에도 불구하고 그를 주벽主壁(여러 위패 중 중심이 되는 위패)으로 배향한 서원은 우리나라를 통틀어 이곳 인흥서원 단 한 곳뿐이다. 인흥서원은 또한 추적 사후 무려 550년이나 지나서 창건됐다.

인홍서원이 지금의 위치에 세워진 것은 노당 추적의 묘소가 바로 그 근처에서 발견되었기 때문이다.

추계 추씨의 시조는 본래 중국의 송나라 사람으로, 고려 인종 때 우리나라로 건너온 추엽秋饁이라는 인물이다. 추엽의 손자였던 추적은 그 손자 대에 이르러 큰 변화를 맞게 된다. 당시 여말 혼란기로 인해 1363년(고려 공민왕 12) 추적의 손자인 추유秋濡와 추협秋浹이 다시 중국으로 건너간 것이다. 이후 임진왜란 때 명나라 원군으로 추수경秋水鏡이라는 인물이 다시 조선으로 돌아오는데, 그런 과정에서 그 후손들이 추적의 묘소을 잃어버리게 되고 말았다.

500여 년의 세월이 흐른 19세기 중반에 이르러 추적의 후손인 추세문, 추성욱 등의 노력으로 달성군 화원읍 인홍리에서 추적 선생의 묘소를 찾아낸다. 이를 계기로 전국의 추계 추씨 문중이 합심해 노당 추적의 현창사업에 매진하게 되었다.

고려 말 성리학 발흥의 주역 노당 추적

우리나라 추계 추씨 시조인 추엽은 중국의 송나라 사람으로, 1141년 송나라 문과에 급제하여 벼슬이 문하시중에 이른 인물이다. 동해상에 상서로운 기운이 비치는 것을 보고 큰 뗏목을 타고 바다로 나가 함경남도 함흥읍 연화도蓮花島에 정착했다고 전한다.

1246년에 태어난 노당 추적은 시조 추엽의 손자로, 우리나라 추계 추씨를 대표하는 인물이다. 그는 15세가 되는 해인 1260년에 문과에 급제했다. 같은 해에 안향 역시 18세의 나이로 합격했다. 당시 시험위원장은 참지정사 이장용, 부위원장은 추밀원사 유경이었다.

안동부 서기를 시작으로 직사관, 좌사간, 용만부사, 익흥도호부사(원주목사) 등을 역임하고 민부상서·예문관대제학을 끝으로 사직했다. 후에 충선왕에 의해 다시 문하시중에 제수되고 밀성백密城伯(밀성은 현 밀양)에 봉해졌다.

추적이 사간원 좌사간으로 있을 때 일이다. 내시 황석량黃石良이 그의 고향인 합덕을 현으로 승격시키려 하자 추적은 그 문안에 서명하는 것을 거절했다. 이에 황석량이 추적을 참

인흥서원 부근에 있는 노당 추적 묘

소하자 왕이 그 말만 믿고 친히 칼을 씌우고 순마소에 가두게 했다. 당시 압송하는 관리가 "남의 이목도 있고 하니 골목길로 피해 가면 어떻겠습니까"하고 청했다.

그러자 추적은 거절하며 그는 다음과 같이 말했다.

"죄 있는 자는 모두 해당 관청에게 넘기는 법이다. 왕이 있는 곳에서 칼을 씌운 적은 아직 없었던 일이다. 내가 마땅히 넓은 길을 감으로써 사람들이 다 나를 보게 할 것이다. 또 간관諫官이 왕으로부터 칼 씌움을 당하는 것은 직언신하로서 영광스러운 일이니, 어찌 아녀자나 아이들처럼 길거리에서 낯을 가리고 골목길로 가겠느냐?"

옥중생활 시작 다음날 밤에 혜성이 남쪽 하늘에 나타나 오랫동안 사라지지 않았다. 그러자 세상 사람들이 노당 선생을 가두니 이상한 별이 나타났다며 놀라워했다.

이런 일도 있었다. 용만龍灣부사로 부임할 때의 일이다. 추적이 오지인 용만으로 가게 되자 소인배들이 자기 세상을 만난 것처럼 날뛰며 좋아하기도 했다. 당시 용만은 비록 오지라고는 하나 원나라와의 접경지대로 교통·군사·무역의 요충지였다. 400리 길을 행차하여 임지에 도착한 신임부사 환영 자리에 진수성찬이 차려졌다. 상어, 조기, 넙치, 대하, 숭어, 굴, 낙지, 민어, 오징어 등 해산물을 비롯해 은쟁반에 가득한 열 사발의 밥, 각종 과일과 떡, 술이 가득했다.

그런데 추적은 상을 보자마자 아무 말 없이 상을 물리쳤다. 상차림이 초라한 탓이라고 받아들인 용만의 관리들은 백배 사죄하며 다시 상차리기를 청했다. 하지만 추적은 부드러운 말투로 다음과 같이 타일렀다고 전한다.

"산해진미는 나에게 필요 없다. 오직 밥 한 그릇과 나물국이면 족하다. 앞으로도 손님을 대접할 일이 있으면 흰밥에다 생선을 잘라 국을 끓여 대접하도록 하라. 백금을 소비하여 팔진미를 차려놓아도 입으로 한 번 지나가면 다 마찬가지인 것이다."

우리나라 성리학 1세대 핵심

추적은 안향을 위시한 우리나라 성리학 1세대의 핵심 인물이다. 안향이 재상에 올라 국학國學(성균관)과 사학私學 등을 세워 성리학을 중심으로 고려 말의 학풍을 재정립하는 작업에 추적, 이성李晟, 최원충崔元冲 등을 중용했다. 이때 추적은 시랑 겸 국학교수로 재직하면서 대성전 개축에 깊이 관여하였으며, 3품 이상 고위직 자제들을 가르쳤다.

안향과 추적이 성리학 중흥책을 추진할 당시 고려 국학은 마치 중국 연경의 시장터처럼 학생들로 붐볐는데, 그 수가 무려 수백 명에 이르렀다고 '고려사'에 전한다. 또한 그는 여말 장학제도를 대표하는 섬학전贍學錢·양현고養賢庫 사업에도 적극 참여했다. 세상에 회자되는 명심보감 편찬 역시 이 시기의 일로 전하고 있다. 밀성백으로 있을 때 명심보감을 편찬했다는 설도 있다.

당시 안향의 시에 화답한 추적의 시다.

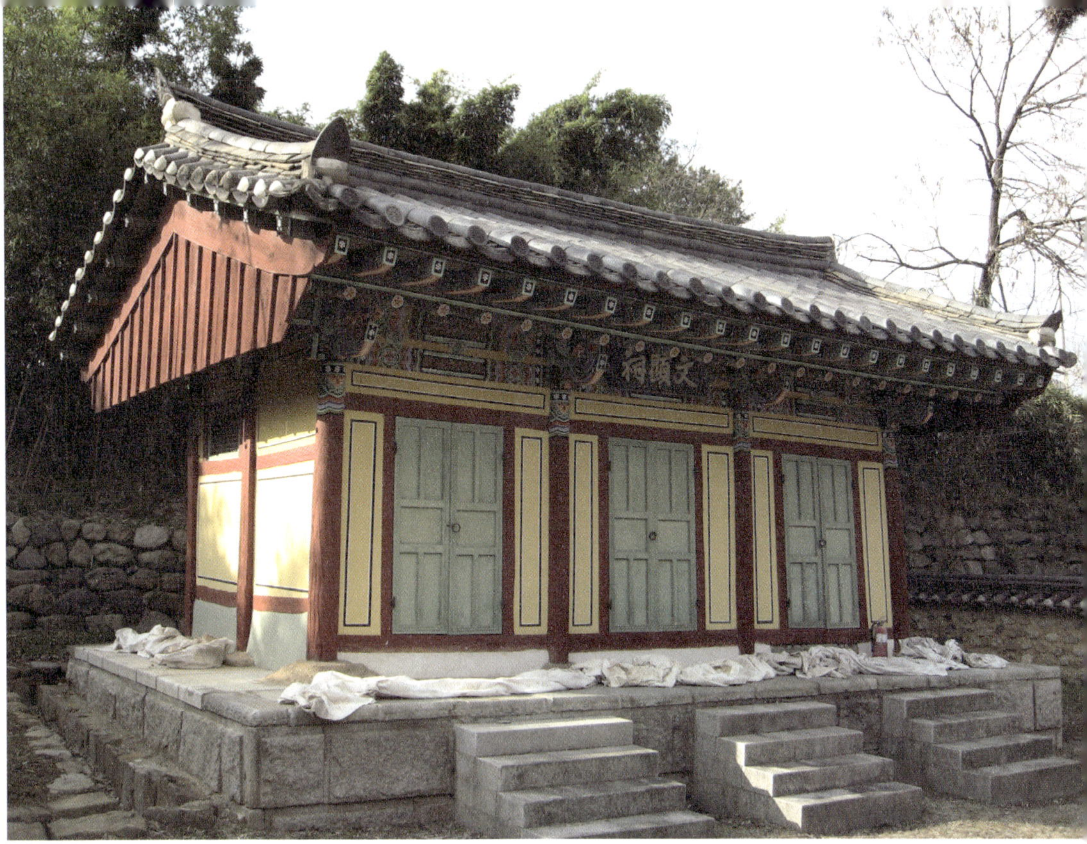

1
2

1 인흥서원 사당인 문현사 (文賢祀)

2 인흥서원 문 앞에 있는 노당 추적 신도비각

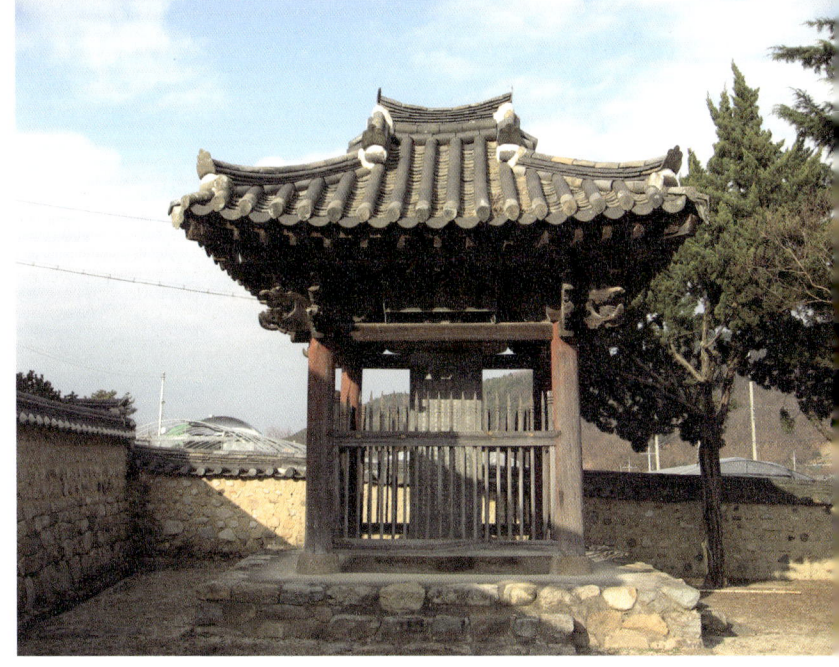

흐르는 물결에 휘말리듯 온 세상은 금불상 앞에 아첨하고	滔滔擧世諂金佛
모두 말하기를 절간으로 가야만 가장 영험이 있다고 하네	總謂沙門最有神
옛 성현들의 유풍은 지금 다 없어지고	古聖遺風今掃地
제나라 노나라의 예법을 몸에 갖춘 자를 볼 수가 없네	未看齊魯待身人

노당 추적은 별세 후 충숙왕 때 '문헌文憲'이라는 시호를 임금으로부터 받았다. 그는 안향과 더불어 우리나라 성리학의 종사로 추앙받는 인물이다. 1848년 용천 섬학재의 통문에 "노당께서 사문斯文에 유공하신 것은 안문성공과 나란히 쌍가마를 타야한다"고 하였다. 백운동서원을 세운 신재 주세붕은 자신의 저서 '무릉잡고'에서 "해동에서 유교를 숭상하고 학교를 건립한 도가 복초당復初堂 안선생 문성공 유와 노당 추선생 문헌공 적으로부터 시작되었으니 지금까지 누구라고 흠모하지 않겠는가"라고 했다.

나라에서는 그가 한때 부사로 근무한 적이 있는 평안도 용천군에 왕명으로 '섬학재贍學齋'라는 사당을 세우게 하고 영정도 하사했다. 섬학재라 이름 지은 것은 추적이 섬학전의 성공적 운영을 위해 애쓴 점을 인정한 때문이었던 것으로 보인다.

19세기 후반에 이르러 전국적으로 문묘종사운동까지 일어났던 문헌공 노당 추적은 대구의 인홍서원 외에도 전국의 여러 사당에 배향되어 있다. 충북 음성의 도통사道統祠, 호서의 충현사忠賢祠, 호남의 황산사黃山祠, 강원의 첨학재瞻學齋, 경남의 도남재道南齋 등이 그것이다.

도통사에는 공자와 주자, 그리고 고려시대 유학자 십현十賢 등 12분의 위패를 봉안해 기리고 있다. 고려 십현은 문성공文成公 회헌晦軒 안향(1243~1306), 문정공文正公 동암東菴 이진(1244~1321), 문헌공文憲公 노당 추적(1246~1317), 상당군上黨君 이재彛齋 백이정(1247~1323), 문정공文正公 국재菊齋 권부(1262~1346), 문희공文僖公 역동易東 우탁(1263~1432), 응청공凝淸公 덕재德齋 신천(1264~1339), 문열공文烈公 매운당梅雲堂 이조년(1269~1342), 문경공文貞公 근재謹齋 안축(1287~1348), 문경공文敬公 경재敬齋 안보(1302~1357)이다.

서원 문인 '숭봉문(崇奉門)' 편액 석촌 윤용구(1853~1939)의 글씨다.

인홍서원창건기

달성군 남쪽 비슬산 아래 있는 마을을 이름하여 인홍동이라 부른다. 이곳은 고려 왕조에 시중을 지낸 문헌공 추노당 선생의 장지인데, 중세에 오면서 실전失傳됐다. 이후 552년 동안 모르다가 우리 대행왕大行王 철종 4년 계축년(1853)에 후손들이 비로소 그 묘소를 발견하게 되어, 묘역을 다시 보수하고 석물을 갖추었다. 또 이미 유림들의 논의를 거쳐서 각 도에 산재한 후손들과 힘을 모아서 묘 아래에 사당도 건립했다.

그리고 현 임금 고종 3년(1866) 가을에 노당선생의 부친이신 회암선생(시호 문정공)을 가장 윗자리에 모시고, 다음에 노당선생을 모셨으며, 또 그 다음은 노당선생의 손자이신 호부상서 운심재공을 모시고, 그 다음은 운심재공의 5대손이신 완산부원군 세심당을 모셨다. 모두 네 분의 위패를 모시고 향사를 지내게 되었다.

지명이 인홍동이기에 서원 이름도 그대로 따랐다. 이에 후손들이 경모추념하게 되었고, 후학들도 존경하며 받들게 되었으니 양자 모두의 소원이 이루어진 셈이다. 인홍서원의 주위를 둘러보면 큰 산이 빙 둘러있고 시냇물이 흐르며, 중간에는 깊숙이 들판이 펼쳐져 있어서 주민들의 풍속이 순박하고 후하며, 벼와 오곡도 무성하다. 인자들이 은둔하며 배회하기에 알맞은 곳이다.

일찍이 도은 이숭인과 한강 선생도 여기에서 지내며 노당선생의 발자취를 이은 것도 깊은 뜻이 있었을 것이다. 지금 이 사당을 찾은 사람은 북으로는 멀리 송나라 이락伊洛 명도 이천의 깊고 먼 원류를 찾은 듯이 회암공의 넉넉한 후손들도 그와 같을 것이요, 남으로는 비슬산이 옹호하는 가운데 글을 읽고 시를 외우는 소리를 듣게 되면 노당선생이 학풍을 일으키는 듯하기도 하며, 서로는 작약봉을 마주하여 임을 생각하고 잡목 위를 바라보면 운심재공이 배를 띄우고 동으로 오던 때가 생각나고, 동으로는 팔공산을 바라보고 왜적들이 날뛰던 풍학재를 생각하니 세심당공이 무찌르던 그 때를 감탄하며, 천년 후에 이 네 분을 요원히 느끼면서 그 인품을 생각하니 존경스럽기만 하다. 그러나 이제 와서는 오히려 어떻게 할 수가 없고 제현들이 즐기던 곳과 무슨 일을 즐겨 하셨던 지도 알 수가 없다.

대개 사람이 타고난 성품은 네 가지를 타고나며, 감정은 일곱 가지로 발하게 되지만, 곧 천리는 나와 더불어 하루도 없어서는 용납되지 않는다. 주자도 말하기를 성정의 덕은 갖추어지지 않은 바가 없으며, 한마디로 그 묘리를 다 갖추어 있으니 인仁일 따름이라 하였다.

아! 천리天理와 인욕人欲을 분간하여 할 도리를 다하지 못하면, 이해와 화복의 사이에서 그 본성을 잃고 인의 도를 이루지 못하며 흘러갈 뿐일 것이다. 지금 살펴보건대 추씨 선조 제현들께서는 세운 공적이 그와 같이 위대하고 높았으니 옛사람들이 이른바 '인자의 공'이라는 말에 거의 가깝다 하겠다. 하물며 노당선생은 학풍을 일으켜서 문묘를 처음 설립한 공이 있고 입언立言한 공은 명심보감의 글이 전해지고 있으니 그 잊지 못할 덕이 높지 않을 수 없다 하겠다.

이는 천지간에 생물의 마음인 것이니, 지금 우리나라 사람들이 그 사랑을 받지 않는 자가 없지 않은가. 저 아름다운 산수 속에 당시 즐겼던 곳만 논하는 것이 덧없이 흐르는 물과 같을 뿐이다.

이에 이르기를 선조가 미덕을 남겼으면 후손이 이를 선양하지 않는 것도 어질지 못한 것이라 하였다. 지금 묘소와 사당을 다시 폐허에서 일으키게 된 것도 후손들이 인仁에 흥기한 때문이 아니겠는가. 준공 후 22대손 세문이 은영과 더불어 찾아와 기문을 청하기에 마침내 마음에 느낀 바를 쓰고 이와 같이 하여 돌려보냈다.

무진 1868년 추석절에 대광보국숭록대부 원임 의정부 좌의정 겸 영경연사감 춘추관사 풍산 류후조 삼가 기문을 쓴다.

나주향교통복합소청문 羅州鄕校通伏閤疏廳文(1884)

나주향교 유림들이 대궐문 앞에 이르러 부복 상소한 통문이다. 추적의 문묘 종사를 요청하는 내용이다.

'삼가 생각하니 우리나라가 비록 옛날부터 예의지국이라고는 하나 고려조 때 결국 불도를 숭상하거나 신에게 비는 무당들이 판치는 시대를 면하지 못했고, 우리 조선조에 와서 비로소 문명이 창성하였으며 성리학이 크게 진작되었다고 봅니다. 고려조에 유현儒賢으로 능히 불도佛道와 신을 멀리 하고 마음에 간직한 채 잊지 않고 성리학을 도와온 분이 있다면 그 공은 우리 조선조에 많은 분들보다 높이 떠오르고 의당 문묘에 배향되어야 하며 그 창시자에게 공로를 표창해 주어야 하거늘, 하물며 공자의 사당까지 처음 건립하고 성리학을 직접 지도하신 분을 어떻게 모셔야 되겠습니까.

이로 인해 안문성공은 이미 문묘에 배향되었습니다. 그런데 그 안문성공의 학통을 그대로 이어받고 학덕이 동등한 위치에 있는 분으로 일체의 은전을 받지 못하고 있는 분이 오직 노당 추적선생 뿐입니다.

선생의 본관을 추계인이며 이학의 종사이시고 문정공 회암의 자제로서, 고려 말기 학문이 퇴화되어가던 시기에 역학에 능통하고 성리학을 독실히 연구하여 안회헌공과 더불어 위정척사, 즉 정도를 지키고 사도를 물리치는데 매진하였습니다. 아울러 문묘의 제반의식을 진흥시키기 위해 가장 먼저 교수의 직을 맡았으며 궁내 학관의 삼도감三都監, 오고五庫의 칠관七管 십이도제생十二徒諸生 등이 따라서 배우고 익히지 않은 자가 없었습니다. 유도의 학풍이 크게 진작되고, 유학이 이에 힘입어 제기되었으며, 우리나라 이학이 여기에서 발전되기 시작했으니 역사에 기록된 사실과 선배들이 찬미한 글을 보아도 손가락으로 다 꼽을 수가 없을 것입니다.

주신재 선생은 일찍이 말하기를 우리나라에 유학을 숭상하고 태학관(성균관)을 건립하는 법도가 안회헌, 추노당 두 분 선생으로부터 비롯되었다고 하셨으며, 후세 사람들이 지금까지도 공경하며 추모하고 있습니다. 주신재 선생은 문성공 안회헌을 위해 서원을 백운동에 창건했고, 두 분 선생의 실적을 익히 알고 있는 분이므로 감동한 바가 있어서 이런 말을 하였을 것입니다.

노당선생의 손자인 호부상서 운심재공 휘 유는 명나라 왕업을 도운 공적이 있고, 그 칠대손 완산부원군 세심당공 휘 수경水鏡은 임진왜란 때 우리의 종묘사직을 지켜준 공으로 당시 성조聖朝가 특명을 내렸고, 그 후손들로 하여금 대보단大報壇의 제향에 참배하도록 하고, 충량과 시험에 응시하도록 했습니다. 임금의 우대와 구원을 이와 같이 받았는데 홀로 노당선생이 이학의 종장으로서 어찌 문묘 배향과 특별한 포상의 은전을 받지 않을 수 있겠습니까.

선생께서 저술하긴 명심보감 한 권도 세상에 표준으로 전해지면서 어두운 거리를 깨우치고 동방의 일월처럼 밝혀주며, 집집마다 선생이 전해준 글을 노래 부르듯 하고 사람마다 선생의 덕택을 입었으니, 그 누가 크게 우러르며 사모하지 않겠습니까.

문성공 이율곡선생도 발문에 쓰기를 중용이나 대학 가운데 서로 비교해 헤아려 살피고, 천리와 인사에 교훈이 될 만하며 우리 유도의 지남指南임을 따라 알 수 있을 것이라고 했습니다.

아! 공자와 맹자는 정주程朱로 말미암아 더욱 더 세상에 나타나게 되었고, 정자와 주자는 안회헌과 추노당으로 말미암아 다시 나타나게 되었으니, 전대의 성인과 후대의 현인도 그 도는 동일하다고 볼 수 있는 즉 선생께서 남기신 실제 공효가 어찌 아름답지 않겠습니까.

선생에 대한 승무陞廡의 논의는 일찍이 각 도로 통지한 바가 있습니다. 관찰사에게 호소도 하고 아울러 함장函丈의 지도도 있었으나, 아직까지 의식이 거행되지 않고 있으니 어찌 유림들의 쌓인 한으로 여기지 않겠습니까.

이에 한결 같이 포양하는 정성을 모으고 모아 분수에 넘치고 망령됨을 헤아리지 못하며 감히 이에 통고하오니, 삼가 바라옵건대 여러 어른들께서는 행여 인격이 낮다 하여 말을 무시하지 마시고 오직 공공한 대도를 넓히시어 노당선생으로 하여금 같이 승무에 오르시기를 청하옵니다.

우리가 자주 궐 문 앞에 이르러 상소를 드리게 된 것은 한편으로는 성묘聖廟를 맨 처음 창건하신 덕을 표창하고 또 한편으로는 유도를 처음 도입시킨 공을 기리도록 하시는 것이 태평한 이 세대에 극히 다행일 것이요, 여론상으로 보아도 극히 다행이라 할 것입니다.'

위 내용 중 승무陞廡는 고려 이후 학덕있는 사람을 문묘文廟의 양무兩廡에 위패를 모시던 일을 말한다. 그리고 함장函丈을 스승을 달리 이르는 말이고, 성묘聖廟는 문묘를 말한다.

국내 유일의 명심보감 목판

'명심보감'은 공자를 비롯한 제자백가의 경서와 저술, 시부詩賦 가운데 쉽고 생활의 지침이 되는 내용을 골라 엮은 것으로, 고려시대 충렬왕 때 예문관제학을 지낸 추적秋適이 편찬한 것이라 전한다. 교육의 기본 도서이며, 천자문을 익힌 다음 과정의 교재로 널리 쓰였다.

인흥서원의 명심보감 판본 장판각

　　인흥서원은 추적 선생을 배향한 서원이라는 점 외에도 대구시 유형문화재 제37호로 지정된 인흥서원본 명심보감 목판을 소장하고 있다. 우리나라 여러 판본의 명심보감이 통용되고 있지만, 현존하는 명심보감 목판은 이곳 인흥서원 장판각에 소장 중인 목판이 유일하다. '기사인흥재사본명심보감목판己巳仁興齋舍本明心寶鑑木板'으로 불리는 이 목판은 기사년(1869)에 인흥재사에서 제작한 명심보감 목판이라는 의미이다.

　　명심보감기사인흥재사본 서문 중 율곡 이이의 서문을 소개한다.

명심보감은 무엇 때문에 지었는가. 옛 사람이 후학들의 이利를 따르고 의義를 잊음을 근심하여 지은 것이다. 대개 사람이 태어남에 천명天命의 성性과 기질의 성이 있다. 천명의 성은 도심道心을 이름이요, 기질의 성은 인심仁心을 이름이다. 도심은 인의예지, 성명性命의 바른 것이요, 인심은 지각과 운동, 형기形氣의 사사로운 것이다. 그 바른 것을 행하면 이利를 구하지 않되 저절로 이롭지 않음이 없고, 그 사사로운 것을 따르면 이를 구해도 얻지 못하며 해가 따른다.

그런데 인심은 오직 위태롭고 도심은 미약하니, 반드시 두 가지의 사이를 살펴서 오직 정밀하고 한결 같이 하여 측은惻隱·수오羞惡·사양辭讓·시비是非의 마음을 확충해 일신一身의 주재가 되게 하고, 이목구비와 사지백체의 욕심을 금지하고 매양 참된 내게서 명령을 들으면 위태한 것이 안전하고 미약한 것은 드러나서, 본심의 밝은 모습이 밝지 않음이 없으리라. 그러므로 중용의 솔성과 대학의 명덕도 다 이 뜻이다.

지금 이 책을 보건대 그 말한 바가 제유諸儒의 설을 섞어 인용해 문리와 어맥이 중용과 대학을 관통하는 바와 같지 않다. 그러나 그 가르치고자 하는 바는 또한 천명의 부여한 혼연한 이치에 근본하고, 사람의 일용·윤리 밖에서 구하려고 하지 않아 글의 절마다 인도하고 구마다 깨우쳐서 사람으로 하여금 악을 버리고 선에 나아가며 의를 따르고 이를 잊게 하니 이 책의 지음이 어찌 우연한 것이랴.

지금 사람이 몸을 비춰서 그 용모의 바르지 못한 것을 보면 반드시 그 나쁜 것을 알아 바르게 할 것이다. 이 책을 보고 제 몸을 돌이켜 구해서 마음을 살피고 몸 닦기를 또한 거울로 얼굴을 비추어 그 모습을 고치는 것과 같이 한다면, 이 책 이름의 뜻을 얻어 그 마음의 바름을 잃지 않을 것이다.

가정 경술 3월 20일 후에 덕수 이이 자 숙헌은 삼가 쓰다.

3. 동계서당 - 도응유가 스승의 강학처에 지은 정사

동계서당東溪書堂은 취애翠厓 도응유(1574~1639)가 건립한 서당이다. 화원읍 본리마을에 있다. 인흥서원과 남평 문씨 세거지를 지나 성산 이씨 집성촌인 인흥리 큰 마을을 지나 500m정도 마비정 벽화마을 쪽으로 더 들어가다 보면 좌측으로 산 아래에 한옥이 보인다. 서당 앞을 흐르는 천내천 다리를 건너면 바로 동계서당이다.

   도응유는 정구와 서사원 문하에서 공부했다. 그리고 이괄의 난과 정묘·병자호란 때는 의병장으로도 활약했다. 그는 1604년 31세 때 서재 금호강의 남쪽에 취애암翠厓庵을 지었고, 2년 뒤인 1606년 이곳 인흥리 동계 옆에 동계서당을 지었다.

   취애암과 동계서당을 세웠던 지역은 각각 그의 스승이었던 서사원과 정구가 머물면서 강학활동을 하던 지역이었다. 동계서당은 동계재, 동계서재, 인흥정사 등의 이름으로도 불렸다. 현재 동계서당은 퇴락한 옛 건물을 2000년대 말 새롭게 복원한 건물이다. 대문을 등지고 서서 정면을 바라보았을 때 좌측의 건물이 옛 동계서당을 복원한 것이다.

동계서당 전경   서당 앞에 하천을 건너는 다리가 놓여 있다.

| 1 |
| 2 |

1 **취애 도응유(1574~1639)가 건립한 서당인 동계서당** 최근 새로 복원한 현재의 동계서당은 가운데의 '동계서당(東溪西堂)'과 오른쪽의 '동계서재(東溪西齋)'로 이뤄져 있다.

2 '동계서재' 건물

화원·옥포·가창 지역

정면의 큰 건물은 '동계서재東溪書齋'라는 편액을 달고 있다.

동계서당은 정면2칸·측면1칸의 작은 건물이다. 동계서재는 정면4칸·측면2칸에 팔작지붕을 한 건물이다. 2칸은 대청, 2칸은 방이다.

동계서당에는 한강 정구의 친필 시판이 걸려 있다. 당시 정구 선생이 이곳을 방문하여 축시祝詩로 남긴 것이라고 한다.

동계 위에 집을 지어	卜築東溪上
세상 사람들 두루 만나네	逢人斗小南
띠 풀 한 줌씩 나눠 가지며	願分茆一把
마침내 이 강가에서 더불어 늙으리라	終老此江潭

4. 한천서원 - 전이갑·전의갑 장군을 기려 건립

한천서원寒泉書院은 대구시 달성군 가창면 가창동로 117(행정리 870)에 있다. 전이갑· 전의갑 형제를 기려 1838년에 건립했다. 전이갑, 전의갑 두 장수는 918년 동수대전 때 신숭겸, 김락과 더불어 왕건을 구해내면서 장렬히 전사한 고려 개국 공신들이다.

한천서원 안내판은 '이 서원은 고려 개국 공신 태사 충렬공 전이갑과 충강공 전의갑 형제를 배향하는 곳이다. 양 공은 서기 918년에 장절공 신숭겸 장군 등과 함께 궁예를 몰아내고 태조 왕건을 도와 고려를 개국하였다. 서기 927년 후백제 견훤의 침공을 받은 신라를 돕기 위해 왕건과 함께 출전하여, 팔공산 동수에서 견훤 군대와 대혼전 중에 왕건 태조가 위급하게 되자 신숭겸, 김락 장군 등과 의논하여 미복微服으로 탈출케 하고 장렬히 전사하여 영명英名을 천백세千百世에 남기었다. 뒷날 태조가 몹시 슬퍼하여 전이갑은 통합 삼한 개국 공신 태사 충렬공으로 추증하고, 전의갑은 시중 개국공신 충강공으로 봉하였다'라고 적고

한천서원 입구 숭절문

있다.

　이처럼 한천서원은 그 주인공의 스토리와 시대 등 여러 가지 면에서 특별하다. 다른 서원들과는 달리 조선시대 선비들을 기리는 것이 아니다.

　지금의 한천서원 강당과 사당이 고려 때 처음 건립된 것은 아니며, 처음 지어진 1838년 당시 건축물도 아니다.

　한천서원도 1871년 흥선대원군의 서원철폐령으로 훼철되었다. 그 후 후손들은 재실을 지어 전이갑, 전의갑의 높은 충의를 기려오다가 1989년 한천서원으로 복원했다.

화원 · 옥포 · 가창 지역

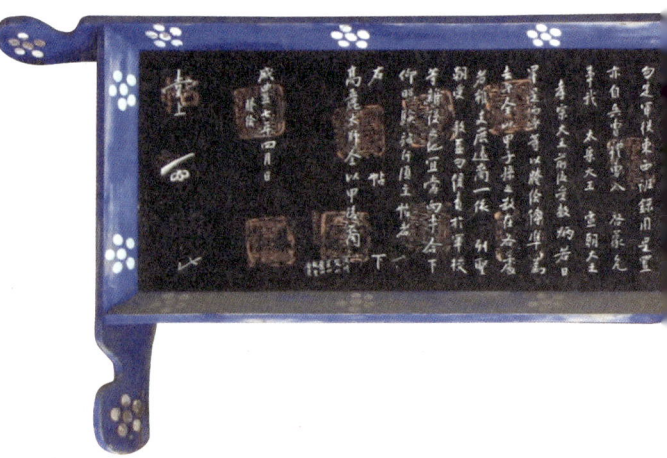

1	2
3	4

1 강당 대청에 걸려 있는 중봉 조헌 선생의 시판
2 강당 대청에 걸려 있는 '수교(受敎)' 현판 예조에서 작성한 증서를 새긴 것으로, 전이갑·전의갑의 행적과 시호 등을 담고 있다.
3 서원 안에 있는 '고려태사시충렬전공순절비'
4 서원 내 사당인 '충절사'

특이한 경내 건물 배치

한천서원은 경내 건물 배치가 상당히 특이하다. 보통의 서원은 학생들이 공부를 하고 숙식도 하는 동재와 서재가 강당 앞에 있고, 사당이 강당 뒤편에 있다. 그런데 한천서원은 동재가 없다. 그 자리에 사당이 있다. 강당과 사당 사이에는 담장이 설치되어 있다.

사당 경내로 들어가는 길은 두 갈래이다. 서원 안으로 들어서는 대문을 통과하면 뜰이 나오고, 그 뜰을 오른쪽으로 지나면 다시 사당으로 들어가는 내삼문이 나온다. 그렇게 내삼문을 거쳐 사당 경내로 들어갈 수도 있다. 강당 앞을 지나 사당 뜰로 들어가는 협문을 이용할 수도 있다. 사당의 이름은 충절사忠節祠이다.

고인돌이 있는 강당 앞마당

한천서원의 특이점은 강당 앞에서도 발견된다. 강당은 다른 서원의 강당 건물과 별로 차이가 나지 않는다. 하지만 강당 앞마당은 특이한 볼거리를 제공해준다. 바로 고인돌이다. 강당 앞마당에 거대한 고인돌이 놓여 있는 것이다.

이곳 고인돌은 길이 265cm, 폭 260cm, 높이 45cm에 이르는 큰 규모이다. 본래는 받침돌도 뚜렷했었는데 근래 마당을 고르는 과정에서 약간 묻히는 바람에 몸돌과 땅이 가까워졌다고 한다.

1
2

1 '한천서원' 편액이 걸린 서원 강당 건물 강당 마당의 넓은 돌은 고인돌이라고 한다.
2 한천서원 경내 모습 왼쪽 건물이 강당이고, 오른쪽 건물이 사당이다.

이곳에 고인돌이 있는 것은 서원 이름과도 연관이 있다. 서원 이름 '한천寒泉'은 곧 냉천冷泉이다. 가창면 일대가 좌우로 깊은 산이 버티고 있는 협곡 속 들판이므로, 신천 상류의 개울물은 옛날부터 차고 맑았을 것이다. 청동기 시대 사람들도 가창 들판에서 농사를 지었고, 계곡 물을 마시며 살았던 모양이다. 그 증거가 바로 고인돌이다. 시냇물이 넘쳐도 물에 잠기지는 않는 곳에 청동기 사람들이 무덤을 설치했던 것이다.

한편 한천서원 경내에는 '대한민국 12대 대통령 전두환 2003년 10월 19일' 글자가 새겨진 기념식수 표지석이 있는 소나무가 눈길을 끈다.

한천서원 입구에는 수령이 1천년이 넘는다는 은행나무가 한 그루 서 있다. '행정리杏亭里'라는 지명도 이 한천서원 은행나무에서 비롯된 것이다.

한편 한천서원 강당 대청에는 많은 현판들이 걸려 있다. '한천서원' 편액을 비롯하여 '제도원실기후題桃源實記後', '전충렬충강이공사적후서全忠烈忠康二公事蹟後叙', '도원선생 실기서桃源先生實記序', '한천서원복설기寒泉書院復設記', '전씨유적서全氏遺蹟序', '완문完文', '수교受敎', '충렬공탄세음忠烈公歎世吟', '이충재운二忠齋韻', '한천재중건기' 등이다.

5. 광거당 - 수많은 문인과 학자들의 공간

달성군 화원읍 본리에 있는 광거당廣居堂은 1910년에 건립됐다. 후손의 교육장소로 사용되고, 선비들이 모여 공부하는 공간으로 널리 활용되었다. 당의 규모도 크지만 1만권의 전적을 소장하여 국내의 많은 학자들의 발길이 끊이지 않았다고 한다. 광거당이라는 명칭은 '맹자'의 '천하의 넓은 곳에서 거처한다居天下之廣居'라는 구절에서 취하였다.

광거당이 들어서기 이전에 있었던 건물은 1834년 건립된 용호재龍湖齋였다. 1910년 용호재를 허물고 확장·개축하여 지은 것이 광거당이다. 이후 광거당 안에 1만권의 책을 비치한 '만권당萬卷堂'이 설치됨으로써 전국의 수많은 문인, 학자들이 방문하여 학문과 예술을 토론하는 공간으로 사용되었다.

　만권당을 건립한 인물은 후은後隱 문봉성(1854 1923)의 둘째 아들 수봉壽峰 문영박(1880~1930)이다. 후은은 당대 경제에 탁월한 역량을 발휘하여 큰 재산을 이루었고, 이를 바탕으로 세 거지의 주거공간과 만권당을 마련하는 기반을 이루었다. 수봉은 광거당을 중심으로 수많은 문사들과 교유했다. 심재深齋 조긍섭曺兢燮을 비롯해 창강滄江 김택영金澤永, 난곡蘭谷 이건방李建芳, 이정彝庭 변정상卞鼎相 등이다.

　광거당에도 많은 편액과 주련이 있다. 건물 정면에 석촌 윤용구가 쓴 '광거당廣居堂'을 비롯해 누마루에는 추사 김정희가 쓴 '수석노태지관壽石老苔池館(수석과 묵은 이끼와 연못으로 이루어진 집)'이라는 편액이 있다.

　그 외에 장건의 '고산경행루高山景行樓', 수봉이 쓴 '아회雅懷'라는 편액이 있다. 아회의 뒷면에 추사의 글씨인 '서복書福'이 새겨져 있다.

　광거당에는 전국의 문인들과 달사들이 몇 달간 묵으면서 만권당의 책을 보고 공부하며 기거하기도 했다. 이로 인해 주방이 없는 광거당에는 관리인들이 일일이 끼니를 다른 곳에서 준비해 나르는 장관이 펼쳐졌다고 한다.

　광거당의 대문을 들어서면 바로 앞 정면에 헛담이 보인다. 이 헛담은 광거당에 있는 사람들과 관리인들간의 공간분리도 하였지만, 대문을 들어서면서 바로 광거당의 모습을 볼 수 없게 막음으로써 사적 공간 보호 역할도 했다. 광거당 누마루에서 보면 대문에 드나드는 사람들은 볼 수 있다.

　담장 옆으로는 선비의 정신을 상징하는 대나무와 소나무, 배롱나무가 함께 하고 있다.

　광거당은 사극이나 드라마 촬영장으로 애용되었고, 문중의 회합장소나 외부의 공연장으로 활용되고 있는 멋진 공간이다. 대구를 찾는 외국 문화예술계 인사 등을 초대하는 공간으로도 활용되고 있다.

1 밖에서 본 광거당 전경
2 대문에서 본 광거당   대문에 들어서면 헛담이 눈길을 잠시 가로막는다.

화원·옥포·가창 지역

1	
2	

1   누마루가 있는 앞쪽의 광거당 모습
2   광거당 난간

광거당廣居堂 당호에 깃든 선비의 의지

'광거당'의 '광거'는 '맹자孟子'의 제2장과 제36장에 나오는 말이다. 이 중 제2장에서는 다음과 같은 맹자의 대장부론이 나온다.

'세상 가장 넓은 곳에서 살아가고, 세상에서 가장 바르게 서며, 세상에서 가장 바른 도를 실행하라. 뜻을 얻으면 모두와 함께 하고, 뜻을 얻지 못한다 해도 홀로 묵묵히 도를 행해야 한다[居天下之廣居 立天下之正位 行天下之大道 得志與民由之 不得志獨行其道].'

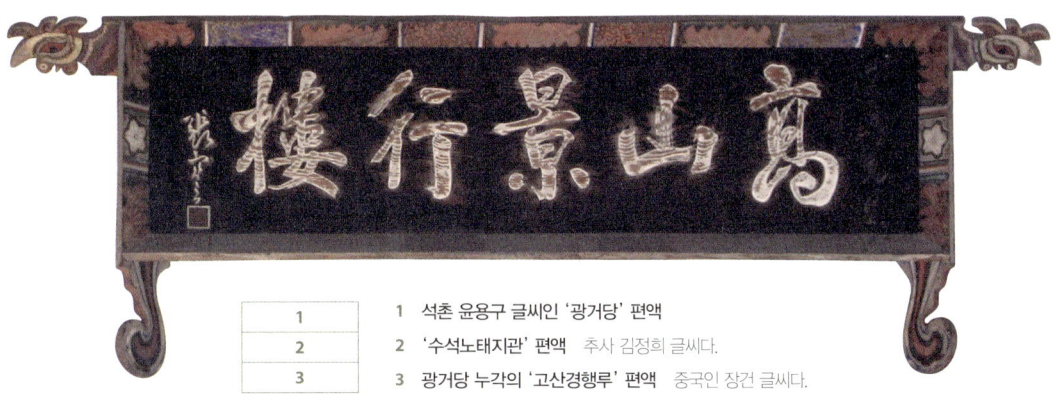

1	석촌 윤용구 글씨인 '광거당' 편액
2	'수석노태지관' 편액　추사 김정희 글씨다.
3	광거당 누각의 '고산경행루' 편액　중국인 장건 글씨다.

화원·옥포·가창 지역

그러니까 세상을 넓게 살되 대도大道를 행하며 바르게 살아가야 한다는 요지이다. 이러한 구절에서 취한 당호를 걸어두고 지행합일知行合一을 실천하려 했을 것이다.

문영박은 이 현판의 가르침대로 많은 독립운동자금을 상해 임시정부로 보냈다. 그리고 그들이 돌아오는 편에 학자이자 지사였던 창강 김택영 등을 통해 많은 책을 구입해 뜻있는 선비들에게 제공해 열람시킴으로써 문풍을 진작시키며 암울했던 시대에 힘을 비축하려 노력했다.

이러한 공로를 인정한 임시정부에서는 문영박이 별세한 이듬해인 1931년 '대한국춘추주옹문장지선생大韓國春秋主翁文章之先生'이라고 칭한 조문을 보내 왔다. 광복 후 1980년에는 정부에서 건국포장을 추서하였다.

광거당에는 중국 개화기의 학자인 장건의 글씨 편액 '광거당'이 하나 더 있는데, 장건의 글씨가 이 집에 오게 된 연유는 당시 중국에 망명해 있으면서 장건과 교류하고 있던 사학자 창강의 도움을 받은 덕분이라 한다.

추사 글씨 편액 '수석노태지관'의 수석은 변함없는 품격을 오래 유지하는 곧은 선비와 같은 이미지이고, 늙은 이끼(노태)는 오랜 경륜을 뜻한다고 한다. 지당池塘은 이 모두를 수용해주는 넉넉한 전통과 여유로 다가온다.

그러니까 이 집은 여러 선비들의 경륜을 교류하게 하는 공간의 역할을 했다 하겠다. 수봉은 김택영을 비롯, 이건방, 변정상, 조긍섭, 기헌寄軒 조병선曺秉善, 근재近齋 정지순鄭之純, 시헌時軒 채황원蔡晃源, 백괴百愧 우하구禹夏九, 다곡茶谷 이기로李基魯 등 역내의 기라성 같은 학자들과 이곳에서 교유하며 대장부의 길을 묵묵히 걸었던 것이다.

수봉은 미수 허목을 이은 치주 손정은, 퇴계학맥의 만구 이종기 등에게 배웠다. 그리고 국토를 순례하며 견문을 넓혔을 뿐만 아니라 1910년 광거당을 지어 만권당萬卷堂을 이루었던 것이다. 후에 광거당에 있던 전적들은 '인수문고仁壽文庫'라는 서사를 따로 지어 보관하게 된다.

조긍섭의 광거당기

경술년(1910) 여름에 내가 인흥의 집으로 장지章之를 찾아가니, 그때 군君은 큰 병을 앓다가 막 나아서 집 짓는 역사를 시작하고 있었다. 도끼로 다듬고 자귀로 깎으며 삼태기로 메우고 삽으로 나르는 자들의 땀이 비처럼 쏟아지고, 기둥과 처마와 서까래와 담장과 섬돌이 높이 솟고 넓게 점유한 것이 거의 반공半空에 드러나고 백무百畝에 달했다.

내가 속으로 너무 호화로운 것이 아닌가 하고 괴이하게 여겼더니 군이 말하기를 "이것은 부친의 뜻입니다. 부친은 일평생 당신을 위한 생활은 몹시 검박하게 하셔서 평소 기거하시는 방은 발을 뻗기에도 비좁았지만, 이 집에 대해서만큼은 말씀하시기를 '이곳은 만 권의 서책을 모셔둘 곳이다. 사방의 명사와 귀인들이 말과 수레를 몰고 몰려올 곳이며 유생과 학자들이 책을 읽고 학문을 연마할 곳이다. 이와 같이 크지 않으면 그 수요에 걸맞지 않을 것이다'고 하셨다"고 말했다.

내가 국가의 변고로 인하여 문을 닫아걸고 집 밖으로 나가지 않은지 서너 해가 되었어도 마음속에 오고가는 이 집에 대한 생각은 한시도 잊은 적이 없었다. 얼마 후에는 가족들을 이끌고 정산鼎山 속으로 들어감으로써 이 집과의 거리가 고개 하나를 사이에 두어 별야처럼 되었으나, 이때에도 이 집에서 기거하고 음식을 먹으며 소가嘯歌한 것이 한 해이면 오분의 일 쯤은 되었다. 군이 이에 나에게 당의 이름을 짓고 기문을 써 달라고 요청했다.

저 인흥사仁興社는 고려 말부터 그 매우 아름다운 이름이 세상에 저명하였으므로 이제 이 이름을 버리고 달리 구할 필요가 없으므로, 요청에 따라 그 의미대로 두루 이름을 붙였다. 동북에 있는 방으로 평소 생활하는 곳은 '정수헌靜壽軒'이라 했고, 그 남쪽에 책을 수장하는 방은 '존안각尊安閣'이라 했다. 또 그 남쪽에 손님을 맞이해 접대하는 방은 '이친료而親寮'라고 했으며, 서남쪽 학생들을 가르치는 방은 '불권재不倦齋'라 했다. 누각은 동남쪽에 굽이가 돌출하도록 지어 여러 산봉우리들을 끌어들이고 대로에 인접하게 하였으니 그것은 '고산경행루高山景行樓'라고 했다. 이 모든 것을 총칭해 '광거당廣居堂'이라 했다.

옛날에 우리 공부자께서 인仁을 말씀하실 때 이르지 않은 곳이 없었는데, 심지어 한 끼 밥을 먹는 사이에도 이를 어겨서는 안 된다고 하셨으며, 불구덩이나 물에 빠진 것보다 더 위급한 곳에서도 공부에 힘쓰는 방도는 거처함에 공손하고 일을 처리하는 데에는 경건하며 남에게는 충심을 다하고 자기를 극복하여 예로 돌아가라는 것뿐이었다.

그런데 맹자와 주씨朱氏가 문득 넓은 집廣居을 인仁에다 비유한 것은 어째서인가. 천지가 만물을 생성하는 마음을 사람이 받아서 성性으로 삼는데 그 본체가 광대하여 진실로 천지와 더불어 차이가 없다. 이것을 일러 인仁이라고 한다.

그러나 사람이 자신의 사사로운 욕심에 가려져서 좁아진 것이 오래 되었다. 비유하자면 좁은 방안의 벽과 마주하여 구속되고 유폐된 것과 같으니, 그 수족도 오히려 스스로 움직일 수 없거늘 하물며 그 이목이 통하기를 구할 수 있으랴.

군자의 마음은 예로써 자신을 극복해 확연히 대공大公하여 아무것도 그것에 장애되는 것이 없어야만 경敬과 충忠의 효용이 거처와 집사執事와 교제交際에 시행될 수 있다. 비유컨대 높은 기둥과 웅장한 지붕과 넓은 마루와 깊숙한 내실이 높이 올라가 멀리 바라보아도 옳지 않은 것이 없고, 앉고 일어나고 눕고 쉬며 일하고 사용하는 수요를 가까운 곳에서 취해도 마땅하지 않은 것이 없는 것과 같으니, 거처를 넓게 하는 것이 무엇이 이보다 더하리오.

바야흐로 군의 형제들이 명을 받들어 학문에 몸을 바쳐 사방에 명성을 날릴 것이니 이른바 인仁에 합치되지 않는 것이 거의 없을 것이다. 그것은 장차 이것으로써 법칙을 삼아서 인을 실천하는 방법을 넓히려는 것인 바, 기둥과 지붕이 높고 웅장한 것이 경과 충의 근본을 세우는 것이고, 마루와 내실이 넓고 깊은 것이 극기복례克己復禮의 공부를 이루는 소이所以를 더하는 것임을 나는 알겠다.

그리고 저 산천이 뒤엉기며 구름이 변화하고 마을과 도로가 즐비하게 연결된 것을 보고 듣는 사이에 모두 포섭하는 것은 또한 천지의 만물이 확연한 대공 가운데서 함께 섞이고 아울러 자라나는 것이니, 이것을 융화 체득하고 이것을 미루어 나가면 이것으로 말미암아 정위正位의 예禮를 세우고 대도의 의義를 행하는 것이니, 이것이 바로 맹자께서 말씀하신 대공이니, 이것이 군에게 있지 않다고 누가 말할 것인가.

나는 이 집에 대해 실로 내 집에 이름을 붙이고 내 집에 기문을 쓰는 것과 같으므로 이와 같이 말하는 것이다. 혹시라도 한갓 거실이 넓은 것만을 취하려 한다고 의심하는 사람도 있을 것이다. 그러나 오늘날 우리들을 위해 담장을 두르고 집을 세운 것이 너무나 굳건하고 편안하므로 거기다가 무엇 때문에 과장하거나 수식할 필요가 있겠는가.

병진년(1916) 2월 초하루 정산우인鼎山寓人 조긍섭曺兢燮이 기문을 쓰다.

6. 수백당守白堂 - 문영박을 위해 아들 5형제가 지은 집

수백당은 남평 문씨 세거지의 중심에 위치한 건물로 1936년에 지었다. '수백당守白堂'은 '결백을 지키는 집'이란 의미다. 수봉 문영박을 추앙하기 위해 수봉의 아들 5형제가 합심하여 세웠다. 수백당은 마을 정면에 위치하고 있는데 방문객을 맞이하거나 문중 모임, 공사간의 모임을 가질 때 사용해온 건물이다. 많은 관광객들이 드나드는 명소이기도 하다. 수백당은 '수봉정사壽峯精舍'로도 불린다.

수백당 왼편에는 언덕처럼 흙을 쌓아 만든 석가산石假山이 있다. 전나무와 소나무, 매화나무, 대나무 등 여러 가지 나무가 건물과 조화를 이루고 있다. 마당의 소나무 아래에는 자그마한 돌에 재미있게 새겨진 거북 문양이 있고, 대문의 빗장도 거북 모양으로 달아 두었다.

1	
	2

1 수백당 아들 5형제가 수봉 문역박을 위해 지은 집이다.
2 '수백당' 편액 우당 유창환 글씨며, '깨끗함을 지키는 집'이라는 의미다.

　중앙의 마루 2칸을 중심으로 좌우에 온돌방을 두었다. 우측면 마루는 전면의 마루보다 한자 반 정도 높게 하고 측면에 난간을 두어 누마루 형식을 취한 구조이다.
　수백당에는 여러 개의 편액과 주련이 걸려 있어 건물의 품격을 높이고 있다. 현재 걸린 당호 글씨는 우당愚堂 유창환兪昌煥(1870~1935)이 썼다. 예서체로 결구미가 매우 뛰어난 작품이다. 예전에는 오세창 선생이 쓴 '수봉정사壽峯精舍'라는 편액이 걸려 있었다.
　그 외의 편액으로, 중국 명나라 때 서예가인 문징명文徵明의 글씨로 된 '사백루思白樓'와

| 1 | 2 |

1 수백당 앞 툇마루
2 수백당 뒤 툇마루

'이청각履淸閣', 영남의 거유 심재 조긍섭이 쓴 '수백당', 위창 오세창이 쓴 '경유당敬遺堂', 추사의 글씨 '쾌활快活'이 걸려 있다. 기둥에도 주련 4폭이 걸려 있다.

수백당 마루 밑에 작은 비석이 있다. 이 비는 수봉의 송덕비 '문수봉선생영박송덕비文壽峯先生永樸頌德碑'다. 송덕비는 사람들의 눈에 잘 띄는 길가에 세워 두는 것이 일반적이다. 그런데 이 비는 세워져 있지 않고 마루 밑에 눕혀 두고 있다. 그 사연이 있다.

당시 인홍에 출입하던 행객들이 어른의 인품과 덕행에 감화되어 별세하는 해(병술년 9월)에 세운 비석이다. 그러나 병석에 있던 수봉이 알고 즉시 철거하게 했다고 한다. 비석의 내용에 다음과 같다.

'의로써 이익을 도모하는 것은 참된 의가 아니며, 인으로써 명예를 구하는 것은 참된 인이 아니다. 도모하지도 요구하지도 않으면서 인의를 행하셨으니 이분이 바로 만권당 주인이 아니겠는가[以義謀利者非眞義/以仁要譽者非眞仁/不謀不要而爲仁義/是萬卷堂主人耶]'

독립운동가 문영박

문영박文永撲(1880~1930)은 영남의 대표적 선비이자 독립운동가였다. 자는 장지章之, 호는 수봉壽峯.

문영박은 1880년 8월 경상북도 달성군 화원면 본리동에서 태어났다. 1919년 대한민국 임시정부 수립에서부터 1930년 사망할 때까지는 13년 동안 전국 각지를 왕래하면서 다양한 방법으로 임시 정부에 군자금을 지속적으로 조달해 주며 독립운동에 기여했다.

1929년 2월 27일에는 대구 경찰서의 고등계 형사들이 네 시간 동안 가택 수색을 한 뒤 그의 장남 문원만文元萬과 함께 그를 체포했다. 임시정부에 독립운동 자금을 보내고 있는 것에 대해 파악하지 못한 상태에서 다가올 3월 1일에 대비해 예비 검속의 차원에서 이루어진 것이었다.

1930년 12월 그가 사망하자 대한민국 임시정부에서는 1931년 이교재李教載를 국내에 밀파하여 그를 애도하는 '대한국춘추주옹문장지선생大韓國春秋主翁文章之先生'이라는 제목의 조문과 특발문特發文을 보냈다. 그러나 임시정부의 경상도 책임자로 임명되었던 이교재는 일

수백당 편액들 위로부터 '이청각(履淸閣)'(문징명 글씨), '사백루(思白樓)'(문징명), '경유당(敬遺堂)'(위당 오세창), '쾌활(快活)'(추사 김정희)

제 관헌의 삼엄한 감시 때문에 조문과 특발문을 전달하지 못하고 자신의 집 천정에 감추어 두었다. 임시정부의 조문과 특발문은 광복 후에 문영박의 후손에게 전달되었다.

3권의 시문집인 '수봉유고壽峯遺稿'가 전하며, 1980년에 건국포장이, 1990년 건국훈장 애국장이 추서되었다.

수봉정사기 壽峯精舍記

수봉壽峯 문군文君 장지章之가 몇 년 전에 그 부친의 뜻에 따라 거주하는 달성의 인흥에 광거당을 지었다. 장지가 세상을 뜬 지 7년이 되는 병자년에 그 고자孤子인 채采와 여러 아우들이 다시 광거당 서쪽으로 조금 떨어진 곳에 정사를 이었으니, 이것은 장지의 뜻이었다. 장지는 일찍이 수봉이라 스스로 호를 지었으므로 정사도 그 이름을 붙였다.

그 후 5년이 지나 채의 아우 진채晉采가 거듭 나에게 찾아와서 기문을 지어 그 일을 기록해 달라고 부탁했다. 나는 말하기를 "나의 죽은 친구 심재深齋 중근仲謹이 광거당의 기문을 지었는데 거기에 광거당은 만 권의 서적을 모시고 유생과 학자들이 책을 읽고 공부하는 곳이라고 한 말이 있습니다. 서적을 쌓아놓고 학생들을 가르치는 데에 어찌 꼭 당堂만이라야 하겠습니까. 정사 또한 그 일을 할 수 있는 것입니다. 그러므로 당과 정사를 구별할 필요가 없는데 어찌 나의 글로 군더더기를 붙이려 합니까"라고 말했다.

비록 그러하나 내가 전해들은 말이 있는데, 옛날의 군자들은 항상 그 다하지 못한 것을 남겨 그 후세에 물려주고, 자손들은 반드시 조상이 다하지 못한 것을 넓히고 키워서 다하게 하였으니, 이른바 '아버지의 뜻을 계승하고 아버지의 일을 서술한다'는 것이니 그 도리가 그러한 것이다.

그러므로 만 권의 서책을 모시는 것이 비록 사치스럽지만 유생과 학자들이 책을 읽고 공부를 하니, 비록 장지의 마음을 성대하게 하여도 오히려 이것도 다하지 못하는 점이 있으니, 다시 후인을 기다리지 않을 수 없는 것이다. 이것이 정사를 지은 까닭이다.

지난 무오년 추동秋冬간에 나와 중근이 한 차를 타고 원산의 해변으로 유람을 가면서 달성을 지나게 되어 장지에게 함께 가자고 요청했는데, 내가 이때 처음으로 장지와 교분을 맺게 되었다. 왕복 수십 일, 신선이 사는 산봉우리를 오르는 여가에 번번이 경전의 오묘한 뜻과 용어와 논리의 미세한 곳과 시사의 득실과 인품의 현부賢否를 토론했는데, 매양 밤이 다가도록 쉴 줄을 몰랐다.

그 사이에 혹 내가 의심스러운 점은 중근이 풀어주고, 중근도 모르는 곳은 장지가 알았으니 내가 몹시 놀라고 탄복했다. 가만히 중근에게 "장지의 학문이 이러한 경지에 이르렀단 말인가"라고 물으니, 중근인 "그렇다네. 그러나 이것으로 어찌 장지의 학문을 다 말했다고 할 수 있겠나. 그는 도량이 넓고 포부가 대단하다네. 말을 잘하면서도 침묵을 지켜 자랑하지 않고, 지혜로우면서도 남보다 앞서지 않는다네. 이것이 장지이니, 정말로 우리 같은 사람들은 열 수레가 있어도 미치지 못한다네"라고 대답했다. 중근이 장지를 가장 잘 알았으므로 이와 같이 말했던 것이다.

장지에게는 다섯 아들이 있는데 채와 진채는 중근에게 배웠고, 세 사람은 내가 아직 만나보지 못했다. 그러나 그 나머지는 모두 편편翩翩한 가자佳子임을 알 수 있다. 또한 그 손자대는 더욱 번성해 난초 싹 같은 인재들이 잇달아 무성하니 그 복을 당대에 다 쓰지 않고 후손들을 위해 남겨 둔 것이다.

방정지方定之의 말에 '선비가 귀하게 여겨야 할 것은 아량인데 어떻게 기를 것인가. 그것을 식견이 넓힐 것인가. 그것은 궁리窮理이다'라는 것이 있다. 이치에 밝으면 식견이 진보하고 식견이 진보하면 복록이 증진되나니, 나는 장지의 복으로서 그의 아량에 감복하고 장지의 아량으로서 그의 식견을 중하게 여긴다. 주자가 궁리의 요체를 논해 말씀하시기를 "독서하여 도리를 밝힌다"고 했고, 또 말씀하시기를 "자세히 궁리하는 것은 독서의 다른 이름이다"고 했다.

그러므로 여기에 만 권의 서적을 모신 것은 장지의 이치에 밝음과 식견의 진보가 그렇게 만든 것이고, 유생과 학자들이 여기에서 책을 읽고 공부하는 것도 독서해 익숙하게 되기를 구하고 궁리하며 명철하게 되기를 구하는 것이라고 말할 수 있다. 진실로 능히 이 도를 지켜 나간다면 앞으로 정사가 더욱 넓어지고 본받는 자들이 더욱 많아져, 비록 그 유풍이 한 지방에서 일어났더라도 여기에 말미암아 나아간다면 호안정胡安定의 호주湖州 학사學舍가 비좁아서 찾아온 선비들을 다 수용하지 못한 일이 어찌 여기에서도 일어나지 않으리오. 내 잠깐 이와 같은 말로 찾아온 정의에 부응하고 뒷날을 기다린다.

신사(1941) 정월 진산晉山 하겸진이 기문을 쓴다.

7. 소계정 - 제자들이 소계 석재준 기려 지어

소계小溪 석재준(1866 1945)을 기리기 위해 1923년 제자들이 건립한 정자다. 그의 호를 따라 '소계정'(달성군 옥포읍 기세리)이라는 정자 이름을 지었다.

석재준은 학당을 열어 문하생들이 나쁜 풍속에 물들지 않게 하면서 선비정신을 일깨워준 인물이다.

건물 규모는 앞면 3칸에 옆면 1칸 반이다. 지붕은 팔작지붕으로 꾸몄다.

석재준石在俊은 호가 소계小溪이며 본관은 충주忠州이다. 소계정은 1923년 여러 제자들이 함영계含英稧를 조직, 달도산 아래 기세리에 건립한 정자이다. 기세리 마을 안쪽에 서향으로 자리잡고 있다.

현재의 정자는 1991년에 중수한 것이다. 정면 계단을 오르면 삼문三門이 나타난다. 이 대문을 들어서면 정면으로 3칸 규모의 정자를 마주하게 된다. 자연석 초석을 놓고 기둥을 세웠다. 기둥은 앞면만 둥근기둥을 사용했다. 중앙에 우물마루를 깔고 좌우에 온돌방을 둔

중당협실형中堂挾室型이다. 전면에는 반 칸 규모의 퇴칸을 두었다.

소계정 옆에는 '소계시비'가 서 있다. 아래는 시비에 새겨진 그의 시다.

공승龔勝이 식음을 끊음이 헛된 죽음 아니고	龔勝絶食非徒死
도연명이 전원으로 돌아감이 어찌 구차한 삶이랴	陶令歸田豈苟生
죽고 삶이 오로지 의로움에 달렸으니	一生一死惟義在
천추의 평론을 누가 감히 가벼이 하랴	千秋評論敢誰輕

공승龔勝은 중국 전한 말기의 관리를 지낸 인물이다. 초나라 사람으로 학문을 좋아한 그는 전한이 멸망한 후 신나라를 세운 왕망의 부름을 받았으나 거절하고 굶어 죽었다.

소계석선생행적비 小溪石先生行蹟碑

한말 풍운의 격랑 가운데서 온 나라가 혼미에서 허덕일 때 이곳 기세리奇世里에 의연한 선비가 계셨으니, 곧 석재준石載俊선생이다. 선생은 고종 병인 8월 23일 아버지 휘諱 치규致奎 호 지지당知止堂과 어머니 파평 윤씨의 아들로 태어났다. 선생의 자는 경수慶秀이고 호는 소계이며, 관貫은 충주이다. 선생의 가계는 고려 상장군 휘 린隣이 시조이니, 현 충주의 고호古號인 예성蘂城의 군君에 봉하여졌으므로 자손들이 충주를 관향으로 삼았다.

오전五傳하여 휘諱 양선良善이 영흥백永興伯 최한기의 따님을 아내로 맞이하였는데, 그는 조선 태조 이성계의 이모였다. 태조 생후 5개월에 어머니 의혜懿惠왕후가 돌아가시게 되어 이모인 최씨께서 유양乳養하셨으므로 태조 등극 후에 그 은의恩義를 생각하여 최씨를 경창옹주慶昌翁主로, 부공夫公을 홍양부원군으로 추봉追封하였다.

부원군의 손자의 휘는 여명汝明이요 호는 화원花園이니, 공민왕조에 벼슬이 주서注書였다. 조선 태종의 특지特旨로 가선대부 집현전제학에 제수되었으나 망복지의罔

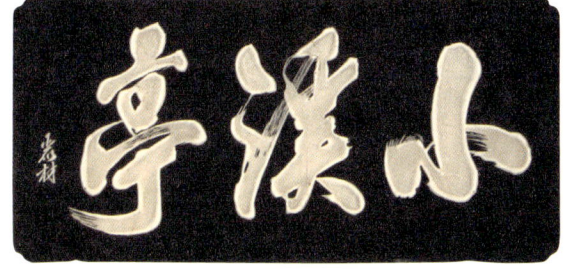

1	
	2

1 1923년에 지은 소계정. '소계'는 석재준(1866~1945)의 호다.
2 '소계정' 편액

僕之義로 불취不就하니 그 충절 일월같이 드높았다. 후일에 숭록대부 좌찬성에 증직 贈職되니 충주 석씨의 중시조이다.

중세에 이르러 휘 언우彦佑 호 인산당仁山堂이 임란 후 대구 기세리에 복거卜居하니 곧 기세 입향조이다. 입향 후 송암, 경재, 정헌, 우우당, 청계 제공諸公을 거쳐 지지당에 이르기까지 대를 이어오면서 일관되게 은덕隱德을 쌓고 문한文翰을 이어왔다.

선생은 이 절의와 문한의 가통家統에서 태어났으니 어려서부터 총명하고 의표儀表가 단정하였다. 7세에 가숙家塾에서 지지공에게 자학字學을 익히고 11세에 소학을 배웠다. 문리文理와 의취義趣가 일찍 트여서 사람 되는 도리가 바로 여기에 있다 하고, 학문을 익히는데 충실하고 혼정신성昏定晨省 등 소학의 가르침을 그대로 실천에 옮겼다.

15세에 만긍와晚兢窩 윤태노공尹泰老公에게 수학하여 학문이 크게 성취하여 입신양명을 꿈꾸고 과장科場에 나아갔으나, 이미 혼탁을 극한 당시의 실정을 목도하신 선생은 번연飜然히 뜻을 돌려 하향하여 심성성리지학心性性理之學에 잠심潛心하여 성학聖學의 체득에 정진하였다. 1891년 경상관학원에서 경전강회가 있었는데 선생이 이에 참여하여 독법讀法과 문의問義에 일호一毫의 틀림이 없었으므로 강장講長 임재臨齋 서선생과 도백道伯 이헌영의 극찬을 받았다.

이를 계기로 임재 문하에 들어가 더욱 강마취정講磨就正의 심도를 더하였다. 1903년 봄에는 낙동정사에서 연재淵齋 송병선공을 모시고 대학의 경문經文을 강의하고, 여름에는 도백이 군수와 더불어 관학원에서 강회講會를 가졌다. 그때 선생이 강장講長으로 추대되어 평소에 쌓은 온축蘊蓄을 십분 발휘하였다. 선생의 학덕이 경향에 널리 알려지자 승지承旨 김병수공이 주청하여 장릉참봉이 제수되었으나 나아가지 아니하였다.

1910년 끝내 망국의 비운을 겪게 되자 북향北向 통곡하고 '공승이 식음을 끊음이 헛된 죽음 아니고[龔勝絶食非徒死] / 도연명이 전원으로 돌아감이 어찌 구차한 삶이랴[陶令歸田豈苟生] / 죽고 삶이 오로지 의로움에 달렸으니[一生一死惟義在] / 천추의 평론을 누가 감히 가벼이 하랴[千秋評論敢誰輕]'라는 충정忠情의 일절시를 남기고 두문자정杜門自靖하려 하였다. 그러나 나라를 빼앗기고 지향처志向處를 잃은 젊은 사류士類들이 청학講學을 간구함에 백년의 대계를 위해 강석講席을 열었던 바, 원근의 사류들이 운집하여 다 수용하기가 어려웠다.

1	2
3	

1 **소계정 옆의 소계시비** 소계 석재준의 시를 새겨놓았다.
2 **소계 석재준 진영**
3 **소계정 아래 있는 기세석씨 대종당인 인산당**(仁山堂)

화원·옥포·가창 지역

선생의 교도敎導는 경학의 오의奧義를 후진들에게 전수시켰을 뿐만 아니라, 시대의 한 선각자로서 우국의 정신을 일깨우는 한편 참다운 선비의 모습을 생활과 실천을 통해 교시하였다. 선생은 첫 새벽이면 일어나 세수하고 의관정제하신 후 제생諸生을 접하시되 하루 종일 그 자세에 흐트러짐이 없었다. 실로 학불염교불권學不厭敎不倦의 모범을 보이셨다.

선생의 교도에 감화된 문하제생들이 1921년 함영계숨英禊를 수계修禊하고 달도산하達道山下에 소계정을 영축營築하여 사생간師生間의 소요강회의 장소로 삼았다. 선생의 교화는 직전제자에게 한한 것이 아니었다. 원근 군읍의 일반 민서民庶들도 선생의 학덕에 순화된 바가 컸다.

선생은 만년에 모열각慕烈閣을 지어 선열을 추모하기도 하고 석씨대동보인 기묘대동보를 완성하여 목족睦族의 의誼를 도모하기도 하였다. 1945년 음력 7월 10일 고종考終하시니 향수享壽 80세였다. 원근의 사류들이 분주추곡奔走趨哭하고 일반민서들도 크게 애도하였다. 상례는 사림장으로 같은 해 음력 10월 20일 가후산家後山 대등산록부大嶝山麓負 축원丑原에 모셨다. 선생 서거 후 갑신에 사류들의 뜻을 모아 영손令孫 호근씨鎬瑾氏가 행적비를 세우고자 하여 비문을 청함에 위와 같이 간략히 서술하는 바이다.

2005년 입춘절 찰학박사 진성 이완재 근찬전면병서謹撰前面竝書

기세 석씨 대종당인 인산당

소계정 아래에는 인산당仁山堂이 있다. 인산당은 이 마을 입향入鄕 선조인 석언우石彦佑의 호이기도 하다. 석언우는 임진왜란 때 의병을 일으켜 활약하고, 정란靖亂 후에 입향했다.

인산당은 조상 추모와 일가의 돈목을 위해 지은 기세 석씨 대종당이다. 옛날 지은 정사는 퇴락하고 현 건물은 1952년 3월에 대종의 뜻을 모아 4칸의 기와집으로 중건했다. 서당, 회의장, 접빈소 등으로 활용해 왔다.

2칸 마루를 중심으로 좌우에 방을 두고 있다. 앞쪽으로 퇴칸이 있다. 건물을 마주하고 왼쪽 방에는 송암정사松菴精舍라는 편액이 걸려 있다.

8. 경모재 - 달성 서씨 서협 추모하는 재사齋舍

경모재景慕齋는 달성군 가창면 옥분리 538번지 새터마을 뒷골에 있다. 달성 서씨 서협 (1721~1804)을 추모하는 재사齋舍로, 1923년에 후손들이 건립했다. 지금 건물은 2001년에 중수한 것이다.

정면 4칸, 측면 한 칸의 팔작지붕 한옥이다. 대문은 정면 삼 칸, 측면 한 칸 맞배지붕의 솟을대문이다.

옥계서원玉溪書院의 남쪽에 위치해 옥계병사玉溪丙舍라고도 하며, '옥계병사'라는 편액도 '경모재' 편액과 함께 걸려있다.

'경모재' 편액은 회산晦山 박기돈(1873~1947) 글씨다. 박기돈은 당대 대구의 대표적 서예가로 곳곳에 편액이나 주련 작품을 남기고 있다.

서협은 달성 서씨 현감공파 시조로, 나라에서 장수한 노인을 우대하고자 내린 벼슬로 통정대부 첨지중추부사를 받았다.

옥계서원

달성 서씨 학암鶴巖 서균형(1340~1392)을 기리던 서원으로 달성군 가창면 대일리 중촌마을 뒤에 있었는데, 지금은 흔적을 찾을 수 없다.

학암은 강직한 관리였다. 우대언(승정원의 정3품 벼슬)으로 성균관에서 인재등용 시험을 맡아 보고 있을 때, 권력자가 사전에 시험문제를 보자고 하였으나 보여주지 않

재사 건물과 솟을대문으로 구성된 경모재 경모재에 걸린 '경모재(景慕齋)' 편액은 회산 박기돈 글씨다.

았다. 이 소문을 들은 왕이 보자고 했으나 규정을 내세워 끝까지 사전에는 공개하지 않았다고 한다.

그는 권력에 아부하지도 않았다. 1366년 사간원 좌사간에 올랐을 때 신돈이 나라의 일을 멋대로 휘두르자 동료와 함께 요승妖僧을 물리치고 나라의 기강을 바르게 세우자는 상소문을 올렸다. 이 일로 10여년 간 벼슬에서 쫓겨나기도 했다. 하지만 존경받는 선비가 되었고, 그가 별세하자 공양왕은 크게 슬퍼하며 관리를 보내 조문하고 '정평貞平'이라는 시호를 치하 글 및 전답 등과 함께 내렸다.

달성의
유교
문화재

서원과
향교

서원과 향교

1. 서원

서원書院은 조선 중기 이후 강학講學과 함께 선현先賢을 제향祭享하기 위해 사림이 설립한 사설 교육기관이다. 서원은 향촌 자치운영기구로도 활용되었다. 사립대학이라고 할 수 있는 서원은 관학인 향교가 쇠퇴하는 상황에서 의식 있는 선비들에 의해 생겨나기 시작했다.

서원의 기원은 중국 당나라 말기부터 찾을 수 있지만, 제도화된 것은 송나라 때다. 특히 주자가 백록동서원白鹿洞書院을 개원하고 도학연마의 도장으로 보급한 이래 남송, 원, 명을 거치면서 성행하게 되었다.

우리나라는 1543년 풍기군수 주세붕周世鵬이 고려 말 학자 안향安珦을 배향하고 유생을 가르치기 위해 경상도 순흥(영주)에 백운동서원白雲洞書院을 창건한 것이 그 시작이다.

조선의 서원은 그 성립과정에서 중국의 영향을 받기는 했으나 기능과 성격 등에 있어서 큰 차이를 보이고 있다. 중국의 서원은 관인 양성을 위한 준비기구로서의 학교의 성격을 고수했다. 그러나 조선의 서원은 선비들이 학문을 배우고 수양하는 공간이면서, 동시에 향촌사림의 집회소로 정치적·사회적 기구로서의 성격을 강하게 지니고 있었다.

서원의 성립

서원이 성립하게 된 배경은 조선 초부터 계속되어온 사림士林의 향촌활동에서 찾을 수 있다. 사림은 향촌사회에 있어서 자기세력기반 구축의 방법으로 일찍부터 사창제社倉制, 향음주례鄕飮酒禮 등을 개별적으로 시행했다. 특히 정계진출이 가능해진 성종 이후는 이를 공식화해 국가정책으로 뒷받침 받고자 하였다.

그래서 그 구심체로 유향소留鄕所의 복립운동을 전개하다가, 향권鄕權 독점을 두려워한 훈구척신勳舊戚臣 계열의 반대와 경재소京在所의 방해로 좌절되었다.

이 같은 노력은 연산군 시절의 거듭된 사화로 인해 큰 성과를 거두지는 못했다. 하지만 이러한 과정에서 교육과 교화를 표방함으로써, 향촌활동을 합리화할 수 있는 구심체로 서원이 성립·발전할 수 있는 여건을 마련하게 되었다.

그러나 정작 서원이 16세기 중엽인 중종 말기에 성립하게 된 직접적인 계기는, 사림의 정계 재진출에 따라 그 정책으로 제시되었던 문묘종사文廟從祀와 교학체제의 혁신에 있었다.

조광조趙光祖로 대표되던 신진사류들은 도학정치의 실시를 주장, 여러 가지 구체적인 정책을 제시했다. 그 중의 하나인 문묘종사 운동은 사람마다 도학의 중요성을 깨우치게 하고 이를 숭상하도록 하기 위해 도학에 뛰어난 학자를 문묘에 제향해야 한다는 명분에 근거를 두고, 유학자인 김굉필金宏弼·정여창鄭汝昌 등의 종사를 추진했다.

이는 사림계의 학문적 우위성과 정치입장을 강화해주는 측면과 함께 향촌민에 대한 교화라는 명분을 동시에 갖는 것이다. 이것이 곧 서원이 발생할 수 있는 토대를 제공했다.

한편, 당시의 훈척계열이 쇠잔한 관학을 존속시키는 방향에서 그 개선책을 모색하던 반면, 사림계는 그들이 내세우는 도학정치를 담당할 인재의 양성과 사문의 진흥을 도모하기 위해 위기지학爲己之學 위주의 새로운 교학체제의 필요성을 역설했다.

그들이 실각함으로써 관학에 대체할 새로운 교학기구의 모색은 중단되었지만, 이러한 과정이 뒷날 사림의 강학講學과 장수藏修(학문에 힘씀)를 위한 장소로서 서원의 출현을 가져온 배경이 되었던 것이다.

최초 서원은 백운동서원

주세붕은 1541년 풍기군수로 부임해 이곳 출신의 유학자인 안향을 모시는 문성공묘文成公廟를 세워 배향해오다가, 1543년에는 유생교육을 겸비한 백운동서원을 건립했다. 최초의 서원이다.

그는 유생을 가르쳐 여러 명의 급제자를 내게 하는 등 서원체제를 갖추기 위해 노력했다. 그러나 백운동서원은 어디까지나 사묘祀廟가 위주였고, 서원은 다만 유생이 공부하는 건물만을 지칭하여 사묘에 부속된 존재에 그쳤다. 서원이 독자성을 가지고 정착, 보급된 것은 퇴계 이황에 의해서이다.

이황은 교화의 대상과 주체를 일반백성과 사림으로 나누고, 교화의 실효를 거두기 위해서는 무엇보다도 이를 담당할 주체인 사림의 습속習俗을 바로잡고 학문의 방향을 올바르게 정하는 작업이 선행되어야 한다고 강조했다. 그리고 이를 위해서는 오로지 도학을 천명하고 밝히는 길밖에는 없으므로, 이를 위한 구체적인 실천도장으로 중국에서 발달되어온 서원제도가 우리나라에도 필요한 것이라며 서원의 존재이유를 제시했다.

이러한 논리적 근거 위에서 그는 마침 풍기군수에 임명되면서 우선 서원을 공인화하고 나라 안에 그 존재를 널리 알리기 위해 백운동서원에 대한 사액과 국가의 지원을 요구했다. 이황이 조정에 사액을 청한 글이다.

> '우리나라 교육은 중국의 제도를 좇아 서울에 성균관과 사학이 있고 지방에는 향교가 있으나, 다만 서원이 없는 것이 큰 흠이었는데, 주세붕 군수가 주위의 비웃음과 비방에도 아랑곳하지 않고 여기에 서원을 세웠습니다. 그러나 교육기관이란 반드시 나라의 인정을 받아야만 오래 유지될 수 있습니다. 그렇지 못하면 마치 근본 없는 물과 같아서 아침에 가득했다가도 저녁에 없어질 수 있습니다.
>
> 또한 주세붕 군수와 안현 감사가 아무리 설비를 잘해 놓았다 할지라도 이는 한 군수와 방백이 한 일인지라, 임금의 명령을 받고 국사에 오르지 못하면 오래 유지되지 못할 것입

니다. 그러므로 감사께서는 위에 아뢰어 송나라 때의 예와 같이 서적과 편액, 그리고 토지와 노비를 내리게 해주시기 바랍니다.(중략)

　　요즘 보건대 지방 향교들은 그 가르침이 무너져 선비들이 향교에서 공부하기를 부끄럽게 여길 만큼 한심한 상황입니다. 그러므로 이제 서원의 교육을 일으키면 학문과 정치의 결합을 보충해 선비들의 풍습이 훨씬 달라질 것이며, 습속이 아름다워져 임금의 훌륭한 다스림에 보탬이 될 것입니다.'

이황은 그 뒤 고향인 예안에서 역동서원易東書院 설립을 주도하는가 하면, 10여 곳의 서원에 대해서는 건립에 참여하거나 서원기書院記를 지어 보내는 등 서원 보급에 주력했다. 그는 이러한 외면적인 확대와 아울러 서원의 내용면에서도 충실을 기했다.

유생의 학문공간으로서의 강당과 존현처로서의 사묘를 구비한 서원체제를 정식화하고, 원규院規를 지어 서원의 학습활동과 그 운영방안을 정했다.

한편, 서원의 건립은 본래 향촌유림에 의하여 사적으로 이루어지는 것이므로 국가가 관여할 필요가 없었으나, 서원이 지닌 교육 및 향사적享祀的 기능이 국가의 인재양성과 교화정책에 깊이 연관되어, 조정에서 특별히 서원의 명칭을 부여한 현판과 그에 따른 서적·노비 등을 내린 경우가 있었다. 이러한 특전을 부여받은 국가공인의 서원을 사액서원이라 한다. 1550년 풍기군수 이황의 요청으로 명종이 백운동서원에 대하여 '소수서원紹修書院'이라는 어필御筆 현판과 서적, 노비를 하사했다. 최초의 사액서원이다.

그 뒤 전국의 도처에 서원을 세우면서 사액을 요구, 숙종 때에는 무려 131개소의 사액서원이 있었다. 그 뒤 영조 때에는 서원폐단의 격화로 인한 강력한 단속으로 사액은 일체 중단되기에 이르렀다.

서원의 전개

조선시대에 건립된 서원의 숫자를 정확히 파악하기는 어렵다. 서원은 세월이 흐르면서

퇴계 이황을 기리는 도산서원(안동) 전경

인물 위주로 남설濫設되기 시작했다.

정조 때 편찬된 '조두록俎豆錄'과 고종 때에 증보된 '문헌비고' 및 '열읍원우사적列邑院宇事蹟' 등에 기재된 서원명단을 토대로 '서원등록書院謄錄' 및 '승정원일기' 등에 나타난 서원을 조사해 합하면 대략적인 건립추세는 짐작할 수 있다.

서원은 전 시기에 걸쳐 8도에 417개소가 있었으며, 사우는 492개소에 달했다. 1741년(영조 17) 서원철폐론 당시 서원·사우 등 여러 명칭을 모두 헤아린 숫자가 1천여개소에 가깝다고 말한 것이 통계로 뒷받침되고 있다.

이 통계에 나타난 서원건립의 추세를 중심으로 거기에 따른 내용적인 측면의 변천을 고려하여 조선 서원의 전개과정을 살펴보면, 명종까지의 초창기, 선조에서 현종에 이르는 시기의 발전기, 숙종에서 영조 초까지의 남설기, 그리고 영조 17년 이후의 서원철폐 및 쇠퇴기 등 4단계로 나눌 수 있다.

초창기에 건립된 서원의 숫자는 19개소이다. 이는 당시의 정계가 전반적으로 척신계에 의하여 주도된 사정을 감안할 때 상당한 진척이라고 할 수 있다. 특히 초창기임에도 불구하고 사액된 곳이 4개소나 되는 것은 서원이 이 시기에 이미 관설에 준하는 교학기구로 인정받고 있음을 의미한다.

이는 이황 및 그 문인들에 의한 서원보급운동이 거둔 성과라고 볼 수 있다. 이황의 거주지이며 그 문인의 활동이 성하던 경상도지역에 전체의 반이 넘는 서원이 건립되었다는 사실이 이를 입증하고 있다.

한편으로는 척신세력으로서도 관학의 쇠퇴 현상을 더 이상 방치할 수만은 없는 단계에 이르러, 그 대체기구로서 서원의 존재를 인정하지 않을 수 없었던 것이다.

그리고 제향 인물인 안향, 정몽주, 최충 등이 사림 이전의 고려시대 인물이었던 관계로 척신세력의 반발을 받지 않았던 것도 서원 설립이 활발할 수 있었던 이유 중의 하나이다.

이러한 토대 위에서 이 시기는 서원의 내용면에서도 서원 발전을 위한 토대가 마련되고 있었다. 서원의 전반적인 면에 걸친 건전한 운영을 도모하기 위한 규정으로 이황의 '이산서원원규伊山書院院規'를 기본으로 각 서원별 원규가 작성되어 이에 의한 강학활동이 활발하게 이뤄졌던 것이다.

또한 지방관의 적극적인 지원 아래 향촌 유지를 중심으로 하여 주로 서원전書院田과 어물魚物, 소금 등 현물조달체제의 영속화를 통한 안정된 재정기반 구축과 원속, 노비 등의 확보책이 추진되고 있었다. 명종 말·선조 초의 활발한 사림의 진출은 바로 이러한 서원의 건전한 운영을 밑바탕으로 하여 가능하였던 것이다.

서원은 선조 때, 사림계가 정치의 주도권을 쥐게 된 이후 본격적인 발전을 보게 되었다.

우선 양적인 면에서 보더라도 선조 당대에 세워진 것만 60여개 소를 넘었으며, 22개 서원에 사액이 내려졌다.

그 뒤 현종 때까지는 꾸준히 증가하는 경향을 보여 연평균 1.8개씩 106년간 193개소가 설립되었으며, 그 가운데 0.9개소가 사액서원이었다.

지역별로는 초창기의 경상도 일변도에서 점차 벗어나 전라·충청·경기도 지역에서의 건립이 활발해졌다. 그래서 한강 이북지역에서도 차차 보급되는 현상이 나타나고, 특히 황해도의 경우는 선조 때 이례적으로 크게 증가하였다.

이와 같이 전국적인 확산을 보게 된 것은 사림의 향촌활동이 보다 자유로워진 정세의 변화라든가, 특정 유학자의 서원보급운동에 의한 결과이기도 하였다. 그러나 보다 깊은 요인은 붕당정치朋黨政治의 전개에 있었다.

사림의 집권과 함께 비롯된 이 붕당은 그 정쟁政爭의 방식이 학문에 바탕을 둔 명분론과 의리義理를 중심으로 전개되었으므로, 당파형성에 학연學緣이 작용하는 바는 거의 절대적이었다.

그러한 학연의 매개체인 서원이 그 조직과 확장에 중심적인 몫을 담당하게 된 것이다. 따라서 각 당파에서는 당세 확장의 방법으로 지방별로 서원을 세워 그 지역 사림과 연결을 맺고, 이를 자기 당파의 우익으로 확보하려 하였다.

반면에 향촌사림으로서는 서원을 통해 중앙관료와의 연결을 맺어 의사 전달과 입신출세의 발판으로 삼고자 하였기에 서원건립을 놓고 양자의 이해관계가 서로 일치했다. 이 시기 서원의 수적 증가는 현저했다. 하지만 남설이라든가 그로 인한 사회적 병폐가 우려될 정도에까지 이르지는 않았다. 그것은 이때까지만 하여도 붕당이 권력구조 균형의 파탄을 초래할 지경에 이를 만큼 격화되지는 않았기 때문이다.

또한 인조·현종 때의 복제논쟁服制論爭에서 나타나듯이 그 논쟁의 초점이 학문적인 영역을 벗어나지 않아서, 그 논리적 기초의 심화와 공감대의 확산을 위한 장소로 서원의 소임이 크게 기대되었기 때문이다.

실제로 김장생金長生·김집金集·송시열宋時烈·송준길宋浚吉이나, 정경세鄭經世·허목許穆·윤휴尹鑴와 같은 당파의 영수이면서 학자였던 인물들이 서원을 중심으로 왕성한 강학활동을 전개했다. 그러면서 학적 기반을 구축하면서 서원의 건전한 운영을 꾀하였던 것이다.

서원의 양적 증가가 곧 그 문란을 의미하지 않음은 배향자의 대부분이 조광조나 이황, 이이, 조식 등 사화기의 인물이거나 성리학 발전에 크게 기여한 유학자의 범주를 벗어나고 있지 않은 점에서도 알 수 있다. 서원의 발전은 양적인 증가에서뿐만 아니라 기능의 확대라는 면에서도 이루어졌다.

이 시기에 이르러 서원은 단순한 사림의 교학기구에만 그치지 않고, 강학활동을 매개로 하여 향촌사림 사이의 지면을 익히고 교제를 넓히는 곳으로서의 구실과 더불어, 특히 향촌에서 발생하는 여러 가지 문제에 관한 의견교환이나 해결책을 논의하는 향촌운영기구로서의 기능을 더하였다.

임진왜란이나 병자호란 때 향촌방어를 목적으로 한 의병활동을 일으키기 위한 사림의 발의와 조직의 편성에 서원이 그 거점으로서의 구실을 다하였다. 심지어는 향풍鄕風을 문란하게 한 자에 대한 훼가출향毁家黜鄕이라는 향촌사림의 사적인 제재조처까지 단행될 수 있었던 것이다.

서원 남설과 금지령

서원은 숙종대에 들어와 166개소(사액 105개소)가 건립되는 급격한 증설현상을 보였다. 연평균 건립수가 3.6개소로 발전기의 두 배를 넘어섰으며, 사액도 2.5배(연평균 2.3개소)가 증가되어 남설의 양상을 보이고 있었다. 경종과 영조 초기에 다소 줄었지만, 반면에 사우의 수는 급증하였다.

사우의 건립 추세는 현종 때까지 서원에 비교가 되지 않았으나 1703년(숙종 29) 이후 현저한 증가현상을 보여 서원을 능가하고 있다. 영조 초에 와서는 서원을 압도하였다. 영조 초의 17년 사이에 무려 137개소가 건립되어 연평균 8개소라는 엄청난 수치를 기록하고 있다.

남설이 문제되던 이 시기는 서원 명칭으로의 건립이 금지되고 있었다.

따라서 금령을 피하여 대신 사우를 건립하는 사례가 성행하였는데 이러한 경우 서원·사우의 구별은 실제적으로 무의미하기 마련이었다. 그러므로 이러한 사우의 급증을 서원 남설의 한 표현으로 볼 수 있을 것이다. 서원 남설은 외면적인 숫자의 급증만이 아닌 내용에서도 나타났다.

예컨대 송시열을 제향하는 서원이 전국에 44개소(사우 포함)나 되었다. 당시 10개소 이상에 제향된 인물이 10여 명에 이르는 데서 보이듯, 동일한 인물에 대한 중첩된 서원건립이 성행하였다.

제향인물도 뛰어난 유학자이어야 한다는 본래의 원칙을 벗어나, 당쟁 중에 희생된 인물이나 높은 관직을 지낸 관리, 선치수령善治守令, 행의行誼있는 유생, 그리고 심지어는 단지 자손이 귀하게 되었다는 사실만으로써 추향追享되는 사례가 자행되었다.

서원의 이러한 첩설과 남향은 이 시기에 당쟁이 격화되고 그 폐단이 표면화된 데에 원인이 있었다. 서원은 이제 학연의 확대를 기한다는 면에서보다는 정쟁에 희생된 자기파 인물에 대한 신원伸寃의 뜻을 보다 강하게 지니게 되었다.

또 외면적인 당파의 양적 확대에만 급급하여 경쟁적으로 향촌사림을 포섭하려 하자, 자연히 서원조직을 이용하지 않을 수 없게 되어 서원의 남설과 사액의 남발을 더욱 부채질하였던 것이다.

그러나 서원남설은 오직 당쟁문제로만 초래된 것은 아니었다. 사족 사이에 동족 내지 가문의식이 강화된 결과로 나타난 후손에 의한 조상 제향처 내지 족적 기반 중심지로 서원건립이 자행되었던 것도 하나의 이유가 되었다. 그러나 이런 것은 그렇게 성행할 수는 없었다. 그러한 행위가 서원 본래의 취지에 벗어나기에 사회적으로 비난을 받고, 국가로부터 통제를 받았기 때문이었다. 강력한 서원금지령이 내려진 1703년(숙종 29) 이후 서원 대신 사우가 격증한 것은 바로 여기에 원인이 있다.

서원의 남설은 필연적으로 그 질적인 저하를 수반하고 사회적인 폐단을 야기하였다.

그것은 제향 자격에 의심이 가는 인물이 봉사奉祀 대상으로 선정되는 사실과 함께 점차 그 성격에 있어 제향 일변도로 흐르게 되고, 그에 반비례하여 강학활동은 위축되게 마련이었다.

또 점차 타락의 도를 더해가는 당시 사림의 기강이나 능력으로 보더라도 더 이상 서원이 학문기구로 활용되기 어려웠다. 서원이 날로 증가하지만 사문은 더욱 침체하고 의리 또한 어두워질 뿐이라는 서원무용론까지 대두하게 되었기 때문이다. 이것이 후에 서원철폐의 명분이 되었다.

서원의 사회적 폐단은 건립과 유지에 필요한 비용을 지방관에게서 갹출하는 구청求請, 양정良丁을 불법적으로 모점冒占하여 피역시킴으로써 양정 부족현상을 야기해 양역폐를 격화시키는 폐단, 교화를 구실로 대민착취기구로 전락된 사실 등을 들 수 있다.

그러나 당쟁의 격화로 서원의 정치적 비중이 커지는 속에서 중앙의 고관이 향촌의 1개 서원에 진신유사搢紳有司로 추대되어 일정한 상호보험관계를 맺고 있는 것이 당시의 일반적 상황이었기 때문에, 그 질적인 저하에도 불구하고 향촌사회에서 서원이 누리는 권위는 컸다. 바로 이 점이 사회적 폐단을 야기할 수 있는 근본요인이었던 것이다.

서원문제는 1644년 영남감사 임담林墰의 서원남향에 대한 상소에서 처음 제기되었으며, 그 뒤에도 효종·현종 연간을 거치면서 간헐적이기는 하나 그 폐단을 논하는 상소로 인한 논의가 조정에서 일어나고 있었다.

그리고 그러한 과정에서 서원건립이 허가제로 결정되고 첩설금령이 발포되며, 때로는 집권파에 의하여 정치적으로 대립되는 당파에 속하는 인물을 제향한 서원이 사우로 강등되거나 심지어는 한두 곳이 훼철毁撤(헐어 부수어서 걷어 버림)되기까지 하였다.

그러나 숙종 초까지만 해도 남설로 인한 서원의 문란상은 심각하게 인식되지 않아서 아직은 서원옹호론이 우세하였다. 따라서 이 시기까지 마련된 서원대책은 제대로 실시되지 못하였다. 서원에 대한 통제가 적극성을 띠기 시작한 것은 1703년(숙종 29)에 이르러서이다.

이 때 전라감사 민진원閔鎭遠은 조정에 알리지 않고 사사로이 서원을 세우는 경우 지방관을 논죄하고 수창유생首倡儒生을 정거停擧시킬 것을 상소하였다. 이에 왕이 찬동함으로써 서원금령이 강제성을 띠게 되었다.

서원금령은 그 뒤에도 수시로 만들어져 1713년 말에는 특히 예조판서 민진후閔鎭厚의 요청으로 1714년 이후부터의 첩설疊設을 엄금하고 사액을 내리지 않을 것을 결정했다.

이어 1717년에는 8도의 관찰사에게 숙종 29년 금령 후 창건된 서원에 대한 조사를 명령했다. 이에 따라 1719년(숙종 45)부터 왕이 하나하나 존폐를 결정했다. 그리고 경상도의 경우에는 훼철을 단행하기까지 하였지만, 곧 숙종이 죽어 중단되고 말았다.

이어 경종 때 사액서원의 면세지를 3결로 확정하되, 토지는 서원자체에서 마련할 것이며 위토位土가 3결에 차지 못한다고 해서 민전民田을 점거하는 일이 없도록 규정했다.

숙종 말년 이후부터 단행된 강력한 서원통제책은 계속된 정권교체로 큰 실효를 거두지는 못했다.

서원 철폐

하지만 이러한 논의를 통해 서원폐단에 대한 조야의 인식이 깊어지고 서원통제론이 자리를 굳히게 된 것이다. 1741년(영조 17)의 서원철폐는 여기서 이미 준비되었던 것이라고 할 수 있다.

영조가 서원철폐를 단행하게 된 계기는 그의 탕평책 실시와 밀접하게 연관된다. 1741년은 노론이 결정적으로 우세를 확립한 시기로 신유대훈辛酉大訓이 반포되기도 하였다.

그러나 왕으로서는 탕평파를 이용, 노론의 일방적 권력행사를 방지하기 위하여 이조낭관吏曹郞官의 통청권通淸權과 사관의 천거권을 폐지하는 등 탕평에 주력했다.

따라서 서원에 대해서도 그것이 노론·소론·남인 사이의 분쟁을 유발하고 정국을 혼란시키는 요인이 된다고 판단했다. 그래서 그 건립에 따른 시비를 근원적으로 봉쇄할 목적으로 탕평파의 협조를 얻어 1714년 갑오 이후 건립된 서원은 물론 사우와 영당 등의 모든 제향기구祠院를 일체 훼철하게 하였던 것이다.

영조의 이 조처는 지방관의 책임 하에 철저하게 진행되었고 19개의 서원을 포함하여 합계 173개소의 사원이 훼철되었다. 그 뒤 서원첩설 및 남설의 경향은 크게 둔화되어 거의 정지상태로 되었다. 이는 의리논쟁과 인물시비가 기피되는 정치사안이 되자 이와 직결된 서원건립문제가 자연히 외면되었기 때문이다.

또 순조 이후의 세도정치 하에서 의리나 명분 자체가 무의미해졌기에 더 이상 관심을 끌 수 없었던 데 이유가 있다. 무엇보다도 지방관에 대한 처벌이 건립을 효과적으로 봉쇄하였기 때문으로 보인다.

그럼에도 불구하고 서원금령이 정조와 철종 연간에 한두 차례씩 내려지게 된 것은 정치적인 문제와 관련 없이 이제는 가문의식과 관련하여 후손에 의한 건립이 종종 시도되었던 데 그 까닭이 있다.

서원훼철과 같은 강경조처로 서원금령의 강화는 지방관의 서원에 대한 물질적 보조를 거의 단절케 해서 서원재정을 약화시켰다. 그리고 끝내는 이를 메우기 위한 대민작폐의 심화와 함께 서원재정 담당을 기화로 한 후손의 서원 관여를 더욱 조장하여 19세기 이후는 전국의 서원이 대부분 후손에 의하여 운영되고 또 건립되는 경향을 보이게 된다.

한편, 서원건립이 중단된 것과 반비례하여 이미 교화의 방향을 상실한 사림층의 대민착취와 서원의 부패로 인한 민폐는 더욱 심화되고 있었다. 세도정치의 외형적인 지주로서 노론측 당론의 소굴이었고, 충청도 유림의 여론을 좌우하는 거점으로 전국에 광대한 수세지를 가지고 있었다.

또한 복주촌福酒村을 두어 지방재정을 좀먹고 관령官令보다 더 위세가 당당한 묵패墨牌로서 향촌민에 대한 착취를 서슴지 않던 화양동서원의 작폐는 19세기 이후의 서원이 사회에 끼친 역기능적인 폐단을 극적으로 말해 주는 예이다.

그러므로 실추된 왕권의 권위를 높이며 강력한 중앙집권하에 국가체제의 정비를 꾀하던 흥선대원군은 서원의 일대 정리에 착수했다.

홍선대원군은 1864년에 이미 민폐문제를 구실로 사원에 대한 조사와 그 존폐여부의 처리를 묘당에 맡겼으며, 1868년과 1870년에 미사액서원과 사액서원으로 제향자의 후손에 의하여 주도되면서 민폐를 끼치는 서원에 대한 훼철을 명령했다.

이어 1871년에 학문과 충절이 뛰어난 인물에 대하여 1인 1원一人一院 이외의 모든 첩설 서원을 일시에 훼철하여 전국에 47개소의 사원만 남겨놓게 된 것이다. 이때 존치된 47개소는 서원명칭을 가진 것이 27개소, 사祠가 20개소이다.

구성과 배치

서원을 구성하고 있는 건축물은 크게 선현의 제사를 지내는 사당, 선현의 뜻을 받들어 교육을 실시하는 강당, 원생과 진사 등이 숙식하는 동재東齋와 서재西齋로 이루어진다.

이 외에 문집이나 서적을 펴내는 장판고藏版庫, 책을 보관하는 서고, 제사에 필요한 제기고祭器庫, 서원의 관리와 식사준비 등을 담당하는 고사庫舍, 시문을 짓고 대담을 하는 누각 등이 있다.

이러한 서원은 고려 때부터 성행한 음양오행과 풍수도참사상에 따라 수세水勢·산세山勢·야세野勢를 보아 합당한 위치를 택하여 지었다.

건물의 배치방법은 문묘나 향교와 유사하다. 남북의 축을 따라 동·서에 대칭으로 건물을 배치하고 있으며, 남쪽에서부터 정문과 강당, 사당 등을 이 축선에 맞추어 세웠다. 사당은 별도로 담장을 두른 다음 그 앞에 삼문三門을 두어 출입을 제한했다. 이 부근에 제사를 위한 제기고가 놓였다.

강당의 앞쪽 좌우에 동·서재를 두었으며, 강당 근처에는 서고와 장판각 등을 배치했다. 고사는 강학 구역 밖에 배치한 것이 일반적이다.

이들 대부분의 건물은 검소한 선비정신에 따라 복잡한 포包나 장식을 피하고 익공翼工이나 도리집 등의 간소한 양식으로 화려하지 않게 꾸민 것이 보통이다. 단청 또한 사당에만 했다.

회재 이언적을 기리는 옥산서원(경주)의 강당 건물

　또한 지형에 따라 사당과 강당, 부속건물 등의 지반地盤에 차이를 두어 주된 것과 부속된 것의 공간구성을 적절히 계획하였다.
　담장으로 외부 공간과의 구획을 지어 분별하게 하였지만, 담장의 높이는 높지 않게 하거나 그 일부를 터놓아 자연과의 조화를 깨지 않고 적응시키는 방법을 쓰고 있다. 내부에서 밖을 바라볼 때 자연의 산수를 접할 수 있도록 계획한 것이 서원건축의 특징이다.
　경내의 조경 또한 철따라 피고 지는 꽃과 낙엽수를 심어 계절에 따른 풍치를 감상하도록 했다. 경외에는 송松, 죽竹 등의 나무를 심어 푸른 산의 정기와 선비의 기상을 풍기게 하였다. 나무나 화초는 대체로 산수유, 느티나무, 은행, 작약, 살구, 모과, 진달래, 개나리, 난초, 모란, 매화, 단풍 등을 심었다.

하서 김인후를 기리는 필암서원(장성) 누각인 확연루

서원의 교육활동

　서원행정도 국가의 일정한 영향 아래에 있었으나, 그 세부운영과 교육에 관한 예조의 지휘·감독은 없었다. 서원의 교육은 자체적으로 제정한 원규에 의하여 수행되었다. 원규에는 서원의 입학자격과 원임院任의 선출절차, 교육목표 및 벌칙조항이 수록되어 있다.

　서원교육은 원장院長, 강장講長, 훈장訓長 등의 원임에 의하여 수행되었다. 원장은 산장山長, 혹은 동주洞主라 불렸고, 서원의 정신적인 지주이면서 유림의 사표로서의 역할을 담당했다. 서원에 따라 다소간 차이가 있었으나, 원장은 퇴관한 관료이거나 당대의 명유석학이 맡는 것이 관례였다.

　선조 때 이이李珥는 교육의 실효를 거두기 위하여 원장은 휴관자休官者나 퇴관退官하여 은

일한 자 중에서 가려 뽑아 녹봉을 지급할 것을 건의하기도 하였다. 강장은 경학과 예절에 대한 강문을 담당하고, 훈장은 학문과 훈도를 책임졌다.

그 밖에 서원관리를 위하여 재장齋長, 집강執綱, 도유사都有司, 부유사副有司, 직월直月, 직일直日, 장의掌議, 색장色掌 등의 직책을 두었다. 이러한 재임齋任의 선출은 추천제도에 의하여 선출하였으며, 때로는 관부官府의 인준을 받는 경우도 있었다.

서원의 입학자격은 시대별·지역별 혹은 서원별로 천차만별이다. 그러나 대체로 입원의 자격은 별로 까다롭지 않았고, 생원·진사를 대상으로 한 것이 일반적이다. 백운동서원·이산서원伊山書院·서악서원西岳書院의 원규에는 대체로 생원·진사를 우선 받아들였다.

그 다음 초시 입격자를 입학시켰으며, 초시 미입격자라도 향학심과 조행이 있는 자로서 입재를 원하면 유사가 유림들에게 승인을 받아 허락하도록 하였다.

무릉서원武陵書院의 경우에는 장유와 귀천을 막론하고 지학자志學者는 모두 입학할 수 있다고 규정하였다. 소수서원과 서악서원과 같은 곳에서는 그 고을 수령의 자제는 서원에 체류할 수 없도록 규정하고 있어서 관권 개입을 금하였다.

학생의 정원은 처음에는 별다른 규제가 없었으나, 서원남설이 사회문제화된 1710년에 원생수를 확정하였다. 원생은 사액서원 20인, 문묘종사유현서원文廟從祀儒賢書院 30인, 미사액서원 15인으로 정해졌다. 그러나 이러한 제반규칙도 신분제가 문란하게 되고 서원이 남설되자 동시에 와해되었다.

1683년에는 이미 서원에서도 향교를 모방하여 서재생西齋生을 모집하고 예납禮納이라 하여 미포를 징수하는 사례가 나타나기 시작했다. 서원의 증가와 더불어 모집원생은 늘고 세월이 갈수록 그 수는 증가일로에 이르러, 드디어 서원이 양정의 도피처로 변하였다. 이에 따라 원생 중에는 상민들도 다수 액외원생額外院生으로 처신하였다.

서원의 교육내용은 성리학적이고 도학적인 것이 중심을 이루었다. 관학에서의 교육이 과거와 법령 규제에 얽매인 것과 비교할 때, 서원교육은 사학 특유의 자율성과 특수성이 존중되었다. 그러나 대체로 이황이 이산원규伊山院規에서 제시한 교재의 범위와 학습의 순서가 정형이 되었다.

사서오경으로 본원本原을 삼고, '소학' '가례家禮'를 문호門戶로 삼는다는 것이 상례로 되었다. 청계서원清溪書院의 원규에는 독서의 순서를 '소학', '대학', '논어', '맹자', '중용', '시경', '서경', '주역', '춘추'의 차례로 규정하고 있다. 이는 서원의 일반적인 교육과정이라고 하겠다.

위의 사서오경 외에도, 여러 가지 경사자집經史子集 속에서 서원의 성격에 따라 선별하여 교육했다. 그리고 성리학·도학적인 내용뿐만 아니라, 과거에 응시하는 데 필요한 사장학적詞章學的인 유학도 그 교육과정 속에 포함시키는 서원도 있었다.

그러나 불학佛學·서학西學 등 이른바 이단에 관계되는 서책이나, 음사淫邪·벽사辟邪에 관련되는 내용은 철저히 금하였다.

원생에 대한 교육은 원규에 의한 규제와 원생 자신의 자율적인 실천과 학습의 조화 속에서 이루어졌다. 원규에서는 수학규칙受學規則, 거재규칙居齋規則, 교수실천요강, 독서법 등 지켜야 할 준칙이 실려 있다. 예컨대 독서는 다독과 기송만을 일삼지 말고 정독과 사색에 힘쓸 것, 지와 행이 반드시 일치하여야 할 것을 강조하였다.

이에 따라 원생 각자에게 선악양적善惡兩籍과 같은 일종의 생활기록부를 만들어, 경우에 따라서 출재黜齋(기숙사에서 쫓아냄)를 명하기도 하였다. 또한, 원생 스스로 입지立志·검신檢身·존심存心을 위한 존양궁리存養窮理를 중요시하였다. 서원의 전통적인 교수방법으로는 배운 글을 소리 높여 읽고 의리를 문답하는 강강이 있다.

강은 대개 순강旬講, 망강望講, 월강月講 등으로 나뉜다. 또한 그 방법에 따라 암송낭독인 배강背講과 임문낭독臨文朗讀인 면강面講으로 분류된다. 낭독 뒤의 질의응답은 단순한 암송위주의 학습법을 극복하는 단계이다. 강을 받는 데는 강의講義라고 하는 일정한 절차를 두어, 학습에 대한 진지성과 예의를 갖추도록 배려하였다.

또한 도기제도到記制度를 도입하여 원생의 출석여부를 확인하고, 학령의 준칙에 따라 고과평정考課評定과 독서지침을 제시하였다. 강의평가는 대통大通·통通·약통略通·조통粗通·불의 5단계, 또는 통·약略·조粗·불의 4단계 평가척도로 하였다. 이 때 대통은 구두句讀에 밝고 설명에 막힘이 없어서 책의 취지를 두루 알 수 있는 가장 높은 학습수준을 갖춘 자에게 부여하였다. 가장 낮은 단계인 불은 낙제를 의미한다.

서원의 제향·장서 기능

이상과 같은 강학활동 이외에 서원의 제향기능祭享機能도 그 교육적 의미가 높다. 서원에서 행하는 춘추향사春秋享祀는 엄격한 의례절차를 통하여 원생들에게 바람직한 인간상인 선현先賢을 제시하는 의미가 있다.

또한 춘추향사에 참례할 자격은 까다로운 인선절차를 거쳐 청금록靑衿錄에 기재되어야 가능했기에 그 사회교육적 기능이 컸다. 향사시의 출입, 승강 등 절차와 제반 제례의식 등 유자들이 평소 지녀야 할 기본적인 법도와 몸가짐을 익히게 하였다.

서원시설 중에서 교육활동을 보조하는 가장 중요한 것의 하나가 장서제도藏書制度이다. 책의 보급과 열람이 어려웠던 시대에 있어서 장서의 기능은 커다란 문화적인 기여를 하였다.

서원에서 서책을 간행하려고 할 때는 당회堂會를 거쳐 의정議定하고, 곧 간역소刊役所를 열었다. 간역소에 딸린 전답에서 여러 해 적립한 간비刊費와 향내 각 문중의 출연으로 그 경비를 충당하였다.

그 밖에 사액서원에 대해서는 국왕이 서적을 하사하는 것이 관례였다. 또한 국가에서 서적을 간행·반포할 경우라든가 국가의 장서에 여유가 있을 경우에는 별도로 서적의 하사가 있었다. 이와 함께 관찰사 또는 지방관의 조처로 서적이 지급되기도 하였다. 서원장서의 관리에 대해서는 각 서원의 원규에 기입하여 세심한 주의를 하였다.

이산원규에는 서적을 원외로 반출하지 못하도록 규정하고 있고, 소수서원의 원규에는 읍재邑宰의 자제가 서책을 대출하지 못하도록 규제하였다. 서악원규에는 5일마다 서책을 점검하도록 하여 서책이 망실되지 않도록 조처하고 있다.

현재 서원에 남아 있는 판종은 5종(고 활자본, 목판본, 필사본, 석판본, 현대 활자본)으로 대별된다.

한편 서원의 교육활동을 위한 중요한 재원의 하나는 서원전書院田이었다. '속대전'에 의하면 사액서원에는 각각 3결을 지급하였다.

그 밖에 서원은 유지들이 기증하는 원입전願入田, 면역을 위하여 납상하는 면역전免役田, 자체에서 사들이는 매득전, 관찰사 또는 지방관에 의한 공전의 급속 등 여러 가지 형식을 통하여 광대한 농장을 소유, 학전學田으로 이용하였다. 현물경제로는 관찰사 또는 지방관에 의하여 어물, 식염 등이 지급되어 교육활동을 위한 필요잡비를 충당할 수 있도록 하였다.

2. 향교

향교는 고려 시대와 조선시대에 지방에서 유학을 교육하기 위해 나라가 설립한 관학교육기관이다.

향교는 제향과 교육의 기능을 담당했다. 공자를 비롯한 중국과 우리나라 유현儒賢들의 위패를 봉안하고 제사를 지내며, 유학을 가르쳐 유교적 가치관을 실천하는 인재를 양성함으로써 지방의 민풍民風과 예속禮俗을 순화하고자 했다.

성균관이 대학에 해당하는 중앙의 최고 교육기관이라면, 향교는 초등교육기관이라 할 서당을 마친 유생들이 중등교육을 받는 지방 최고의 교육기관이다. 또 다른 교육기관인 서원과는 기능이나 목적은 같으나, 서원은 사학기관인데 반해 향교는 지방관청에 속한 관학기관인 점이 다르다.

향교의 발생은 고려 중엽 이전으로 거슬러 올라가지만, 본격적인 지방교육제도로 정착한 것은 유교이념을 바탕으로 건국한 조선 시대가 시작된 후의 일이다. 조선의 지배계급은 군현제를 통한 중앙집권적 정치구조를 강화해 향촌사회를 자신들의 정치질서 속에 편입시키고자 했다. 이를 뒷받침하기 위해 유교라는 통치이념과 지배질서를 기층사회에까지 침투시키려 했다. 그 수단으로 나타난 것이 교육의 정비와 확산이었다. 향교는 이런 배경 속에서 전국 각지에 세워지게 되었다.

운영비용 조달은

향교는 국가에서 운영하는 만큼 운영에 필요한 비용 조달을 위해서는 국가의 재정적 지원이 필요했다. 향교 시설물의 설치·보수·유지 비용, 교수관教授官의 후생비, 교생들의 숙식비, 학업활동에 부수되는 제반비용, 그리고 향교를 중심으로 준행되는 석전례·향음례 등에 이르는 비용은 엄청나다.

조선 왕조는 막대한 재정투자가 요구되는 향교를 각 군현에 세우고 유학교육의 실시를 위해서 이른바 학전學田과 학노비學奴婢를 공급했다.

재정은 개국 초부터 향교에 급여된 위토位土 전답의 수세 외에도 지방관이 분급한 전곡 및 요역徭役 그리고 향교에 비축된 전곡의 식리로 충당되었다. 향교가 소유한 토지는 지역에 따라 달랐다. 학위전學位田 이외의 수입원으로는 모군募軍의 대납전代納錢, 어장의 망세網稅, 그리고 향교경비의 보충을 위해 별도로 마련한 섬학전贍學田·광학전光學田 등 기금의 이식이 있었다.

이 밖에도 중건·중수의 공역이 있을 때는 관청에서 그 비용을 지급하였고, 필요하면 유전儒錢을 각출하거나 그 지방 유지의 보조를 받기도 하였다. 향교에서 지출되는 비용의 세목은 춘추 석전釋奠의 제수祭需와 교임校任의 식사, 백일장과 과거응시에 참가하는 유생에 대한 조전助錢, 교복校僕 등의 삭료朔料가 대부분을 차지하였다.

학생을 가르치는 선생은

'경국대전'에는 교수관을 교수教授(종6품)와 훈도訓導(종9품)로 구분하고 있다. 조선시대의 군현은 330여개 소에 달하였으나 수령을 파견하기에도 어려운 실정이었던 조선 초기에는 교수관의 충원에 어려움이 많았다. 그래서 정식 관인이 아니면서 교수직을 감당하는 자들은 교도직教導職, 또는 학장學長 등의 이름으로 재지在地 신분의 생원·진사 중에서 선발해 충원하기도 하였다.

조선 전기부터 향교교관의 확보에는 많은 어려움이 뒤따랐다. 문과에 합격한 자가 지방의 교관직에 부임하기를 원하지 않았기 때문이다. 또한 생원·진사들도 과거를 통해 중앙의 행정관료로 진출하는 것을 희망하였고, 교도직에 별다른 매력을 느끼지 못하였기 때문이다.

이에 태종·세종대를 거치면서 여러 차례 교관직에 대한 유인책과 논공행상의 방책을 제시하였으나 교관직에 대한 기피현상은 근본적으로 개선하지 못하였다. 중종 때는 일경一經도 이해하지 못하는 자가 군역을 면하려는 방편으로 교관직에 머무르기도 했다. 명종은 어느 정도의 학식이 있는 자가 있으면 사회적 신분에 관계하지 않고 학장으로 임명하는 교육책을 제시하기도 하였다.

이에 따라 교수관의 배치는 교육적 차원에서 시행되는 예가 허다하게 되었다. 조선 후기에 가면 보다 관료적인 기능의 교관이 나타나기도 한다. 즉 1586년에 보이는 제독관提督官 혹은 교양관敎養官이라고 하는, 교수관보다 더 관료적인 교관으로서 계수관界首官에 해당하는 관원을 도나 향교에 파견하여 향교교육을 독려하였던 것이다.

이와 같은 상황을 인식하였던 조선왕조는 교육기능을 담당하는 교관을 포기함으로써 관료적인 교육정책을 마무리 짓는 것으로 나타난다. 즉 영조 때의 '속대전'에서 향교의 모든 교관은 없어지게 된다. 이제는 더 이상 관료적 조직으로 유교교육을 할 필요가 없는 것을 확인한 셈이다. 이에 따라서 유능한 학도들은 강학능력을 상실한 향교를 멀리하고 서원, 서당, 정사 등 사학기관을 찾게 되었다.

향교는 이제 문묘의 향사를 하는 관학으로서의 면모를 유지하는 데 급급하였고, 지방 양민들의 군역을 피역하는 장소로 전락하였다. 조선 말기에 이르러 향교의 강학기능을 회복하고자 지방관은 따로 양사재養士齋, 홍학재興學齋, 육영재育英齋 등을 향교 부속으로 건립하기도 했다. 1886년에는 향교의 재정으로 관학원官學院을 설립하도록 지시하여 3인의 훈장을 두고 강학에 임하도록 했다.

학생의 자격은

조선이 신분제 사회임을 전제한다면 향교에서 유학교육을 받을 수 있는 학생들의 사회적 신분은 명백해진다. 즉 16세기에 오면 "향교에는 군역을 담당할 농민, 즉 양민들이 교생이 되고 있어 교생들에게 주어지는 면역(군역)의 혜택을 받고자 하니, 양민들 중 교생이 되는 것을 막아야 한다."는 비판의 소리가 비등한 것으로 보아, 양반의 신분만이 향교교육을 받아야 한다는 상식적인 논리가 있었음을 알 수 있다.

그러나 조선왕조의 유교교육은 양인養人과 교화라는 양면적 목표를 가지고 집행하였던 것으로 보인다. 조선왕조는 개국 초부터 국역의 대상이 되는 신분이라도 누구나 독서를 원하면 향교에서 교육을 받을 수 있는 기회를 허락하였던 것이다.

16세기에 와서 실록 자료에 '교생은 양반이어야 한다.'는 논리의 주장이 보이는 것은 이 시기에 조선왕조의 신분제적 편제가 강화되는 것을 배경으로 상위 신분의 양반이 유교교육에 보다 전력해야겠다는 명분적인 뜻이 강한 것이기도 하고, 한편으로는 양반신분층의 배타적인 교육기회의 독점적 성격을 반영한 것이기도 하다.

16세기 이후 강화된 양반신분 중심의 사회체제 속에서도 교생은 평민들이 상당수 점유하고 있었다. 이른바 동재東齋·서재西齋로 기숙사의 구별을 나타내기도 하고, 액내額內와 액외額外로 양반과 평민 교생들을 구분하였다.

일단 교생이 되면 그들의 사회신분이 양반이건 평민이건 법제적으로 문제시되지 않는다. 군역의 문제라든지, 과거시험을 응시하는 자격을 얻는다든가 하는 점에서 차별이 있을 수 없었다.

즉 향교에서 학업성적이 우수한 학생은 생원·진사시험 회시에 직접 응시하는 특전을 부여받거나 일강日講·월과月課에 우등한 자는 호역戶役을 면제받는다든지 할 때, 다만 교생이라는 신분만이 요구되는 것이지 양반이냐 평민이냐는 문제되지 않았다.

그러나 교생들의 신분구성이 다양하였던 관계로 그들의 직업선택에서 차이가 있었던 것으로 보인다. 생원·진사시험에 응시하는 것부터 역학생도譯學生徒와 각사各司의 이서직吏書

職에 이르는 다양한 직종으로 진출하는 길이 있었다.

16세 미만인 경우 정원에 관계없이 향교에서 교육이 가능했다. 이들이 이른바 '동몽'들이다. 교생들의 교육연한은 일정한 기간이 정해진 것 같지는 않다. 군액軍額의 대상이 부족할 경우는 연령의 상한선을 20세까지 제한하기도 하였다. 일반적으로 40세까지는 향교에 머무르며 학생신분을 허락받았던 것으로 나타난다.

교육 내용은 어떻게 구성되었나

향교는 시문詩文을 짓는 이른바 사장학詞章學과 유교의 경전을 공부하는 경학經學을 교과 내용으로 한다. 경학은 경전뿐만 아니라 사서史書를 함께 공부했다.

이처럼 향교교육의 내용은 제도적으로 과거제와 일정한 관계를 갖도록 되어 있었다. 향교에 일정기간 출석한 자에 대하여 과거 응시자격을 부여하는 원점법圓點法의 적용이 그 예이다.

향교의 교과과정은 생원·진사의 시험과목을 통해 유추해 볼 수 있다. '경국대전'에는 생원초시의 시험과목이 오경의五經義, 사서의四書義 2편編이다. 진사초시에는 부賦 1편, 고시古詩·명銘·잠箴 중 1편을 짓게 되어 있다. 복시覆試의 경우도 초시의 것을 되풀이한다. 사장詞章인 제술製述과 경학 공부를 병행하도록 시험이 출제되었던 것으로 보아, 향교 교육도 이에 준하였을 것이다.

또한 세종이 "15일 동안은 시문을 제술하고 15일 동안은 경서와 제사諸史를 강독하게 하며, 제술과 강론에서 우등한 자는 5인씩 녹명錄名하여 예조에 보고해 바로 생원회시에 응시하게 한다"고 한 자료는 대체로 향교 교육과 일치하는 것이었다.

'경국대전' 장려조에는 '교생으로서 독서한 일과를 매월 말에 수령이 관찰사에게 보고하면 관찰사가 순행하여 고강考講하고, 영에 따라 권장함을 문부文簿에 기록하였다가 교관이 전최殿最할 때에 그의 월과·일강을 빙고하여 우등한 자는 호역戶役을 헤아려 감한다'는 내용을 통해서도 향교에서의 공부내용을 엿볼 수 있는 것이다. 여기에서 관찰사의 고강에 낙강

한 교생은 교생신분을 박탈당했다.

한편 교생들이 강습한 교재는 '소학', 사서오경을 비롯한 제사와 '근사록近思錄', '심경心經' 등으로 성균관이나 서원의 그것과 크게 차이는 없었다.

그 중에서도 특히 '소학'과 '가례'는 조선 초기부터 교생들에게 권장된 책으로서, 각종의 고강이나 과거의 시험과목으로 부과되었다. 그러나 대부분의 향교는 교육용 서책의 부족을 심하게 겪었고, 이는 향교교육 자체를 곤란하게 한 하나의 원인이 되었다.

건물의 구성과 배치는

향교의 배치는 배향공간과 강학공간을 어떻게 배치하느냐에 따라 크게 둘로 나누어진다. 향교가 자리 잡은 대지가 평지인 경우는 전면에 배향공간이 오고, 후면에 강학공간이 오는 전묘후학前廟後學의 배치를 이룬다. 대지가 구릉을 낀 경사진 터이면 높은 뒤쪽에 배향공간을 두고 전면 낮은 터에 강학공간을 두는 전학후묘前學後廟의 배치를 이룬다.

그러나 밀양향교密陽鄕校에서처럼 동쪽에 강학공간을, 서쪽에 배향공간의 두는 예외적인 배치법도 있다. 평지에 건축된 나주향교羅州鄕校의 배치와 평면을 살펴보면, 이는 전묘후학의 배치다. 남쪽 정문인 외삼문外三門을 들어서면, 배향공간의 중심으로 출입하는 정문인 내삼문內三門까지 직선의 길이 나 있다.

내삼문을 들어서면 정면에 대성전大成殿(보물 제394호)이 자리 잡고 있다. 이 대성전에는 공자孔子의 위패를 비롯하여 4성四聖과 우리나라 18현十八賢의 위패를 모시고 있다. 일반적으로 향교에서는 대성전 앞, 동과 서 양쪽에 공자의 제자들과 현인들의 위패를 모시는 동무와 서무가 건축되나, 이곳에서는 그 자리만 남아 있다.

대성전 뒤로는 담장을 쌓아, 그 뒤쪽에 있는 강학공간과 구분하였다. 대성전과는 동쪽 모서리에 만든 샛문으로 출입하고 있다. 강학공간은 대성전의 중심축 위에 제일 안쪽으로 중심공간인 명륜당明倫堂을 두고, 그 앞 동쪽과 서쪽에 학생들이 공부하고 숙식하는 동재와 서재를 두고 있다.

밀양향교 정문인 풍화루(風化樓)

　구릉지에 건축되어 전학후묘의 배치를 이루고 있는 영천향교永川鄉校는 남쪽 제일 앞쪽으로 누문인 풍화루風化樓가 있다. 이 누의 아래층에 낸 대문을 들어서면 정면으로 명륜당이 있고, 그 앞쪽 양쪽에 동재와 서재가 자리 잡고 있다.

　명륜당 뒤쪽 높은 곳에는 내삼문이 있고 이 문을 들어서면 정면에 배향의 중심전각인 대성전이 서 있다. 그 앞 동서 양쪽에 동무와 서무가 자리 잡고 있다.

　밀양향교에서는 외삼문을 들어서서 동북쪽으로 진입하면 풍화루가 자리잡고 있고, 이 누의 아래층에 있는 삼문을 통하여 명륜당 마당에 이른다. 명륜당 남쪽 동서 양쪽에는 동재와 서재가 좌우대칭으로 배치되었다. 배향공간은 명륜당 뒤쪽에 자리 잡은 것이 아니라 명륜당 서쪽 터에 있어 명륜당 앞마당을 돌아들게 되어 병렬형 배치를 이루고 있다.

향교의 배치는 이처럼 평지에서는 전묘후학이고 구릉지에서는 전학후묘가 일반적이나, 때로 배향공간과 강학공간이 나란히 배치될 때도 있다. 그리고 강당은 중앙에 대청을 두고 좌우로 온돌방을 두며, 동재와 서재는 온돌방과 대청 또는 온돌방만 두는 것이 일반적이다. 대성전과 동·서무는 통간의 장방형 평면을 이루며 내부의 바닥은 전바닥으로 마무리 되는 것이 일반적이다.

그리고 배향공간과 강학공간 이외에 향교의 살림을 맡는 고직사는 부엌, 방, 대청, 광 등의 공간으로 구성되어 일반 민가의 모습을 하고 있다. 이 공간은 강학공간과 가까이 배치되어 있다.

또 존경각尊經閣은 방형方形의 단일평면을 이루는 것이 일반적이다. 때로 동무나 서무의 한 곳을 존경각으로 할 때도 있다. 이때는 존경각이라 하지 않고 경판고經板庫라 부른다.

그리고 선현의 배향공간인 대성전이 항상 명륜당보다 우위의 위치에 오는 것은 사학私學의 서원에서와 같다. 그러나 서원은 평지라 하더라도 대성전에 해당되는 사당을 대지의 가장 안쪽에 두어 신성시하는 것과는 달리, 향교는 그것을 강학공간의 앞쪽에 두어 전체 공간에 있어 우위에 있게 하고, 구릉지에서는 반대로 강학공간보다 높은 터에 두어 고저 차이로 우위에 있게 하는 것이 특색이다.

달성의
유교
문화재

참고
자료

참고자료

― 『대구의 뿌리 달성』 달성문화재단 · 달성군지간행위원회, 2014
― 『국역 경현록國譯 景賢錄』 한훤당선생기념사업회, 2004
― 『추보당 회보追報堂 會報』 창간호, 포산(현풍)곽씨추보당대종회, 2002
― 『현풍곽씨솔례 십이정문사적』 1999
― 『청백리곽선생실기』 추보당, 2000
― 『대구의 구곡문화』 대구광역시 · 경북대학교퇴계연구소, 2014
― 『현판기행』 담앤북스, 2014
― 『인흥서원지』 명심보감목판각보존회 · 추계추씨대구경북종친회, 2005
― 『하목정 약지略誌』 전의이씨예산공파종중
― 대구시 문화관광해설사 송은석씨 제공 자료
― 한국민족문화대백과 등

대구의 뿌리
달성 산책 | 08

달성의
유교 문화재

초판 1쇄 발행 2019년 8월 30일

기획 달성문화재단
글·사진 김봉규
펴낸이 홍종화

편집·디자인 오경희·조정화·오성현·신나래
　　　　　김윤희·박선주·조윤주·최지혜
관리 박정대·최현수

펴낸곳 민속원
창업 홍기원
출판등록 제1990-000045호
주소 서울시 마포구 토정로 25길 41(대흥동 337-25)
전화 02) 804-3320, 805-3320, 806-3320(代)
팩스 02) 802-3346
이메일 minsok1@chollian.net, minsokwon@naver.com
홈페이지 www.minsokwon.com

ISBN 978-89-285-1345-1 94080
　　　978-89-285-0834-1 SET

ⓒ 김봉규, 2019
ⓒ 민속원, 2019, Printed in Seoul, Korea

저작권법에 의해 한국 내에서 보호를 받는 저작물이므로 무단전재와 복제를 금합니다.
이 책 내용의 전부 또는 일부를 이용하려면 반드시 저작권자와 민속원의 서면동의를 받아야 합니다.
이 도서의 국립중앙도서관 출판시도서목록(CIP)은 서지정보유통지원시스템 홈페이지(http://seoji.nl.go.kr)와
국가자료공동목록시스템(http://www.nl.go.kr/kolisnet)에서 이용하실 수 있습니다.(CIP제어번호: CIP2019030931)

※ 책 값은 뒤표지에 있습니다.
※ 잘못된 책은 바꾸어 드립니다.